科学は「ツキ」を証明できるか

「ホットハンド」をめぐる大論争

ベン・コーエン
丸山将也＝訳

THE HOT HAND

The Mystery and Science of Streaks

Ben Cohen

白揚社

両親に、そしてステファニーに

科学は「ツキ」を証明できるか　「ホットハンド」をめぐる大論争

目次

・本文中の〔　〕は訳者による註です。
・絵画名は《　》で表記しました。
・書名は、未翻訳のものは初出に原題とその逐語訳を併記しました。
・既訳書からの引用は、本文中に出典を明記しました。

プロローグ

わたしの人生で最高の瞬間が訪れたのは、取るに足りない、誰も覚えているはずもないバスケットボールの試合中のことだった。その日、わたしは何か不思議な力を感じた。その感覚は今も忘れられない。だが、それが何だったのか分かるまでには長い年月がかかった。実は、当時のわたしには理解できず、説明もできず、そして現実とは思えない、ある現象のおかげだったのだ。本書はそうした、人々を魅了し続ける現象にまつわる読み物だ。

わたしの通っていた小さな高校のバスケットボールチームは、二軍はおろか一チームを組むのもやっとの人数しかいなかったが、その中でもわたしは補欠だった。いつもと同様に、その試合もベンチスタートだった。代わり映えのしない冬の日の午後、狭い体育館に入り、ゴールに入るよりはるかに多くのシュートを外すという、わたしにとっての試合前のルーティンをこなした。ところがどうだろう、説明できない出来事がこの後に起きたのだ。悲しいことに、この試合について他に覚えていることはほとんどない。例えば最終スコアだ。見当もつかない。どちらが勝ったのかも答えられない。唯一はっきりと記憶にあるのは、ウォーミングアップを途中で切り上げてコートに入ったに違いない、ということだった。なぜなら、そうでもなければ、これから述べようとしている現象は起きなかったからだ。それ以前も、以降も、わたしの身に起きることはなかった。だからこそ、何年もたった今でも考え続けている。

わたしは「ホットハンド」を経験したのだ。

一連の奇妙な出来事が始まったのは、ハーフタイム明けの第三クォーターから出場し、最初に打ったシュートが、ゴールリングに当たらずきれいに決まった時からだった。いい気分だった。次のシュートも完璧だった。ますますいい気分だった。さらに打ちたくなった。そして実際にもう一本決めた時点で、「思い切って打てばどんなシュートも入るぞ」とわたしは感じ始めていた。

その結果、さえない選手だという証拠がたくさんあるにもかかわらず、相手チームも同じくおかしな結論に達したようだった。わたしがボールを持つと、ディフェンダーが二人つくダブルチームを仕掛けてきたのだ。彼らはだまされ、この選手には才能があると信じ込んでしまった。こうなると、テレビで試合を見てきた時間が役立つときがやって来た。わたしは、本当にシュートのうまい選手ならどう動くだろうと考えた。そしていざボールを手にすると、うまい選手のふりをした。そんな動きをする理由など今まで一度もあったためしがなかった割に、驚異的な自信を持って、シュートフェイクを入れたのだ。なんと、これが成功した。二人のディフェンダーが、わたしのそばで思わずジャンプしてしまう様子が、スローモーションのように見えた。気の毒にもフェイクに引っ掛かった彼らのおかげで、わたしはエスプレッソをすする時間すらあるように感じながら、ゴールに向かってボールを放った。これが、完璧に決まった最後のシュートだった。まさに全てが驚きだった。一試合の一クォーターだけで、自分の生涯通算得点より多くの得点を稼いでいた。

それから間もなく、わたしはバスケットボールをやめた。下手だったのが最大の理由だ。だがそれ以外にも、選手として既にピークを過ぎたと気付いたのも、理由の一つだった。この先、あのような経験、つまりホットハンドが何度も押し寄せることはないだろうと思った。

ホットハンドとは何か。それは、普段の能力をはるかに上回り、いっとき超人になったと感じる状態のことだ。これほどの快感はない。バスケットボールを知らない人でも、そうした夢のような感覚には身に覚えがあるのではないか。ホットハンドはあらゆる分野に存在し、どんな人にも関係する現象だ。

バスケットボールにおけるホットハンドとは何か。それは、連続でシュートを二〜三本決め、ゴールリングがヘリポートのマーク並みに大きく見えて、「何本も連続で決めてきたのだから、次も入るはずだ」と確信している状態のことだ。ホットハンドを得た選手が経験しているのは、そういった輝かしい瞬間であり、それが訪れたときは忘れようがないものだ。しかし、ホットハンドの定義は一つに限らない。ただ、絶好調の選手の活躍を見ただけで、このことかとすぐに気付くはずだ。

ホットハンドがどんな気分か、わたしには分かる。バスケットボールの試合を見るのも好きだったが、プレーするのは、ニュージャージー・ターンパイク〔有料高速道路〕を運転するのと同じくらい、常に楽しかった。ところがホットハンドを経験した日は、いつも以上に気持ちが舞い上がっていた。チームメートにパスするなどという愚かな考えは、一切浮かばなかった。また、「平均への回帰」と呼ばれる、夢心地に水を差すような現象が頭をよぎることもなかった。これは、最初に平均以上の結果を出した者は、二回目は平均に近づく、というものだ。わたしはボールに触れたらすぐにシュートを打とうとしたし、誰も止められなかった。まさしくわたしは絶好調《ホット》だった。この最高の時間が続くうちは、確率を無視している気分だった。もしコート上の全選手がホットハンドの存在を信じていなかったら、そんなのはばかげた思い込みだと一蹴《いっしゅう》されたに違いない。だが、彼らは以前にもホットハンドを目の当たりにしたことがあり、わたしも見たことがあった。それまで、それがわたしの身に起きたことがなかった、というだけだ。

ホットハンドの一端に触れた体験は、バスケットボールをやめた後もずっと気になっていた。スポーツを続けられなくなった人の多くは、代わりにスポーツについて書くようになる。わたしもその一人であり、その時点でもホットハンドはまだ頭にあった。わたしは現在、『ウォール・ストリート・ジャーナル』紙のNBA（ナショナル・バスケットボール・アソシエーション。北米のプロバスケットボールリーグ）の記者であり、これまでにバスケットボールに関する記事を数多く書き、記者の肩書を利用して、NBAの全三〇チームの奥深くまで入り込むこともできた。今では、ホットハンドをつかんだ選手を観察するのが仕事だ。そんなある日、業務を片付けながら、記事のアイデアを得るために最新の研究論文を読んでいたところ、わたしはあの日の自分を突然思い出した。ホットハンドという概念について、学術論文が何百と書かれていることをそのとき知った。

わたしは論文を読むのをやめられなかった。マンションの賃貸借契約書よりも熟読した。ホットハンドが科学的なテーマとして扱われているので、どの論文にも大いに引き込まれた。内容を理解するための教科書が要らないほどだった。少なくともわたしはそう感じた。次から次へと読んでいった。絶好調に関する研究を読むわたし自身も、絶好調だった。経済学者や心理学者、そして統計学者たちが書いた数十年分の論文を読み漁り、ついに読み尽くした。

読破して初めて、なぜ多くの研究者が論文を執筆したのかが分かった。ホットハンドなどというものは、存在しないからだった。

＊　＊　＊

米国ミネソタ州パインシティは、地図で見ると同州のミネアポリスとダルースの真ん中に打たれた、ほとんど目に入らないような小さな点でしかない。それほど昔のことではない、ある冬の午後に、アメリカ人にも知られていないこの田舎町へとわたしは車を走らせた。目的は、その町の小さな高校がいかにして、全米における最も意外なスポーツの実験室として、スポーツ界に革新をもたらしたかを理解することだった。そのチーム、「パインシティ・ドラゴンズ」がバスケットボールに取り組む様子を見に行った。

チームを率いるコーチは、歴史、公民、政治、地理、経済を教える教師だ。顔じゅうに黒々とひげを生やし、大きな目をしたその人物の名前をカイル・アレンという。アレンがこの町にやって来たとき、パインシティ高校は芸術に秀でていることで有名で、それが唯一知られている特色だった。バスケットボールチームに所属する生徒の大半は、楽器も演奏した。また合唱団の一員として、試合前に国歌を斉唱する選手も多かった。冬に高校のミュージカルに出演するためチームを去った者もいた。図らずも彼はエース選手だった。表向きには、パインシティ・ドラゴンズには大した印象がなかった。

ところがチームは勝った。勝ちまくった。彼らには分不相応なほどの、多くの勝ち星を挙げた。

わたしが興味を持ったのは、その勝ち方だった。飛行機でミネソタ州に入り、車でパインシティに向かい、高校を訪れると、教室でアレンの教える選手たちがクッキーとチーズカード〔フレッシュチーズの一種〕をがつがつと平らげ、栄養補給しているところだった。ジャンクフードに夢中の彼らが、じきに屈強なバスケットボールマシンへと変貌を遂げる。

カイル・アレンが、初めてのコーチ業に就くためパインシティに来てまずやったのは、チームの予算を一気に使い果たすことだった。以前はNBAのチームしか入手できなかったようなたぐいの、有益な統計データを生み出すテクノロジーに大金をつぎ込むコーチは多かったが、アレンもその一人だった。パインシティの選手たちはすぐさま、個人別の指標やカスタマイズされた動画、くわえて、数学の授業で見るより多くの数字に触れる羽目になった。こうした大量のデータが、アレンのコーチ哲学を支える力になった。彼がここでコーチを始めたのは、スポーツの歴史において特殊な時期だった。マイケル・ルイスの画期的な著作『マネー・ボール』（中山宥訳、ハヤカワ・ノンフィクション文庫）が出版されたのは、アレンがまだ高校生の頃だった。この本の登場によって、スポーツ業界を揺るがすほどの、世代間の隔たりが生まれた。アレンたちの年代は、その新旧どちらの世代にも影響を受けた。争点になったのは、スポーツで頂点を極めるには何から始めるか、という点だった。自分に関係するデータを手にする前から、アレンは、データに基づいて決定を下す重要性を理解していた。いざ現実が理想に近づくと、彼は蓄積したデータに飛び付いた。そしてさらに求めた。もっと大量のデータを、もっと良いデータを、と。

それまで、どのバスケットボールチームも、自分たちのことをまるで分かっていなかった。ミネソタ州の小さな高校に限った話ではない。一流チームですら、当てずっぽうでやっていたのだ。旧来の統計――試合ごとの得点といった、基本的な指標――の中にも、有用と思えるデータはあった。だがそれも、総得点数を試合数で割るといった程度の浅い使われ方しかしていなかった。

そんな時代も変わろうとしていた。アレンは、数字に何らかの価値を見いだすという自らの使命の一環として、チームの資金をほぼ使い果たした。選手たちには賢いプレーをしてもらいたかった。そして、バスケットボールに関して間もなく明らかになったのは、賢いプレーに必要なのは、より価値のある「いいシュート」と、価値のない「悪いシュート」を区別する、ということだった。このシンプルな洞察は、数十年に一度の革新的な発見だった。いいシュートは、レイアップとスリーポイントのみ。悪いシュートはこの二つ以外の全てだ。こうしてパインシティ・ドラゴンズは、悪いシュートをほとんど打たないチームになった。

彼らの戦略は全て、いいシュートの数をできる限り増やすことをベースにしている。カイル・アレン率いる、陽気なバスケットボールの反逆者たちが一試合で放つシュート数は、いいシュートが八五本ほど、悪いシュートは二~三本というのが常だった。完璧な試合運びをしたときは、いいシュートのみになり、どんなチームよりも隙がなかった。悪いシュートの割合は、全シュート数の五パーセント未満だった――これは全てのNBAチームや大学のチーム、高校の強豪校より低い数字だ。「実は」とアレンは言った。「それでも、わたしたちの目標値より高いんです(1)」

初めてデータの味を占めてからというもの、むさぼるようにデータを収集したアレンは、直ちにチームを数値化する作業を始めた。間もなくして、パインシティ・ドラゴンズはある項目で、州記録の一位から三位までを独占することになった。それは、一シーズン当たりのスリーポイント成功数だ。彼らはiPadや従来の紙のスコアブック、そして男子高校生のにおいが染み付いたロッカールームのホワイトボードに、成績《スタッツ》を記録した。ある夏には、チームの一人一人が体育館で過ごした時間数も計測した。さらには、選手が練習中にどのくらいしゃべったか調べるために、マネージャーを数人雇ったことすらある。そこまでやることに何かしらの根拠があるかのように、アレンはこう述べた。「基本的に、わたしたちには何もかも数字にする必要があるんですよ」

わたしが訪れた平日の夜、パインシティ高校の体育館には見覚えのある光景が広がっていて、思わず昔を思い出した。ここに似た体育館に、かつてわたしもいた。ここに似た体育館でプレーもした。ホットハンドを経験したのも、このような体育館だった。そうであるなら、わたしはアレンの教え子たちに共感できたとしてもおかしくなかった。

ところがパインシティ・ドラゴンズが見せているのは、バスケットボールの未来だった。わたしの目の前で、彼らはこの競技を未知のものに作り変えている最中だった。まるで空は緑色で、草は青色だと言われているような気分だった。わたしはこの若者たちに共感できなかった。なぜなら、どのシュートに最も価値があるかなど、考えたこともなかったからだ。わたしが価値があると考えていたのは、プレー中に恥ずかしい思いをせずに、夕食に間に合うことだけだった。これはわたしが下手くそだったせいもある。だが実を言えば、当時は誰一人としてシュートの価値など考えていなかったのだ。それが今では、誰もが考慮するようになっている。

パインシティ高校の選手はひたすら、他校や大学やＮＢＡのチームを打ちのめしたアイデアをいくつも蓄積し、それを徹底的に実行しているだけだった。シュートしていいのは、ゴールの目の前か、かなり離れた場所からのみで、それ以外の場所からは打たない。直感で理解しにくいこの戦略を、彼らは体で覚えるまでたたき込まれた。いいシュートだけ打つようにと、コーチに指示される必要はもはやなかった。選手がやるべきは、バスケットボールのコートに視線を落とすことだけだった。目標とするゴール下のペイントエリア（制限区域）と、スリーポイントラインの外側の床の色は、床材の堅木《かたぎ》の色だ。そして、その二つの間のエリア――ピラニアと一緒に泳いでいるも同然の場所だ――は、エメラルド色だ。実際に、パインシティ高校のコートでは、この恐ろしいエリアはエメラルド色に塗られている。これもまた、理想のプレーを頭に入れるための注意喚起だ。

「なるほど、それは理想のプレーですね！」。わたしが少しばかり夢中になっているこの型破りなチームを紹介すると、あるNBAコーチの一人はそう言った。[2]「それで、チームは目標を達成できているんですか」

もちろん。パインシティ・ドラゴンズは、ミネソタ州内で最も恐るべきチームの一つになった。彼らは新たなデータやテクノロジー、そして新鮮で刺激的な考え方を取り入れることで、昔の固定概念に縛られずに、注目すべき結論を導き出そうとしていた。かつてわたしが恥ずかしいプレーをしてばかりだった頃から、まだ一〇年しかたっていなかった。一世代で、バスケットボールの試合は変わった。わたしが正しいと思っていたことは、何もかも間違っていた。

＊　＊　＊

好きなバスケットボールで、ホットハンドに期せずして出合ったことを、わたしは思いもよらない発見だと思っていた。だが実際は違った。ホットハンドの歴史は、常にバスケットボールと深い関わりがあった。必然的に、本書にはバスケットボールがたびたび登場する。それ抜きでホットハンドの本を執筆するのでは、誠実さに欠けるからだ。長年ホットハンドを研究している非常に優秀な人々は、偶然にもバスケットボールが、そこから得た知見をもってそれ以外の世界を探求できる、素晴らしい理由を与えてくれることを分かっていた。

だが、わたしの胸に響いてきた逸話は、常にスポーツのものだけとは限らなかった。バスケットボールのホットハンドに関心を寄せた者の中には、天才的な学者やノーベル賞受賞者が何人もいたが、彼らは決してバスケットボールだけを研究しているわけではなかった。わたしのようにホットハンドを追求し始めると、至る所にそれを発見せずにはいられなくなる。

これこそ、一九八五年に発表された、ホットハンドを初めて研究した学術論文を読んだとき、わたしが我を忘れないように努めなければならなかった理由だ。この論文が心理学の古典にまでなったのは、「ホットハンドは存在しない」という結論が衝撃的だったからだ。にわかには信じられなかった。そしてすぐに気が付いたのは、ショックを受けたのはわたしだけではなかったということだ。誰もその主張を信じなかったことも要因となり、論文はあちこちで論争を巻き起こした。

わたしたちは皆、一度はホットハンドを見た経験があり、それを感じた経験もある。脳裏に焼き付いているといっていい。読者の気を引くこの論文の魅力は、皆が正しいと思っている現象に挑んだ点にあった。明確な結論を提示したこの論文は、人間に関する永遠の疑問を、わたしたちに投げかけていた。すなわち、「見たり感じたりするものを、我々はどれだけ信じていいのか」という問いだ。

世界中のとびきり優秀な学者たちが、ホットハンドは存在するという確たる証拠をつかもうと、研究を続けてきた。見つけられない現象を証明しようと躍起《やっき》になった結果、彼らは期せずして、ホットハンドをバスケットボール界のビッグフット〔北米にいると信じられている未確認生物〕にしてしまった。だが、ここ数十年分の、くしゃくしゃに丸めたメモ用紙や折れた鉛筆、削除した集計表の数々は、あの論文の主張を裏付けただけだった。時がたつにつれて、ホットハンドの存在を信じるのは愚かだというのが、明白になっていた。

だが、本当にそうだろうか。

これが本書の核心となる謎だ。

わたしたちはこの「プロローグ」の時点では、ホットハンドは間違っているかもしれないという、科学の権威の意見に耳を傾け、受け入れ始めたばかりだ。しかし、やがて信じられない出来事が起きる。最近になって、やはりホットハンドの存在を信じてもいいかもしれない、と判明したのだ。

「ホットハンドは実在するのか？」と、あなたはそろそろ疑問に思っているだろう。答えは「イエス」でもあり、「ノー」でもある。ようするに複雑なのだ（これからホットハンドに関する本をまるまる一冊読もうと思っているあなたは、それを既に察しているかもしれない）。ホットハンドをうまく利用できる機会が確実にある一方で、ホットハンドに従うと悲惨な結果を招く場合もある。ホットハンドに身を任せるのも、無視するのも、全く同じくらい高くつくのだ。

本書を通じて、そう感じてもらえると思う。これからあなたは、ホットハンド探求の軌跡を最初から終わりまでたどることになる。本書はバスケットボールに関する本ではないが、NBAのスーパースター、ステフィン・カリーのキャリア史上、最も重要な試合の最前列の席にご招待しよう。金融本でもないが、投資の常識に逆らって一財産を築いた投資家の、数々の秘密を垣間見ることになるだろう。美術や戦争も本書のテーマではないが、長期間行方不明だったゴッホの絵を発見した人々や、ホロコーストからユダヤ人を救った後に消息不明になった英雄を見つけ出そうと奮闘した人々と出会うはずだ。同じく音楽本でもないが、歴史から消えた天才作曲家を紹介しよう。文学や医学を扱った本でもないが、シェイクスピアや感染症について、予想以上の知識を得られるはずだ。テクノロジーを学ぶための本でもないが、音楽配信サービスのスポティファイのユーザーは、プレイリスト内の曲を再生する前に、ふと手を止めて考えを巡らせるようになるかもしれない。旅行記でもないが、アマゾンのジャングルや、わたしのお気に入りのテンサイ（砂糖大根）農場がある、北米のノースダコタ州とミネソタ州の州境を旅していただこう。

本書は、このようなトピックが中心の本ではないが、これら全てに関わる本である。ホットハンドの驚くべき力をご紹介したい。まずは、ある男と火の話から始めよう。

第1章　ホットハンドとバスケットボール

1 『NBAジャム』誕生(1)　火を愛する少年

マーク・ターメルはとても変わったティーンエイジャーだった。大人になってから驚異的な成功を収めることになるが、それには理由が二つあった。一つは、生涯にわたってやりたいことに若いうちから気付いていて、決してよそ見をしなかったこと。そしてもう一つは、火をつけるのが大好きだったことだ。

一九七〇年代、子供だったターメルは、米国ミシガン州ベイシティ市の家の近所を歩き回り、あることをやっていた。火のついたマッチを何本も側溝に沿って置いていき、そのまま遠ざかってから、振り返って火の様子をちらりとのぞく、という遊びだ。それが彼にとって、子供時代を生き抜くのに必要な、ちょっとしたスリルだった。後ろを振り返るその瞬間の、結果が予測できない意外性に魅了された彼は、何だって起こり得るのだと感じた。往々にして火がついていなかったり、くすぶっていたりした。そして時折、マッチが燃え盛っていた。ターメルは火がついているとうれしくなった。

ターメルはこうした火遊びにくわえて、コンピューターをいじることによってなんとか気を紛らわせていた。友達の父親が地元のコミュニティー・カレッジの教授を務めていて、時々、オフィスのコンピューター端末で遊ばせてくれた。すぐにターメルは夢中になった。より具体的には、テレビゲームに心奪われ、火よりも好むようになったのだ。そして彼は、自分もゲームを作るのだと直感した。将来はその道に進むと心に決めていたので、あるとき代数を教える教師に向かって、ゲーム開発に代数は必要ないので勉強しないと言い放った。宿題をやらないことへのひどい言い訳だったが、驚いたことに、結果的にそれは正しかった。

じきにターメルは、午前は高校に通い、午後は前述のコミュニティー・カレッジでコンピューターサイエンスの授業を受けた後、一晩中キャンパス内のコンピューター・ルームにこもるようになった。彼を指導した教授の一人はこう語った。「マークのような学生を受け持つと唯一困るのは、彼らが決して家に帰ろうとしない点ですね」[1]。没頭するあまり、一五歳になる頃には、ターメルは好きだったバスケットボールをやめざるを得なかった。彼には町内の学生の中で一番背が高いという長所もあったのだが、コートで過ごした時間もコンピューターに費やせたはず、という思いが勝った。

自分用のコンピューターを買おうと決心したターメルは、芝刈りで稼いだ小遣いをかき集めて、発売されたばかりのアップル社のパソコン、アップルIIを手に入れた。そして、その投資の成果はすぐに現れた。犯罪すれすれの行為が、お金になったのだ。彼はアップルIIを使って、通っているコミュニティー・カレッジのネットワークに侵入すると、学校側が大金を払って保護している機密情報をのぞき見た。不正侵入したと正直に告げると、大学はすぐさま彼を雇い入れた。ターメルの仕事は、彼がしたようなことを再びされないよう、ネットワークを管理することだった。その高いスキルはベイシティ市内で評判となり、仕事はますます順調にいった。ベイシティのエンジニアたちは、コンピューターマニアの技術力を必要とするあまり、下水処理システムのソフトウェア管理を、まだ運転免許も持っていないこのティーンエイジャーに一時期任せたほどだった。

ターメルはあっという間に近所で最も裕福な少年となったが、学校の基幹システムの管理だけでは満足できなかった。町の下水処理よりも、もっと大きな仕事をしたいと夢見ていた。テレビゲームを作るという気持ちは変わらなかった。そして、いよいよそのときが来た。そのために、ゲーム制作に適切なコンピューターを購入し、適切な雑誌を定期購読し、適切なプログラミング言語を学んできた。一〇代のむき出しのエネルギーに突き動かされて、ターメルは夜遅くまで子供部屋のアップルIIをいじくり回した。「こつこつと作業を続けながら、いつか乗り越えられない障害に出くわすんじゃないかと身構えていた」と彼は語る。「でも、そんなものは一つもなかったね[2]」

一九八一年、ターメルの天賦《てんぷ》の才能は、初めて作ったゲームでいきなり開花した。そのシューティングゲーム、『スニーカーズ』をプレーしたことがある人なら誰でも、それが隅々まで考え抜かれたゲームだということに気付いた。たとえその制作者が、本来考え抜かなければいけないのは代数の勉強だったとしてもだ。彼はゲームのコピーを、当時新しい配達サービスだったフェデラル・エクスプレス（後のフェデックス）を使って、お気に入りのゲームを何本も作っていたシリウス・ソフトウェアという会社に送った。返事が来るか分からなかったが、数日後、電話が鳴った。『スニーカーズ』を買い取りたい、使用料として月額一万ドルのロイヤリティを約束する、とのシリウス社からの申し出だった。「父さんは口座を開設して、投資信託を多少買い、さらにいくらかお金をつぎ込んだよ。そんなことになるとは、思いもしなかったね」と彼は言う。権威あるアップルII専門誌は、その年に最も人気のあった新作の一つに『スニーカーズ』を挙げた。初めて作ったゲームが高い評価を得た上に、商業的にも驚くほど成功したことで、ますます彼の決意は固まった。そうしていると、再びシリウス社が電話をしてきて、ターメルにとって夢のような話を持ち掛けた。ゲームを作る、フルタイムの仕事だ。もはや学校に行く必要はなかった。彼はカリフォルニアに移住し、同士たちの輪に加わった。

米国西海岸で、ターメルの評判は既に広まっていた。会う前からその名を知っていた大勢のうちの一人に、偶然にもターメルの使うコンピューターの開発責任者だった男がいた。アップルの共同設立者の一人、スティーブ・ウォズニアックだ。アップルの株式公開によって大金持ちとなったばかりのウォズニアックは、恋人に結婚を申し込んでお祝いしようと思った。[3] 彼はパイロットの免許を取り、軽飛行機を購入したばかりだった。恋人のおじがカリフォルニア州サンディエゴで宝石商をしており、指輪のデザインを相談しに、飛行機で海岸線を南下したら楽しいだろうとウォズニアックは考えた。だがウォズニアックたちは到着できなかった。離陸に失敗し、飛行機が近くのスケートリンクの駐車場に墜落したのだ。彼は重傷を負い、新しい出来事を記憶できなくなる健忘症の一種に、数カ月間苦しめられた。スロットルに手を伸ばしたところまでは全て覚えているが、それ以降の五週間の記憶が抜け落ちていた。後になってから、かなりの時間をアップルIIのゲームに費やしていたと彼は知った。記憶力が回復し、結婚式を挙げられるまでに体調が戻ったとき、ウォズニアックは、療養中にハマった『スニーカーズ』という小粋なゲームを作った男に招待状を送った。それがせめてものお返しだった。マーク・ターメルのおかげで、ウォズニアックは正気を取り戻せたのだ。

結婚式で、ターメルはちょっとした有名人だった。そのさなか、一人の若いコンピューターオタクに話しかけられた。

「マーク・ターメル！　僕らは君のゲームが大好きだ」

見知らぬ男はそう言ってから、ようやく自己紹介を始めた。男はシアトル近郊にソフトウェア会社を設立したばかりであること、そして一緒に働いてもらいたいことをターメルに伝えた。彼は興味を持ったのだろうか。「まさか！」とターメルは答えた。ゲームを作るのに忙しかったからだ。

こうして、彼はビル・ゲイツを振った。今にして思えば、設立当初のマイクロソフトの社員になる機会を手放したのは、残念な判断だった。だが一九八〇年代初めは、ターメルのようなオタクにとって、絶好の時期だった。彼は当時、赤いポルシェのオープンカーに乗っていた。『ピープル』誌に取り上げられたこともある。ファンレターが何百通と届き、中には結婚を申し込む手紙すらあった。一〇代の少年はマーク・ターメルになりたいと願い、少女はマーク・ターメルと一緒になりたいと願った。ゲーム制作の才能があったおかげで、彼は正真正銘の有名人だった。望むなら、どんな会社にでも入れただろう。

どの会社にも入れたはずのターメルが唯一行きたかったのが、ミッドウェイというゲームメーカーだった。そこは、ゲーム業界のイノベーションの中心地だった。ミッドウェイとその子会社は、シカゴの同じビルで、時代を象徴するゲームを信じられないほど多数制作し、販売した。『ミズ・パックマン』や『モータルコンバット』、『ギャラガ』など、例を挙げるのがばかばかしくなるぐらいだ。それほど、数多くの名作を世に送り出した。こう考えておけば間違いない。アメリカ人がかつて二五セント硬貨をつぎ込んだアーケードゲームは、必ずと言っていいほど、ミッドウェイのスタッフが作っていた、と――そして新たに、『スニーカーズ』を生み出した男が加わった。

ターメルは会社に重用されていた。時々、社長がターメルの狭苦しい開発室にやって来て、いつ完成するのかと聞いた。「そんな時はこう言い返したよ。『完成するときに完成するんです。さあ、出て行ってください』とね」。ターメルはそう回想する。社長にそこまで言えたのは、このビジネスの厳しい現実を、お互い理解していたからだ。まずミッドウェイはゲームを代理店に卸し、代理店はそれをゲームセンターに販売した。そしてゲームセンターは、ゲームの稼働状況を代理店に伝えた。代理店がアーケードゲームをトラック何台分も買ってくれるのは、稼働率が高い場合に限られた。ターメルは次のように語る。「どんなにマーケティングや大々的な広告、あるいは販売促進をやっても、売り上げ増加にはつながらない。大事なのは、ゲームセンターの金庫だけ。それ以外ないよ。稼げるゲームじゃなければ駄目だった」。まさにターメルの才能とは、稼げるゲームを作ることだった。

ミッドウェイのゲームは、非常に綿密な工程を踏んで制作されていた。硬貨を際限なく投じてほしい人たちの元にゲームが届けられる前に、スタッフは何時間も何時間もかけてプレーし、微調整を続けた。ターメルが手掛けるゲームは、突っつかれ、小突かれ、隅々まで細心の注意を払って調べ上げられた上で、初めてミッドウェイのオフィスの外に出られた。その最初の目的地は遠くない。そこは、会社近くに複数ある、テスト用のゲームセンターだ。

「売れるか否かは、テストをしてくれるお客さんを前にしないと分からない。だから僕たちは、よく座って様子を見ていたよ」とターメルは言う。

マーク・ターメルは、座って様子を見守る達人だった。それをずっと続けたことで、そのゲームがヒットするかどうかを、ほんの数分見ただけで予測できるようになっていた。一九九二年のある晩、ターメルはひいきのテスト用ゲームセンターを訪れると、彼の最新作が今までで一番のヒット作になると確信した。『NBAジャム』というゲームだった。

2 ステフィン・カリーがNBAを変えた日(1)　シュートの天才

世界一流のバスケットボール選手が最もプレーしたい場所、それはマディソン・スクエア・ガーデンをおいて他にない。ニューヨーク市の中心にあるこのアリーナでは、神がかった個人パフォーマンスが数多く披露されてきた。そんな夢の舞台をホームにしているNBAチーム、ニューヨーク・ニックスが低迷に苦しんでいると聞くと、驚くかもしれない。長い歴史を持つこの神聖なアリーナで成し遂げられた偉業の中でも、三試合が際立っている。三人の選手は、それぞれの試合で、アリーナでの個人の最多得点記録を達成して、ロッカールームに引き上げたのだった。その三人とは、マイケル・ジョーダン、コービー・ブライアント、レブロン・ジェームズだ。マディソン・スクエア・ガーデンを支配した選手たちは、いずれもNBAのレジェンドに名を連ねている。

二〇一三年二月二七日の夜、このアリーナの下にあるペンシルベニア駅で帰宅ラッシュが起きていた頃、ワーデル・ステフィン・カリー二世はコートに姿を現した。この時点では、彼が記録保持者に加わる兆しは何もなかった。だが、その日カリーに期待が集まらなかったのは、妙に納得できることだった。彼は、そうした下馬評《げばひょう》を覆すのが昔から大得意だった。小さな私立高校に通ったカリーは、大学でトップレベルの選手になるとは思われていなかった。さらにその選手が、NBAで良い選手になるとは思われていなかった。そしてその良い選手が、偉大なNBA選手にまでなるとは思われていなかったのだ。彼は童顔で、謙虚であり、プードルと同じくらい威圧感がなかった。

しかしステフィン・カリーには、それまでのどのNBA選手にも負けない能力があった。それは、シュートだ。誰でもシュートは打てるが、カリーのように打てる者はNBAの中にもいなかった。試合を支配するプレーヤーの多くは、とてつもないことを、まるで当たり前のことのようにやってのける。しかしカリーは、シュートするという当たり前のことを、とてつもない次元に引き上げた天才だった。

その晩、重い足取りでアリーナに入ったカリーに、キャリアの転機が訪れようとしていた。彼は、足首の故障により前年のシーズンをほとんど欠場していた上に、試合の流れを変えるほどのその力はまだ、体のどこかに眠ったままだった。プロ選手と、世間一般の職業を比べてみると、共通点よりも違いの方が多いが、この時二四歳だったカリーは、大学を出てから同じ職場で同じ仕事を続けている点では、多くの二四歳と境遇が似ていた。上司はカリーに対して、責任ある仕事を増やした。昇給やボーナスにも不満がなかったので、カリーは他のチームでより良いチャンスを探そうとは思っていなかった。もしデスクワークに置き換えるなら、カリーの勤務評価は最高ランクで、ビジネススクール入学を勧める声が社内で高まっていて、彼を慕う同僚からは結婚式に招待される、といった状況だ。カリーは理想の社員になったことだろう。仕事ができ、自信をうかがわせ、会社のソフトボールチームで大活躍していたかもしれない。意外かもしれないが、カリーが普通の仕事に就く可能性は決してゼロではなかった。

彼が大学二年生の時、両親は、試合が終わったばかりのNBAのゼネラルマネージャー（GM）に偶然出会った。母のソニアは、つい気になっていたことを聞いた。「うちのステフは、NBAでもやっていけるでしょうか」。母といえども、息子がプロバスケットボールの道に進めると確信できない理由が一つあった。それは元NBA選手の父から受け継いだ才能と、社会的・経済的なアドバンテージがあったにもかかわらず、ステフィンには克服できない致命的な弱点でもあった。父のデル・カリーはこう語る。「所属した全てのチームで、息子は一番背が小さかった」

自分より大きくてうまい選手が、ますます大きく、うまくなっていく中で、カリーが彼らに負けないための唯一の方法は、シュートフォームを変えることだった。皮肉にも、それによってカリーは窮地に陥った。子供部屋に置かれた、フィッシャープライス社のおもちゃのバスケットゴールで遊んでいた頃から、シュートのスキルはずばぬけていた。だがある人が、今のシュートには問題があると言った。カリーがそれを聞き入れたのは、その人物が父だったからだ。

デル・カリーは、ステフィンの長所がじきに短所になると知っていた。シュート時にボールを離すリリースポイントが低いということは、彼より大きい選手に容易にブロックされることを意味した。そして、どの選手も息子より大きいという事実を、父は分かっていた。そこでデルは、ステフィンを競争の激しいこの競技からしばらく距離を置かせるという、思い切った措置を講じた。高校二年生から三年生に上がる夏の、他の選手が奨学金のオファーをいくつも受け取っていた時期に、ステフィンはシュートを独学で学び直した。リリースポイントを頭の上に変え、ジャンプしてすぐにボールをリリースするシュートフォームにすることで、実質的に背を高くするのと同じ効果を出すのが狙いだった。だが、すぐには結果が出なかった。化粧しっくいが塗られた二台用の車庫の前にある、自宅のバスケットコートで、毎日、何百本もシュートを練習した。(4) 外れたボールが弾んでプールに落ちるのを、サルスベリの木々が防いだ。あまりにシュートが入らなくなったので、カリーはシュートが嫌になったほどだった。気のめいる、過酷な夏だった。彼はバスケットボールをやめようとすら思った。

しかし、この苦しい時期を乗り切ったことで、カリーは一生使える武器を手に入れた。ひと夏の間に、バスケットボールの競技史上で最高のシューターへと生まれ変わったのだ。彼が大学のスター選手に、さらにはNBA選手になれたのは、この夏のおかげだった。

プロ入りしてからも、カリーは苦い思いを味わった。良いプレーヤーだが、まだ偉大ではなかった。プロ一年目の時、彼の所属するゴールデンステイト・ウォリアーズはニューヨーク・ニックスと対戦した。NBA選手として初めてマディソン・スクエア・ガーデンに立ったのだが、気が付くと、根が生えたようにずっとベンチに座ったたままだった。NBAから一度も正当に評価されていないという事実に、カリーが甘んじたとしても、彼を責める者はいなかったはずだ。

カリーの武器は、ゴムを引っ張って弾《たま》を飛ばすおもちゃのパチンコのように、遠くから狙うシュートだった。それを決める選手は、二点ではなく三点入るという、一目瞭然の成果を得られた。遠くから放つ武器がこれほど破壊力を持ったのは、旧約聖書でダビデという羊飼いの少年が投石器を使って巨人を倒して以来のことだ。だが、カリーのパチンコは、まだバズーカ砲の威力を備えていなかった。シュートする際は、どのタイミングで、どの位置から、そしてなぜ打つかを慎重に見極める必要があった。この頃のカリーはまだ、二四秒あるショットクロック〔攻撃にかけられる時間〕がたっぷり残っているときにシュートできなかった。スリーポイントラインのはるか後方から打つこともできなかったし、何より、シュートをたくさん打たせてもらえなかった。マディソン・スクエア・ガーデンでの、あの二月の晩を迎えるまで、カリーのキャリアはこうした制約に縛られていた。ここで打てると内心思っていても、カリーにはそれができなかった。

だが、もし好きに打てるとなったら何が起きるだろうか？

3 『NBAジャム』誕生(2)「ブンシャカラカ！」

そのゲームは唯一無二の存在だった。『NBAジャム』は、バスケットボールを奇想天外な形に翻案したゲームだ。キャラクターの頭は、漫画っぽく、体よりも大きく表現された。敵チームを押し、エルボーを食らわせ、殴るのも、完全にルールの範囲内だ。自陣からロングシュートを決める、リングの上で宙返りしてからダンクする、というプレーもできた。既存のスポーツゲームと同じものは作りたくなかったので、それまでの常識は無視された。マーク・ターメルは、『プライマルレイジ』というSF色の強い格闘ゲームから着想を得た。文明滅亡後の世界で、恐竜たちが滑らかに動き戦うこの作品が、バスケットボールのゲームのヒントになった。

『NBAジャム』は異色の作品だが、開発の初期段階から、ターメルは大ヒットする可能性があると感じていた。彼の入念なゲーム作りは、まずミッドウェイの同僚を実験台に使うことから始まった。制作途中のゲームをあまりに頻繁にプレーさせられるので、同僚たちはじきに見返りを求めるようになった。賭け事だ。不具合がないかテストするとき、彼らは熱心なギャンブラーに変貌《へんぼう》した。普段はチョコバーが賭け金だった。だが『ＮＢＡジャム』のテストでは、いつも以上に闘争心むき出しで対戦が行われた。そこで開発者たちは、チョコバーに代えて、本物の現金を賭けに使った。その興奮ぶりを、ターメルは面白いと思った。

『ＮＢＡジャム』が、「デニスの遊び場」という名の地元のゲームセンターに試験的に置かれてからしばらくして、ターメルの元に良くない知らせが入るようになった。ゲーム機が不具合を起こしている、という。ターメルは自ら赴《おもむ》くと、何が起きているかすぐに見当がついた。硬貨を投入できなくなっているのは事実だったが、それは故障ではなかった。筐体内の硬貨がいっぱいになり、それ以上入れられなくなっていたのだ。若者たちが尋常ではないペースで『ＮＢＡジャム』にお金をつぎ込むので、店員は一時間に一度、硬貨を回収しなくてはいけなかった。ますます面白いことになったぞ、とターメルは思った。

テストを続けると、ゲームセンターの稼働実績はずばぬけたものになっていった。あらゆるデータが、『ＮＢＡジャム』は空前のセンセーションを巻き起こすと示していた。しかし会社の幹部は、そのデータを当初信じていなかった。「どこかで数字が間違ったのだろう、と思っていた」と、最盛期のミッドウェイで社長を務めたニール・ニカストロは証言している。(5)「テスト段階であれほど稼ぐゲームは初めてだった」

一九九三年夏において、発売されるゲームがヒットを見込むには、テスト用のゲームセンターで週に六〇〇ドル以上の売り上げが欠かせなかった。大失敗と大成功の境目はわずかだった。売り上げが週一五〇〇ドルであれば、失敗作だった。一五〇〇ドルに達すれば、大ヒットは間違いなかった。ところがある週に、「デニスの遊び場」で他のゲームが七五〇ドル以下だった中、『NBAジャム』は二四六八ドルという記録をたたき出した。考えられない数字だったので、ターメルはその時の売上報告をコピーして、証拠を取っておいた。彼はこう語る。「考えてみてほしい。一回ゲームをプレイするのに一〇分かかる。そのゲームセンターは一二時間営業だったから、毎日、ほぼノンストップで遊んでもらわないと、あれだけの収入は得られないんだ」

「デニス」での騒ぎは、全米のゲームセンターでこれから起きるであろう熱狂の渦を予告していた。ミッドウェイが『NBAジャム』の元を取るためには、筐体を二〇〇〇台は売らなければならなかった。販売台数が一万台を突破した時点で、期待を十分上回っていたことだろう。最終的に、二万台を超すメガヒットになった。このゲームを巡る熱狂は、在庫を切らした代理店がミッドウェイに宛てた、ぶしつけな手紙の一文に集約される。「貴社のプログラマーは、怪物を作り出しました」

『NBAジャム』は驚異的な成功を収め、史上最も利益を上げたゲームの一つとしてその名を残した。一年足らずのうちに、一〇億ドル分の二五セント硬貨がこのゲームにつぎ込まれたのだ。

しかし、一体なぜ？

成功した要因は、ぱっと見ただけでは分からなかった。テスト時の売り上げに疑いの目を向けていた幹部たちは、まさか実際のNBA選手までがこのゲームを遊んでくれるとは夢にも思わなかっただろう。異様な体形や、アクロバティックなダンクは要因ではなかった。また、バスケットボールのルールを大胆に無視するのが、反抗的で少しクールに見えたから、というのも理由ではない。多くの人がこのゲームの虜《とりこ》になったのは、ある巧妙な設定が仕掛けられていたからだった。

マーク・ターメルにとって、自身が作るゲームは、コンピューターに勝つという目標をプレーヤーに与えるだけではまだ足りず、それ以外の要素があることが重要だった。すなわち、「もっとやりたい」とプレーヤーが硬貨を入れたくなるような、キャラクターの能力が一時的に高くなる状態が欠かせない。しかし、スポーツゲーム特有の課題が一つあった。スポーツはそれ自体がゲームなので、ゲーム化するのが難しいのだ。バスケットボールのコンピューターゲームで勝てば確かに満足感を得られるが、だからどうしたというのだろうか。それだけではインパクトが弱かった。あれこれと考えていたある日、ターメルは昼食を食べようとバーガーキングに入り、チーズ入りチキンサンドを注文し、チーズ以外の具材を抜いてもらうよう頼んだ。いつも仕事のことを考えている彼にとって、昼休みも例外ではなかった。待っている間、一緒にいた同僚のプログラマー、ジェイミー・リベットに抱えていたジレンマを打ち明けた。「試合中、モードの切り替えが必要だと思うんだ」とターメルは言った。

チキンサンドが出来上がるまでに、リベットはあるアイデアを提案し、二人ともすぐに魅了された。「オン・ファイア・モード」誕生の瞬間だった。昼休みに詳細を詰めて、会社に戻り、その日の午後にはゲームに組み込んでいた。二人が決めたのは次のような内容だった。プレーヤーが二本連続でシュートを決めると、操作する選手がヒートアップしてくる。そして三本連続で決めると、その次に打つシュートはほぼ間違いなく入る。それはどんなシュートでも構わない。放ったボールは、炎に包まれる。このときの選手は、「オン・ファイア（絶好調）」の状態だ。

このモードこそが、人々がこのアーケードゲームにハマった理由だった。人間の脳は元々、パターンを見つけようとするようにできている。既に存在していた脳の性質を、ターメルはゲームに取り入れただけだった。一本、二本、三本と連続でシュートが決まると、わたしたちは本能的に四本目を求めてしまう。人は、混沌《こんとん》の中で秩序を強く望む。ターメルはその願望へのご褒美を、忘れずに用意した。いわばホットハンドが、『ＮＢＡジャム』の中で強烈なインパクトになった。

バーガーキングでの出来事から間もなくして、ターメルは、ティム・キッツローという地元シカゴのコメディアンに、ゲーム内の実況役を依頼した。台本は二ページだった。知る人ぞ知る仕事に違いなかったが、ゲームセンターの「デニスの遊び場」でテストを兼ねて遊んだ人々は、キッツローの声に夢中になった。客が繰り返しお金を投じた理由の一つは、名台詞の数々を聞きたかったからだった。

「ブンシャカラカ！」〔特に意味はなく、豪快なダンクを決めたときにキッツローが叫ぶ〕

「ヒーズ・ヒーティング・アップ！」

そして何よりも、プレーヤーがキッツローに叫ばせたかったのは、次の三つの単語だった。

「ヒーズ・オン・ファイア！」

ターメルは、プレーヤーに共感することができた。ゲームセンターに来る若者と同年代だった頃の彼は、火がついたように大活躍するＮＢＡ選手のファンだった。その選手たちが一本、二本、三本と連続でシュートを決めると、会場の観客は全員、四本目も入ると確信していた。ターメルが特に好きだったのは、デトロイト・ピストンズのガードだったビニー・ジョンソンだ。コートに出るとすぐに試合が白熱することから、「マイクロウェーブ（電子レンジ）」というニックネームを持つ選手だった。子供時代のターメルが愛してやまなかった三つのものを思い浮かべると、彼がジョンソンを崇拝したのは驚きではなかった。まずはコンピューターいじり。二つ目はバスケットボールをプレーすることで、三つ目は火だ。ヒートアップしたキャラクターの放ったボールが、爆発して火の玉に変わる演出は、ターメルの子供時代の三つ目の好みが反映されている。もし他の人が『NBAジャム』を作っていたら、このゲームに真っ先に魅了されたのはターメル自身だろう。

ある年齢を迎えた少年少女にとって、『NBAジャム』との出合いは必然だった。何度も遊ぶことを通じて、影響を受けやすい若者の頭の中に、マーク・ターメルがホットハンドという概念を刷り込んでいったかのようだった。「二本連続で決めたら、四本目もきっと入るだろう」というイメージが、このゲームを遊んだ少年少女にしっかりと植え付けられた。そしてその中には、このゲームでもなければ決して納得しなかっただろう少年が一人いた。その子は、実の父がゲームに登場しているのを口実に、ゲームをやることができた。その上、父と同じ名前だったので、画面の中で自分がプレーしているような気分も味わえた。ところで、この少年を「ワーデル・カリー」と呼ぶ者はいなかった。皆からは「ステフ」と呼ばれていた。

4 ステフィン・カリーがNBAを変えた日(2) バズーカ砲を撃つ

その日、ゴールデンステイト・ウォリアーズは遅れて到着した。ニューヨーク・ニックスとの対戦のため、三台のバスに分かれてマディソン・スクエア・ガーデンに向かい、ステフィン・カリーはそのうちの二台目に乗るはずだった。いつも二台目だったのだが、この日に限って、なぜかは思い出せないが三台目に乗り込んだという。「そんなことは初めてだった」と、彼はそれから数年後にわたしに語った。そして、発車してすぐに後悔した。ホテルを出る際に、彼を乗せたバスは曲がってはいけない場所で曲がり、事情を知らない警察に路肩に停車させられた。

バスがエンジン音を立ててようやくアリーナに着いたとき、選手たちは疲れ、いら立っていた。これは運転手のせいだけではなかった。その前夜、ウォリアーズは荒々しい試合を経験していた。インディアナ・ペイサーズとひどい乱闘を繰り広げて試合を台無しにした揚げ句、ウォリアーズは敗れた。試合後、飛行機に乗り、とんでもない時間に到着して眠りについた。彼らが目を覚ますと、リーグから乱闘の処分として、チームメート一人に出場停止が命じられ、カリーには罰金が言い渡されていた。

そういったわけで、誤って三台目のバスに乗り、ニューヨーク市警察の相手をする前から、ひどい一日は始まっていた。だがアリーナに着いた今は、それを気に病むときではなかった。彼がやるべきはウォーミングアップのルーティンだった。それは気晴らしにもなるはずだった。まずバスケットゴールの近くからシュートを打ち始め、だんだんと遠ざかっていくというのが彼のルーティンだった。観客が席に着く頃には、スリーポイントラインから数メートル離れた場所まで下がって打っていた。スリーポイントラインという名のペンキの線が全てのコートに引かれたことにより、バスケットボールの試合運びは大きく変わろうとしていた。

数十年前にスリーポイントラインがＮＢＡに導入されたのは、体格の大きい選手があまりに有利な状況が生まれていたからだった。バスケットボールは不公平な競技になっていた。カリーのような選手が、身長だけを基準に差別されていた。ファンが離れつつあり、試合に新たな刺激が求められていた中で、ＮＢＡが最も民主的な解決策として実行したのは、簡単な計算だった。そして、ゴールの中心から七・二四メートルの位置に、一筋のペンキを塗った。それが適切な距離だと考えたから、という以外に理由はなかった。このラインの内側から打つシュートには、二得点が与えられる。その外側から打つシュートには、三得点の価値が生まれた。

バスケットボールのプレーを根本から変えたこのルールについて、別の考え方もできる。つまり、当時のＮＢＡの責任者たちは、「アルゴリズム」を微調整して、ＮＢＡを健全にしようと思ったのだ。アルゴリズムと聞くと、コンピューターの画面に向かって、わたしたちの生活にまで影響を及ぼすコードを書く、専門家の姿を思い浮かべるかもしれない。だが本来アルゴリズムとは、問題を解決するための一連のルールという意味だ。当時のＮＢＡは問題を抱えていたので、アルゴリズムを書き換えた。それによって、試合はもっと面白くなり、選手たちはスリーポイントラインの外にとどまる動機を手にした。ステフィン・カリーがホットハンドを持つに至ったのは、関係のない出来事が積み重なった結果だったが、スリーポイントライン導入は、その第一歩だった。

しかし、選手たちはすぐにはその動機になびかなかった。スリーポイントシュートが初めて採用された一九七九〜一九八〇シーズンでは、全シュートのわずか三パーセントを占めただけだった。ところが、最初は疑っていた彼らも、やがて好奇心が上回るようになると、このラインがただのばかげた小細工ではないことに、ようやく気付き始めた。一シーズン当たりのスリーポイントシュートの割合は少しずつ増え続け、二〇〇〇年代後半には二二パーセントに達した。そこで、おかしなことが起きた。約三〇年にわたって着実に増えていたスリーポイントシュート試投数の割合が、その後の五年間変動せず、横ばいを続けたのだ。あたかもNBAチームが、これが最適の割合なのだと確信したかのようだった。バスケットボールという競技は、均衡を見つけたように思われた。

ところが、そんな推測を覆す出来事が二つ起ころうとしていた。まずは、ステフィン・カリーが、彼自身は行きたくないと思っていたゴールデンステイト・ウォリアーズに、二〇〇九年のNBAドラフトで指名されたことだ。当時ウォリアーズはどん底の状態にあり、非難を浴びていたオーナーは、カリー獲得後から間もなく、チームを売却すると決めていた。第二は、バスケットボール経験がほとんどない大富豪のグループが、そのチームを記録的な金額で買収したことだ。新オーナーたちは、NBAチーム作りのあらゆる常識を無視すべきだ、という大胆な考えに基づいてチーム再建を目指した。その道のりには多くの紆余《うよ》曲折《きよくせつ》があり、挫折しそうなときもあったが、やがてウォリアーズはNBAを席巻していった。その原動力になったのが、ある常識破りの戦略だった。彼らは、スリーポイントラインが、「市場の非効率性」として見過ごされたまま放置されている、と考えたのだ。

ジェームズ・ネイスミスという人物により、一組の桃の籠（バスケット）を体育館の壁に打ち付けてバスケットボールという競技が誕生して以来、コート上で一番重要な場所はゴール付近だった。ゴールの近くから打つのが、最も効率が良いとされてきた。少なくとも、人々は長年そう考えてきた。しかしウォリアーズは、もう確信を持てなかった。球団のGMは次のように述べた。「スリーポイントラインを活用するのであれば、必ずしもゴール付近が一番いいとは限りません」

やがてウォリアーズの面々は、スリーポイントラインの曲線を、境界線と思い始めた。ラインの内側は、バスケットボールの過去だ。未来は、ラインの外側にあった。

それまでのスリーポイントシュート数では全く不十分だ、と初めて気付いたチームの一つがウォリアーズだった。だが、大きな謎と不可解なパラドックスが残る。なぜ長い間、誰も気付かなかったのだろうか。カリー入団直前の二〇〇八～二〇〇九年のシーズンがもうすぐ終わろうという頃、一人の生真面目なライターが、スポーツ専門チャンネルのESPNに記事を寄せた。その中で彼は、バスケットボールで成功するための方法を伝授している。「期待を上回る活躍をしたいなら、スリーポイントラインから爆撃すればいい。周囲をがっかりさせたければ、それをやめればいい(6)」。そしてこう付け加えた。「スリーポイントシュートの割合が毎年上がっていくのは、少しも不思議ではない……しばらくはそのトレンドが続くだろう」。だが、そうはならなかった。少なくとも、すぐにはそうならなかった。ESPNのバスケットボール専門家といえども、人間の行動までは予測できなかった。

頭のいい人たちが皆、そんなに重要なことを、何十年もの間、気付かないということがあるのだろうか。ピート・キャリルには、それが理解できなかった。プリンストン大学のバスケットボールチームを率いた、伝説的なコーチである彼は、「ヨーダ」と呼ばれていた。『スター・ウォーズ』に登場するあのキャラクターに見た目がそっくりで、かつ彼自身もジェダイ・マスターのような存在だったからだ。キャリルは業界の中でいち早く、スリーポイントの価値に気付いていた。彼はこう書いている。「わたしはスリーポイントシュートが大好きだ。なぜか？　以前なら二点しか入らなかったシュートが、今では三点もらえるからだ(7)」。どのチームだろうと、その名が示す通り普通よりも一点多く入るシュートを打つべきだ、というのは明らかだろう。だが、その常識が、どうしたことかキャリルを業界内で反主流派の立場に立たせていた。その原因は、キャリルが何を言ったかではなく、それをいつ言ったかにあった。彼が教え子にスリーポイントラインを利用するよう指導していたのは、一九八八年生まれのカリーがまだ赤ん坊の頃だったのである。

キャリルがコーチとして最後に勝利したのは、一九九六年のNCAA（全米大学体育協会）トーナメント一回戦だった。彼が教えるプリンストン大学は、前年の王者であるカリフォルニア大学ロサンゼルス校（UCLA）を破った。それは、あり得ないほどの衝撃だった。大学バスケットボール界は、適切な反応を示した。つまり、怒り狂ったのだ。だがその影響で、この驚きの試合結果をもたらすことになった統計的な兆しが見過ごされてしまった。実は、プリンストン大学のその日のシュート試投数のうち、半数以上がスリーポイントだったのだ。

試合終盤、テレビカメラはUCLAのベンチを映し、ストレスでTシャツを噛む一人の選手を捉えた。その顔には、テレビ局がまさに欲しがっていた苦悩が表れていた。月日は流れ、その選手はNBAチームの幹部として登用されることになった。そして彼は、スリーを大量に打つチームをつくり上げることになる。

彼の名をボブ・マイヤーズという。ゴールデンステイト・ウォリアーズのGMだ。

カリフォルニア州サンフランシスコ・ベイエリアに生まれ育ったマイヤーズは、高校時代は良いバスケットボール選手だったが、続けるつもりはなく、大学ではボートチームに入ろうと考えていた。プリンストン大学との試合で、彼がUCLAのベンチにいたそもそもの理由は、その数年前に同大学を訪れ、ボートチームのコーチを探していたことに端を発する。強豪校のUCLAで、バスケットボールができるなどとは全く思ってもいなかった。それ以前、アイビーリーグ〔米国北東部の名門大学八校の総称〕の一校を訪問する前に、バスケットボールチームのコーチ宛てに面会希望の手紙を出したのだが、マイヤーズは返事すらもらえなかった。ところが、彼がボートチームのコーチを探してＵＣＬＡのスポーツ施設内を歩いていると、たまたまバスケットボールのコーチが通りかかった。長身のマイヤーズを見たコーチは、彼にトライアウトを受けるよう勧め、彼はその申し出に応じた。そして、奨学金は出ないが一般の選手として、チームの一員になった。「ブルーインズ」の愛称を持つこのチームが全米チャンピオンに輝いた瞬間も、マイヤーズはベンチにいた。その後、優勝を祝う自身の姿が『スポーツ・イラストレーテッド』誌の表紙に載ったことを彼は知った。ボブ・マイヤーズとはそういう人物だった。彼には、大きな出来事が起きる場に居合わせる才能があったのだ。次々と幸運が舞い込む、ある映画の主人公になぞらえて、コーチはこう評した。「ボブは、我々にとってのフォレスト・ガンプさ」(8)

四年生に上がる頃には、マイヤーズは単にプレーするだけではなく、試合に先発出場するようにもなっていた。アイビーリーグの大学からは奨学金どころか、面会のチャンスすらもらえなかった青年は、強豪校で最も優れた五人のうちの一人として先発し、奨学金を受け取るまでに成長していた。その上、みんなボブが大好きだった。実際、彼を取り上げた学校新聞の記事の見出しは、「みんなボブが大好き」というものだった。

大学卒業後は、スポーツ経験や人柄、そしてみんなに好かれているという自身の長所を活かして、スポーツエージェントとして成功した。新たな得意分野である契約交渉の仕事を、そのまま続けても満足していたはずだ。ところが、彼の地元サンフランシスコを本拠地にするウォリアーズが売却されたと知り、マイヤーズは面談を申し入れた。大学の頃のように、バスケットボールチームにもう一度参加したくてうずうずしていた。大胆不敵なシリコンバレーのベンチャー投資家であり、新オーナーであるジョー・レイコブとの面談を終えると、マイヤーズは、絶対に採用されないだろうと思った。しばらくの間、彼の予想は当たっていた。数日が過ぎ、数週間が過ぎ、数カ月が過ぎた。アイビーリーグのコーチのときと同様、レイコブからの返事はなかった。そんなある日、思いがけない電話がかかってきた。

「ここでの仕事が、自分がやってみたかったことかもしれない、と君は言っていたが、あれは本気か？」。レイコブからの電話だった。[9]

マイヤーズはエージェント業を辞め、ウォリアーズに加わると、あっという間にGMに昇進した。ひいきのNBAチームの方針を決定する、最高責任者だ。前任者から引き継いだロースター（登録選手枠）の中で、カリーはチームの土台となる選手の一人だった。マイヤーズが再び、大きな出来事が起きる場に居合わせることになるのは、カリーがいたからだった。

マイヤーズは、スリーポイントシュートを増やすことには心理的な効果があると、常々感じていた。スリーが決まると相手チームの士気がかなり下がるということを、彼は目の当たりにしていた。プリンストン大学に敗れたときの心の傷が、まだ少し残っていたのだ。「コート上のチームメートに声援を送っているさなかにスリーを食らうと、五点入れられたように感じたのを、今でもありありと思い出しますね」と彼は言う。彼がGMに就任した頃、NBAの各チームは、既にスリーの本数を増やすのをやめていた。ウォリアーズは到底納得できなかった。一点多くもらえるシュートを増やすのは、いいアイデアに思えたからだ。「もちろん、分析に基づいて方針を決めました。それでも、それが実現可能だとか、賢明な判断だと思った人は多くなかったはずです」とマイヤーズは語る。しかし、最も分かりやすいアイデアが、最も革新的であることも珍しくない。さらには、それが大成功することだってある。「ベンチャーキャピタルやスタートアップが面白いのは、世界がいかに間違っているかを示せるからだ」と、かつて述べたのはレイコブだ。[10] 彼はさらにこう述べた。「スリーポイントシュートに関して、我々のようなゲームプランやチーム作りの方向性を、本気で試したチームはなかった。それで実際に勝てるのかとね」

後に、実際に勝てると証明される。だがそのためにはまず、最高のシューターが自分の武器を投石器のように扱うのをやめ、バズーカ砲のように使っていく必要があった。

カリー一人ではどうにもならない何かの力が働いたことで、緩くつながり合っていたさまざまな人の知恵が、ニックス戦での彼の活躍につながった。前夜のペイサーズ戦の映像を見返したNBAは、カリーが真っ先に乱闘に加わっていたことを突きとめた。ロイ・ヒバートという、身長二一八センチ、体重一二七キロのビッグマンに向かっていったのだ。結果は、蚊がヘラジカにタックルしたようなものだった。「全然気付かなかった」と、ヒバートは試合後に話した。[11] カリーを救ったのは体のサイズだった。NBA選手同士の小競り合いで、相手にけがを負わせる腕力はカリーになかった。コート上で一番小さいというのは常に不利だった。ところが、このときばかりは有利に働いた。出場停止ではなく、三万五〇〇〇ドルの罰金だけで許されたからだ。

大金を失いはしたが、驚くべき幸運だといえた。ニックス戦には得点力が必要だった。そのためにウォリアーズは、カリーを好きにプレーさせる他なかった。これまで以上にシュートを打つことになり、チームは彼が大活躍するのを願うばかりだった。

彼にとってようやく一本目のスリーが入ったのは、第二クォーターに入ってからだった。だが一分後には、より深い位置から二本目を決めた。カリーはヒートアップしてきた。その一分後に三本目を決めた。客観的に見て、それは悪いシュートだった。まずカリーは相手チームからボールを奪うと、真っすぐゴールに向かってドリブルし、敵陣に入った。バスケットボール経験者なら、ゴールを目指してさらに突き進むのが普通だが、カリーはそうはせず、足を止めた。スリーポイントラインの外側にとどまることを選んだのだ。彼とゴールの間にいたディフェンダー二人は、その大胆なプレーに面食らった様子だった。入る確率の高いシュートも狙えるのに、カリーは遠くから、確率の低いシュートを打とうとしていたからだ。彼は二点に甘んじるのではなく、三点を得るチャンスを選択した。ボールがネットに吸い込まれた瞬間、カリーには、『NBAジャム』のティム・キッツローが「ヒーズ・オン・ファイア!」と叫ぶ声が聞こえたかもしれない。

ステフィン・カリーは波に乗っていた。

一分後にはまたスリーを放ったが、それはスリーポイントラインからさらに数メートルも後ろに下がった場所からだった。むちゃであり、あきれたシュートだった。入るはずがない。ところが、入ったのだ。当然だろう。カリーはホットハンドをつかんだのだから。「あんなにプレーに集中できたのは初めてだった。わずかでも打つ隙があれば、すかさず狙った」とカリーは振り返る。

カリーのようなアスリートに火が付くと、運動能力を向上させる効果のある、強力だが合法の薬物を使用した状態になる。その薬物は別名、「自信」と呼ばれるものだ。職場で上司に褒められると、仕事をもっとがんばろうと思うのと同様に、一本、二本、三本とシュートを連続で決めた場合も、また打ちたいと思うようになるのだ。それによって、大量のドーパミンが分泌されることで脳の中は普通の状態ではなくなる。そして前頭葉は、まるで一時的に神経系と切り離されたかのように働きだす。筋肉は、ゼリーのように柔らかく感じるようになる。考えるのをやめ、本能的に体が動き始める。

カリーほどのレベルに達しなくても、アドレナリンがあふれ出る感覚を味わうことはできる。カリーの気持ちに共感できた一人を紹介しよう。イーサン・ラギーは、米国クレイトン大学でフォワードとしてプレーしていた。顔じゅうにひげを生やし、やや太りすぎの体形は、道に迷って森に戻れなくなった木こりを思わせた。彼にとって、ＮＢＡの試合に最も近づく方法といえば、チケットを買う以外なかった。つまり、バスケットボールのあらゆる基準に照らしても、ラギーは極めて平凡な選手だった。だが一つだけ例外があった。彼は、ずばぬけたシューターだった。

練習では、何本連続で決めたか分からなくなったこともあった。だが、試合中に彼を止めるのは大して難しくなかった。ラギーに関して、選手評価レポートで何よりも重視された点――もしかしたら、唯一重視された点かもしれない――は、彼にシュートを打たせないようにすることだった。ところがクレイトン大学がビラノバ大学と対戦した日、最初のオフェンス時に、ラギーにボールが渡った。彼は見事に決めた。この一本だけで、彼はこれから「ヒートアップ」していきそうだと感じた。周りの動きがスローモーションに見えた。自分だけがしらふで、周りの選手は酔っ払ってふらついているようだった。一本目を決めてすぐ、彼はまた打ちたいと思った。チームが再びオフェンスに転じると、ラギーはさらに遠くからスリーを打ち、ボールはリングに触れることなくスパッと入った。ラギーは三本目を狙った。

「どんなシュートだろうと、入る気がしていました」と彼は言う。その通りになり、これで三本連続だった。さらに四本、五本、六本と続き、七本目も入った。とうとうシュートが外れたとき、その時点のチームの全二七得点のうち、二一点を彼一人で稼いでいた。これほどすごいシュートが披露されることは、めったになかった。ラギーは、「全く意識することなく、入ることを確信するシュートを打った感じでした。とても言葉では言い表せません」と語った。

そんな感覚を、非科学的な言葉で表現したのが「ゾーン」だ。ゾーンに入るのは素晴らしいことだ。その状態を二つの単語で説明しなければいけないとしたら、偶然にも、先ほど出た「全く意識することなく（automatic）」と「確信（unconscious）」を使うのがいい。ゾーンのことを「フロー体験」とも呼ぶが、その研究を続けてきた科学者たちは、「ホットハンドは、深く考えるのではなく、あまり考えずに行動したあとに獲得できる」と認めるようになった。ハンガリー系米国人の心理学者ミハイ・チクセントミハイは、六〇年近くフロー研究をしてきた、その分野の第一人者だ。フローに関しては多くの考えがある。チクセントミハイの見解では、フロー体験はとても楽しいものだ。「英仏海峡を泳いで横断中のスイマーや、大会に参加しているチェスプレーヤーや、険しい岩肌を登る登山者。こうした人々は皆、ほぼ同じことを感じていた」と彼は著書で述べる。(12)「何をして喜びを味わったか、というのはさまざまだ――年配の韓国人にとっては瞑想《めいそう》であり、日本のティーンエイジャーにとっては暴走族の集会に出ることだった。しかし、楽しく過ごしているときに何を感じたか説明してもらうと、似たような言葉が並んだ」

ホットハンドも、人を幸せな気持ちにさせる。だからこそ、カリーやラギーなど、ホットハンドを経験した人は皆、ホットハンドをいい思い出として記憶している。

カリーが「燃えた」のは、マディソン・スクエア・ガーデンが初めてではなかった。彼が最初にそうなった瞬間として周りの人々が覚えているのは、その名も「ザ・フレイムズ（炎）」というチームにカリーが所属していた六歳のときだ。カリー本人は、八年生（中学二年生）が最初だと言う。当時、一家はカナダのトロントに移住し、彼は弟のセスと一緒に、クイーンズウェイ・クリスチャン・カレッジという学校に入学した。[13] 彼らのコーチを務めたジェームズ・ラッキーはこう語る。「キリスト教系の小さい学校です。入団テストを受けた生徒が、全員合格するほどでした。カリー兄弟もテストを受けて、前年に三勝しかできなかったチームに加わりました」

そのチームが、ステフィン・カリーが加入した年は全勝したのだ。カリーがあまりに頻繁に大活躍するので、コーチはただ、頭を振って「今のプレーは一体何だ?」と驚くばかりだった。カリーがこのチームで最後に爆発したのは、八年生同士の対戦にしては珍しいほど多くの観客が集まった試合でのことだった。相手方のチームは、『NBAジャム』のルールが現実になったかのように、カリーに嫌がらせをした。その効果はあった。残り一分の時点で、クイーンズウェイは六点差で負けていた。コーチのラッキーはタイムアウトを要求した。勝ち目はない、と彼は思った。これが中学生の試合である以上、ラッキーは選手たちに、「負けても冷静さを忘れないように。勝った相手をたたえよう」と教えようとした。それを伝えるためのタイムアウトだった。しかし彼がスポーツマンシップを説いていると、カリーが口を挟んだ。

「まだ負けていない。俺にボールをくれ。絶対勝てる」

「分かった」とラッキーは言った。「やってみよう」

チームはカリーにボールを集めた。そして三十秒の間に彼はスリーを四本沈め、クイーンズウェイが勝利した。カリーの過去はこうした逸話に事欠かないので、まるで神話のように思えてくる。ラッキーは、これは実話だと誓う。信じない理由があるだろうか。何しろ彼は、カナダのキリスト教系の学校の教師なのだから。

カリーはなぜ、マディソン・スクエア・ガーデンのあの日、ホットハンドを獲得したのだろうか。あるいは、これまでにホットハンドを獲得し続けてきたのには、何か理由があるのだろうか。肉体面か、それとも精神面に要因があるのか。朝に食べたシリアルのおかげか、それとも会場に向かう途中で止められた、あのバスの座席の縁起が良かったのか。カリーには分からない。いつゾーンに入るか、予測することもできない。彼が知っているのは、フロー体験ができるだけ長く続くように、全力を尽くすことだけだ。

「そのときが来たら、離さないように抱き締める必要がある」とカリーは言う。

ニックス戦で、カリーは次のシュートを外した。『NBAジャム』なら、ここでカリーは元の能力に戻るはずだ。現実には、その後、第二クォーター終了までスリーを打たなかった。だがそれは、熱が冷めたと彼が判断したからではない。その理由は、ウォリアーズだけでなく、ニックスまでもが、カリーはまだ「火が付いている」と理解したことにあった。チームメートはカリーにまだ落ち着いてもらいたくなかったので、彼の右手に触らないようにした。ニックスのカーメロ・アンソニーは試合後に、「誰もなすすべがなかった。シュートが外れろと願う以外はね」と語った。[14]

実のところ、ニックスができることはあった。シュートを打たせなければいいのだ。そこで、カリーにダブルチームを仕掛けた。彼がボールを持つたびに、ダブルチームを行った。ニックスの目的は、もはやチームの勝利ではなかった。いかにカリーにシュートさせないか、という点にのみ集中していた。

相手方の五人の注目を一手に引き受けるというこの状況を、カリーはよく知っていた。彼がデビッドソン大学でスター選手として頭角を現しつつあった頃、ロヨラ大学メリーランド校のコーチは、カリーを抑えれば勝てると考えた。その作戦とは、カリーがコートのどこにいても、またボールを持っていなくても、常にダブルチームをするというものだった。ロヨラ大学のコーチは、五人対五人よりも、三人対四人で勝負することを選んだ。カリーはその間抜けさに気付くと、コーナーに立って、相手のディフェンダー二人を引き付けておいた。それによって、チームメートの一人は必ず、ディフェンス不在のオープンの状態になった。カリーはプレー中、最前列のファンと一緒にナチョスを食べることもできただろう。たとえそうしたとしても、味方を援護できる。選手二人がずっと付き従うのを見て、ベビーシッターみたいだな、とカリーは思った。

「君ら、試合が終わるまでこれを続けるのか?」と彼は尋ねた。どう答えればいいか分からなかったので、二人は黙っていた。大失敗に終わらなければ、この戦術は関心を持たれたかもしれない。チームの最大の得点源だったカリーを、ロヨラ大学は無得点に抑えた。試合は、カリーのチームが大勝した。

ところがニックスも、程度の差はあるがロヨラ大学と同じゲームプランを試そうとしていた。それはつまり、カリーのチームメート一人がオープンになり、その選手にボールを回せば、簡単にシュートを決められることを意味した。カリーのシュートに警戒するあまり、他の選手にやすやすとシュートを決められることになった。この状態をうまく表現したバスケットボール用語が「グラビティ（重力）」だ。カリーは常に、グラビティの力でディフェンスを引き付けた。しかしホットハンドを得たときのカリーは、ブラックホールのような存在になる。彼の勢いによって、試合中の時空がゆがんだようになり、流れが一変する。敵チームも味方も、カリーが次のスリーを決めると思って動いた。彼らは、ホットハンドへの信仰を共有していた。そしてその信仰には、ホットハンドそのものと同じくらいの威力があった。コート上に、ホットハンドを信じていない選手はいない。それどころか、NBA全体を見渡しても、ホットハンドを疑う人はいないかもしれない。「そんな人にまだ会ったことがないね」とカリーは言う。

ニックス戦の後半が始まると、オープンの状態でシュートする機会を見つけるのがますます難しくなった。カリーをつかまえ、氷水で冷やしてやりたいとでも考えているかのように、ニックスの選手たちはコート上の彼を追いかけ回した。だが、後半最初のシュートは、このまま打ち続けていいという確信をカリーに与えた。彼にボールが渡ると、ディフェンダーが突進してきた。カリーは、平常心を保てと自分に言い聞かせた。シュートするふりをするポンプフェイクを入れ――わたしがホットハンドを経験したときにやったフェイクとは、比べものにならない――、引っ掛かったディフェンダーが飛び上がるのを見た。そして精神を集中し、シュートを打った。ボールはリングに触れることなく、恐ろしくきれいにネットに吸い込まれた。

カリーの火は消えていなかった。それを認識した彼は、次々とスリーを放った。その圧巻のパフォーマンスに、誰も彼と交代することなどできなかった。例えば、ダブルチームを受けながらも、スリーポイントラインから一メートル離れた位置から決めた一本。ラインから一・五メートルも離れた位置からの一本。巨大なセブンフッター〔七フィート＝身長二一三センチ以上の選手〕の目の前から打った後、尻もちをつきながら決めた一本。

カリーのシュートが入るたびに、特定の音が聞こえてくる。それは彼がボールをリリースしてから始まる。まず、期待するファンが一斉に息を吸う音だ。肺が空気で満たされるにつれ、音は高くなる。ボールが放物線を描いてゴールに向かうさなかに、音量は大きくなり、ピークを迎える。しかしカリーは遠い場所から、高いアーチを描くシュートを打つので、観客は息がもたなくなってしまう。これが、騒がしい音の正体であり、「カリーの音」だ。金切り声よりも、すぐに気付くほどだ。

その夜、「カリーの音」が最後に鳴ったのは、第四クォーターの終盤だった。リバウンドを自分の方に引き寄せると、彼はボールが手の中に収まる前に走り出したかと思うほどのスピードで、敵陣に向かった。ドリブル二回でセンターラインを越え、勢いを抑えるためのドリブルを一つ挟んでから、シュートした。彼が宙に浮くまでのほんの一瞬の間に、得点効率の方程式はカリーの方に傾いた。ディフェンダーたちは呆然としていた。カリーは彼らの頭上に飛んだ。彼が自陣のコートに戻りながら喜びを表していたとき、ボールはまだネットを通過していなかった。彼は思わず、自陣のゴールの下まで駆けていった。その行動はまるで、自身の体に燃え移った火を、消そうとしているかのようだった。カリーはそれほどまでに「ホット」だった。彼は後に、「あれほどの境地に至ったことはなかった。いまだかつてね」と語っている。(15)

仰天したニックスのファンは、敵チームであるウォリアーズの選手をスタンディングオベーションでたたえた。それ以外に何ができただろうか。カリーは一人で五四得点を稼いだ。これは彼にとって、一試合あたりの最多得点だった〔二〇二一年一月の試合で六二得点を取り、自身の記録を更新した〕。NBA史上、これほど多くのスリーを打ち、その大半を決めた選手はいなかった。カリーはスリーを打つ本数と効率性について、スイートスポット（最適な箇所）を見つけた。

カリーのスリーポイントシュートはもう投石器ではなかった。彼は、バズーカ砲に作り変えたのだ。あの日マディソン・スクエア・ガーデンで起きたことは、異常な出来事ではなかった。それは、天啓だった。カリーにとっては、自分はもっとシュートを打てるし、打つべきだと確信するきっかけになった。彼は初めて、自分の力を完全に解放し、驚異的な結果を手にした。彼は試合を支配したのだ。

その日以降、ウォリアーズ上層部はカリーに全幅の信頼を寄せ、シュートを打ち続けていいと認めた。その決断の背後には、戦略があったのはもちろんだが、うまくいく方法を偶然見つけたという事実もあった。もう一つ言えるのは、カリーに真価を発揮してもらうには、誰もやったことのないことを彼にやらせる以外ないと、上層部が賢明にも理解したことだった。ニックス戦までのカリーの成績は、一試合あたり平均一八得点、スリー試投数は五本だった。それが、その試合の後は、平均二六得点、スリー試投数一〇本というキャリアを築いている。カリーは、可能な限りスリーを打ち続けるようになったが、それはいかなる想定よりも多い本数だった。敵チームがカリーをオープンにしておける場所は、もうコート上になかった。ゴールから一〇メートル前後の場所からのカリーのシュートが決まる確率は、平均的なNBA選手が一メートル程度の位置から決める確率よりも高かった。彼は、センターライン上に描かれたチームロゴのそばから放つシュートの方が、スラムダンクよりもいいと示した。そしてあるシーズンには、一シーズンのスリー成功数の記録を更新し、さらにその後、自身が打ち立てた記録を四割以上も伸ばした。その数字を統計学的に見ると、外れ値〔他の値から大きく外れた値〕というよりも、エラーと呼んだ方がふさわしかった。彼が達成したことは、もはやわたしたちの理解を超えていた。かつて二〇世紀半ばに、ロジャー・バニスターという陸上選手が、一マイル競争（一六〇九メートル）で史上初めて四分を切るタイムを出したが、カリーの記録は一マイルを二分半で走ったのと同じくらい衝撃的だった。

マディソン・スクエア・ガーデンでホットハンドを獲得した夜が、カリーの人生を変えた。それから二年後に、彼はシーズンMVPを初受賞した。受賞から一年後には、NBA史上初めて、満場一致で再びシーズンMVPに選ばれた。さらに一年がたつ頃には、最も影響力のある現役選手になっていた。カリーのシュート能力を中心に据えたウォリアーズは、NBAで王朝を築き上げた。カリーの人気が最高潮に達していた頃は、ファンが何時間も前から会場に入り、彼のウォーミングアップを見つめていた。しかし、お金を出して見に来たファンが本当に期待していたことは、その日にカリーが絶好調になった姿を目の当たりにすることだった。ホットな状態のステフィン・カリーを見ることほど、スポーツ観戦でわくわくすることはなかったのだ。

「これまでのキャリアの中で、最大の転機はいつでしたか」とカリーに聞く機会があったとしよう。さらには、「あなたが『NBAジャム』を遊んでいた子供の頃には、想像するしかなかったようなことを、成し遂げたと感じた瞬間があったかと思います。そうした、最高の瞬間はいつでしたか」と聞いたとする。きっとカリーは、「三つある」と答えるだろう（実際、二〇一六年に似た質問をされたときに同じように答えている）[16]。まずは、初めてNBAチャンピオンに輝いたとき。その次は、ホワイトハウスから招待を受けて、当時のバラク・オバマ大統領とゴルフをしたとき。だがこの二つは、最後の一つがなければ起こり得なかった。それは、あのニックス戦で絶好調になったときだ。

5 『NBAジャム』誕生(3) その後

サーファーたちが、日没前の最後の波を楽しんでいた。わたしはカリフォルニア州サンディエゴにほど近い、海辺のレストランに足を運んだ。いつも通り絶好の夕暮れの中、空はピンク色に染まっていた。レストランの窓から、そよ風が入ってくる。潮と芝生と汗のにおいが混じり合っていた。それでも、わたしは何かが足りないという思いが拭えなかった。そしてようやく気付いた。とても心地のいい晩だったので、誰もスマートフォンをいじっていなかったのだ。そのことを気にする事情がある唯一の人物こそ、わたしがこれから夕食を共にする相手だった。

マーク・ターメルは五〇代半ばになっていた。まだバスケットボール選手になれるくらい長身だが、腹回りに脂肪がついた。薄茶色の髪を短く刈り上げた様子は、髪を肩まで伸ばしパーマをかけていた過去に謝罪しているようだった。ターメルは席に着くと、かつてバーガーキングでやっていたのと同じように、チーズ以外の具材を抜いたチーズバーガーを注文した。そしてiPhoneを取り出すと、妻が写った写真をスクロールした。オンラインで出会った女性だという。彼らしいと思った。コンピューターのおかげで、彼は結婚相手を見つけることもできたのだ。そしてホーム画面をスクロールして、最近手掛けたさまざまなアプリを見せてくれた。そのアプリとは、彼が約四〇年間続けてきたことだ。ターメルは今もなおゲームを制作していた。

彼は、ジンガというソーシャルゲーム会社に所属していた。『ワーズ・ウィズ・フレンズ』や『ファームビル』などの中毒性の高いゲームを生み出したために、世間から恨まれた会社だ。ターメルの仕事は、人々が気付かぬうちにパソコンやスマートフォンの画面にくぎ付けになるよう、それとなく誘導することだ。彼はその道のプロだった。人々がジンガのゲームに費やした時間と費用をかき集めれば、ターメルは実際の農場《ファーム》を建てることもできただろう。

ジンガに採用されたとき、上司には『ファームビル』のようなゲームを作ってほしいと懇願された。ところがターメルは、別の、もっと野心的なアイデアを再び思い付いた。

入社後最初に発表したのが、『バブルサファリ』というゲームだった。昔のアーケードゲームの要素がふんだんに盛り込まれており、あの「デニスの遊び場」にこのゲームがあったとしても違和感はないだろう。内容は、とびきりばかばかしいものだ。主人公はバブルスという名のサル。密猟者にさらわれた恋人を救出するのが目的だ。騎士さながらに探検するバブルスが生き延びる唯一の方法は、フルーツを集めること。そしてそれを集める唯一の方法は、フルーツが中に入っているバブルと同じ色のバブルを発射して、色をそろえることだ。基本的にはそれだけであり、このゲームの全てだった。

『バブルサファリ』は二〇一二年五月にリリースされた。六月には、フェイスブック内で最も急速に利用者数を増やしたゲームになった。そして七月までには、『ワーズ・ウィズ・フレンズ』や『ファームビル』よりも人気を集めた。同年末、『バブルサファリ・オーシャン』というゲームも作られ——オリジナル版と似ているが、舞台はジャングルから海に移り、登場キャラクターはサルからカニの赤ちゃんに変わった――、翌二〇一三年一月までには、同じようにハマる人が続出した。一時は三〇〇〇万人以上が『バブルサファリ』シリーズを遊んでいた。

フェイスブックで最も人気のあったゲームが、サルがココナッツやイチゴを集めてサルを救う話だというのは、それほど奇妙なことではなかった――少なくともターメルにとっては。このゲームは、彼に若い頃の経験を思い出させた。実は『バブルサファリ』は、『NBAジャム』と驚くほど共通点が多かった。

「仕組みは一緒だよ」とターメルは言う。「ゲーム業界のような、すっかり飽和状態にある市場で成功するには、イノベーションや驚きや喜びを、至る所に仕掛けることが大切なんだ」

『NBAジャム』には隠れキャラが複数いたし、クレージーなダンクもあった。『バブルサファリ』にも、どんなバブルにもくっついたり、周囲のバブルを同じ色に変えたり、画面上のバブルを全て同じ色に変えたりといった、多様なバブルが登場した。さらにもう一点、二つのゲームに共通する特徴があった。

『バブルサファリ』のプレーヤーが三回連続でフルーツを打ち落とすと、バブルスの砲弾がバスケットボールの色に変化する。そして、フルーツを撃つのではなく、炎を噴射するのだ。まさに「ブンシャカラカ!」だ。サルのバブルスが、「オン・ファイア(絶好調)」の状態になる。『NBAジャム』が成功した後、ターメルは、この先どんなゲームを作ってもホットハンドを取り入れることを、自分に誓った。

かつて放火魔だった少年は、今も火と戯《たわむ》れていた。

ニックス戦のゴールデンステイト・ウォリアーズは、シカゴのゲームセンター、「デニスの遊び場」

にたむろしていた少年たちよりも、試合がうまくいくようにと切に願っていただろうか？　もちろんそうだ。しかし、マーク・ターメルの鋭い観察眼が見抜いたように、ステフィン・カリーと、いくばくかの小銭しか持っていないニキビ面のティーンエイジャーたちは、実は全く同じものを追い求めていた。どちらも、環境をコントロールしている法則をうまく利用することで、今の自分たちの場所から一歩踏み出したかった。『NBAジャム』のプレーヤーが手にしたご褒美は、つかの間の無敵状態と、ティム・キッツローの口から飛び出す、ひねりのきいた台詞の数々だった。そしてカリーが手にしたのは、NBA優勝だった。

なぜNBA選手は、『NBAジャム』の選手と同様に、何本か連続でシュートを決めると波に乗るのか。それを解明しようと、世界中の人々がキャリアをささげて研究を続けてきた。マーク・ターメルはゲーム作りで忙しかったので、その疑問を明らかにする時間はなかった。現にターメルは、ホットハンドと呼ばれるこの概念についてあまりよく知らなかった。そして彼は、自分がどれだけホットハンドを知らないか、ということも、もちろん知る由《よし》もなかった。

第2章　ホットハンドを生む環境とは

1　ホットハンドとシェイクスピア⑴　文学史の奇跡

一六〇五年一月。イングランドのアン王妃は楽しみを求めていた。外国からの訪問客があり、もてなすために劇場へ招待することにした。それが間違いのないプランだと思えたからだ。王妃は芸術の熱心なパトロンであり、特に演劇に対して優れた鑑賞眼を持っていた。何より、彼女は王妃だ。王族の特権の一つは、どの劇場にいつ訪れても、最前列の席が用意されていることだ――しかし、この日は彼女の姿はなかった。

この晩の作品を、王妃は見に行くまでもなかった。過去に全編見ていたからだ。イギリス史において特筆すべきこの時代に、妃殿下といえども再上演の作品ばかり押し付けられるのには理由があった。当時最も信頼できる劇作家が、ここのところ、戯曲をあまり書いていなかったのだ。ウィリアム・シェイクスピアはマンネリに陥っていた。

だが、それも長引きはしなかった。活動を一時休止したことがきっかけで、シェイクスピアの生涯で最も偉大な作品群が生まれることになったからだ。一年の間に、『リア王』『マクベス』『アントニーとクレオパトラ』が書かれた。文芸評論家の中には、この不朽の三作は、わずか二カ月のうちに発表されたと考える者もいる。二カ月！　パック入りのジュースなら、まだ賞味期限が切れていないものもあるだろう。たとえ実際にはもう少し時間がかかったのだとしても、一六〇五年初めから一六〇六年末までの期間は、「シェイクスピアのキャリアにおいて、数々の名作を生み出してきた過去に匹敵するか、それ以上の創作力が花開いた」と英文学者のJ・リーズ・バロルは書いている[1]。

第1章に登場したマーク・ターメルなら、シェイクスピアは「オン・ファイア（絶好調）」だったと言うだろう。

一六〇五年初め、再上演に我慢がならなかった王妃は、一六〇六年の年末を迎えるまでに、シェイクスピアの最高傑作を一つどころか、なんと三作品も、最前列で楽しむことができた。輝かしい文学的成果が突然に、しかも立て続けに生まれたことで、一体何が変わったのだろうと疑問を持つのは当然だった。

変わったのはシェイクスピア本人だろうか、それとも彼を取り巻く世界だろうか？

2　ホットハンドをつかむには　天才作曲家の悲劇

本章は、いかにして絶好調を手にするかがテーマだ。さまざまな職業に就く多くの人が、全く異なる理由でホットハンドを獲得する。だが、一時的な成功を長続きさせるには、シェイクスピアに関するあの質問が鍵を握っている。変わったのは本人だろうか、それともその人を取り巻く世界だろうか。どちらか一方ということもあるが、理想的には両方あるといい。なぜなら、ホットハンドは気まぐれに発生するわけではないからだ。才能や環境、そしてほんの少しの運がぶつかり合った結果、ホットハンドは生まれる。

レベッカ・クラークには、紛れもない才能があった。だが彼女は、自分が置かれた環境において運に恵まれるかどうかについて知る由もなかったし、実際、手遅れになるまで知ることもなかった。

一九世紀後半、ロンドン郊外に生まれたクラークは、ヴィオラ奏者としてだけでなく、当時の女性にとっては急進的な職業であった作曲家としての道も選んだ。クラークの早熟ぶりを知った有名教授の一人は、それまで女性に作曲法を教えたことなどなかったにもかかわらず、彼女を指導し、才能を伸ばすのに尽力した。クラークは一九一六年に米国に移住すると、しばらくして、駆け出しの作曲家にとって最初のヒット作が生まれた。一九一八年二月一三日の午後、彼女はニューヨークのエオリアン・ホールでリサイタルを開き、三曲を演奏した。まずは、アンソニー・トレントという英国人作曲家が書いた、ヴィオラとピアノのための作品『モルフェウス』。この時が初演だった。あとの二曲は自作の、ヴィオララとチェロのための二重奏曲だった。ある評論家は彼女の演奏力を強調してから、「作曲家としても、この若い女性は輝きを見せた」と絶賛した。(2)

レベッカ・クラークは前途有望だった。実は、ホールにいた観客が期待する以上に、その将来は明るかった。クラークについて、彼らが知らされていないことがあった。それは、アンソニー・トレントはクラーク自身だったということだ。彼女がリサイタルのために書いた作品は二曲ではなく、三曲だった。

「プログラムに、作曲家として自分の名前が三回も続くのは、間が抜けていると思ったの」と、クラークは後に述べている。[3] 彼女は相応の称賛を受けるよりも、偽名を使うことを選んだのだった。

アンソニー・トレントにだけ有利に働き、クラークが決して経験できないことが一つあった。それはトレントは男性だったということだ。男性名で書いた『モルフェウス』に大きな自信があったわけではないが、作品の評判が高まるにつれて、クラークは困惑するばかりだった。「わたしが書いたどの作品よりも注目された。悪い冗談かと思った」と彼女は語った。[4] トレントは女性誌の『ヴォーグ』にも取り上げられ、もっと世間に知られるべき作曲家だと紹介された。同じ記事の中には、ヴィオラを手にするクラークの写真も載っており、「ミス・クラークの生き生きとした曲もお忘れなく」と注意を促していた。[5] 写真が掲載されたのは、むろん生き生きとした曲を書いたからではなく、トレントの曲を演奏する栄誉にあずかったからだった。アンソニー・トレントなる人物がとりあえず信用されたのは、女性ではなかったからだ。

クラークと同じ立場でこうした侮辱を受ければ、穴があったら入りたいと誰もが思うだろう。しかし同時に、明るい兆しを直接感じることができないとはいえ、クラークにとって励みになったのも否定できなかった。トレントへの賛美は、彼女の非凡な才能にお墨付きを与えた。

第二の成功は、夢のような機会をつかんだ末に訪れた。これを機に、クラークの人生がまるっきり変わるはずだった。クラークは、エリザベス・スプレイグ・クーリッジという、クラシック音楽界の寛大な後援者と親しかった。クーリッジは毎年、室内楽の音楽祭を開催しており、ヴィオラ・ソナタの作曲コンクールのスポンサーも務めていた。大賞受賞者には賞金一〇〇〇ドルが贈られた。クーリッジは、クラークにも参加するよう勧めた。作曲者の情報は伏せられ、性別は関係なく、作品のみで審査された。まるで、クラークのような経歴の持ち主のために開かれたコンクールのようだった。二〇世紀初頭のクラシック音楽業界では、女性であるというだけで不利な立場に置かれることを、スポンサーのクーリッジは知っていた。そして、誰一人そういう目に遭ってほしくないと思っていた。ヴィオラ・ソナタはまだ完成していなかったが、クラークはこの機会を逃すわけにはいかなかった。とりわけ、クーリッジから直々に後押しを受けた後は、やるしかなかった。

世界中の一流作曲家がコンクールに応募した。クーリッジの作品を含め、計七三作品が集まった。最終選考には二作品が残り、勝者は投票によって決められる。ところが審査を務めた音楽家たちの票が真っ二つに割れたので、彼らはクーリッジに決定投票を委ねた。いざ審査員が封筒を開け、受賞者の名前を見ると、見覚えのある名前が書かれていた。著名な作曲家のエルネスト・ブロッホだった。このままだと第二位の人物が不明のままになるため、審査員たちはもう一通の封筒も開けてもらうよう、クーリッジに頼んだ。ブロッホと肩を並べた者が誰だったのか、彼らは興味があった。アンソニー・トレントのような男性名だったら、大して驚きはしなかっただろう。しかしそこに記されていたのが、レベッカ・クラークという女性の名前だとは、誰も予想していなかった。

「女性の作品だと分かった瞬間の彼らの表情は、見ものでしたよ」とクーリッジは後に語っている。(6)

続いてクラークは、クーリッジが関わる別の匿名審査のコンクールにピアノ三重奏曲を提出した。ここでも第二位に選ばれると、クーリッジは感銘を受け、彼女のパトロンになることを決めた。光の当たる環境に出て、クラークの才能は輝きを放っていた。

後から振り返ると、間違いなくこのときがクラークの転機になるはずだった。だが、アンソニー・トレント名義の作品、ヴィオラ・ソナタ、ピアノ三重奏曲に続くヒットは生まれなかった。彼女は基本的には、作曲をきっぱりとやめてしまったのだ。公の場から姿を消し、編み物とトランプゲームのブリッジに多くの時間を費やした。「作品は引き出しにしまい込み、それが話題に出るだけでも、ばつが悪くなったわ」とクラークは語っている。(7) クーリッジのコンクールで大きな結果を出したことについては、「わたしが人生でつかんだ、わずかばかりの成功」と後年述べた。(8)

なぜ、クラークはうまくいかなくなったのだろうか。

同じような疑問が、ロバート・シャーマンの脳裏にもあった。彼は一九七六年、ニューヨークのアッパー・ウエスト・サイド地区にあるクラークのマンションを訪れた。クラークが「わずかばかりの成功」をつかんでから、もうすぐ六〇年が過ぎようとしていた。もし誰かクラークのことを知っている者がいるとすれば、それはシャーマンのような著名な音楽評論家ぐらいだっただろう。だが、米国でラジオ番組を持ち、毎朝二時間クラシックを流していた彼ですら、クラークの名は初耳だった。

シャーマンは、イギリス出身の一人の女性ピアニストの特集を組もうと準備していた。そのさなかに、ピアニストとかつて共演していたイギリス人女性がまだ存命で、しかもそれほど遠くない場所に住んでいると分かり、大変驚いたのだった。シャーマンが電話をかけたとき、クラークは八九歳になり、動き回る際は歩行器を使用していた。出迎えた彼女は、すり足でクローゼットに行き、一冊のプログラムを取り出した。クラークと、シャーマンの目当てであるピアニストが、一緒に演奏したことを記念するものだった。その冊子に、今向かいに座っている女性の作品がいくつか載っていることについて、シャーマンは気付かずにはいられなかった。クラークがヴィオラ奏者だということは知っていたが、作曲もしていたとはこのとき初めて知った。「ええ、昔はやりました。誰も覚えていませんよ」とクラークは答えた。

もっと教えてほしいと彼が促すと、クラークは忘れられた過去をようやく話し始めた。シャーマンは自分が探していたものよりも、もっと面白い話が舞い込んできたとすぐに察した。そして、二度目の面会を申し入れた――今度はクラークのことだけを聞くために。

「どうして作曲をおやめになったのですか」とシャーマンは尋ねた。(9)

「それは、一番難しい質問かもしれないですね」とクラークは答えた。

二〇世紀を代表する作曲家の一人になれるだけの才能が、彼女にはあった。だが、周囲の環境がその才能に釣り合うことは一度もなかった。クラークは生まれた時代が悪かった。ホットハンドを活かせる環境にいなかったのだ。家族はクラークの仕事に憤慨《ふんがい》し、後に称賛を浴びることになる作品の数々をあざ笑った。親戚の一人は次のように語った。「彼女の音楽の裏には、小ばかにしたような笑い声があふれていました。彼女の家族の中では、作品は実にくだらないものと見なされていたのです(10)」。つまるところ、家族が反対した理由は、レベッカ・クラークは女性であり、美しい曲を書くのは女性のやることではないと思っていたからだった。たとえクーリッジのような裕福なパトロンの支援を受けていても、悪影響を与えるこうした状況に直面したことによって、クラークが作曲に専念できたことは一度もなかった。本来ならばキャリアが花開いていたはずの時期に、クラークは行き詰まってしまった。最後には、自分が置かれた環境を渋々受け入れた。

「わたしは決して……。作曲に関心を失った気がして……。わたしは……」と、クラークはなんとか説明しようとしたが、「とても言い表せそうにありません」と答えるのが精いっぱいだった。[11]

昔であれば、彼女はもう少し説明できていた。未刊行の回顧録の中で、ホットハンドの不思議な現象についてこう書き残している。「作曲中に頭を悩ませていると、時折、ぱっと明かりがついたように突如としてうまくいくことがあった。自分の作品の価値に幻想を抱いているわけではなかったが、そうした瞬間が来ると、潜在能力がもたらしてくれた素晴らしい気持ちに浸ったものだ。奇跡が起き、何でもできる気がした。作曲家や作家や画家は、たとえぼんやりとではあっても、こうした感覚をよく知っているはずだ。それは、夢のような体験だ。これに肩を並べられるものを、わたしは知らない」[12]

最後にそういう感覚を抱いてから数十年たっていても、クラークは思い出を忘れられずにいた。「作曲以上にわくわくすることはありませんね」とシャーマンに語っている。[13]「でも、作曲するには欠かせない条件があって……少なくともわたしの場合は、ですよ。もしかしたら、そこが男と女で捉え方が違うところかもしれません。わたしは、毎日、起きてからすぐに取り掛かり、寝る直前まで考えていないと曲を書けないのです」

「それだけの勢いと集中力が必要だということですね」

「そうですね。それがないと、わたしにはできませんでした」

深い失望を覚えたクラークは、功績をたたえられるよりも、何もかも忘れられることを望んだ。達成したくてもできなかった過去を思うと、胸が痛んだ。「作曲のことは口に出すのも嫌だったので、わたしが作曲家だったと知る人はごくわずかです」[14]

シャーマンから話を聞いたヴィオラ奏者、ピアニスト、三重奏団の三組は、クラークがクローゼットから引っ張り出した楽譜を借りて、代表作の三曲を収録した。一九七六年八月三〇日、クラークへのインタビューと共に、当時の人々がまるで聴いたことのない曲がラジオで流れた。シャーマンは、「満足のいく内容でしたし、彼女のご友人も楽しんでくれましたが、何より重要なのは、大きな反響を呼んだことです。我々の想像をはるかに超えていました」と言った。家で番組を聞いていた演奏家たちは腰を抜かした。初めて聞く作曲家だが、それは二の次だった。時代は移り変わり、匿名審査のコンクールと同様に、演奏家たちは偏見なしにクラークの曲を聴いた。そして誰もが、レベッカ・クラークは偉大な作曲家だとすぐに見抜いたのだ。

何十年もクローゼットの一番下にしまい込まれていたクラークの作品は、こうして再び演奏されるようになった。間もなく、ヴィオラ・ソナタと三重奏曲が新規で録音され、発売された。そしてラジオ番組の放送から一年もたたないうちに、ニューヨークのリンカーンセンターでヴィオラ・ソナタが演奏された。「これほどの才能を持つクラークが、女性作曲家だからという理由で軽んじられていなかったら、今ごろ彼女の作品はもっと聴かれていただろう」と、『ニューヨークタイムズ』紙の評論家は好意的なレビューを寄せた。[15] さらに、ソナタを「耳に残るメロディーに満ち、随所に本物の情熱とオリジナリティーを感じる」と評した。ついには、クラークのインタビューやエッセーを集めた『レベッカ・クラーク・リーダー（*A Rebecca Clarke Reader*）』という本も出版された。この本を編集した音楽学者のリアン・カーティスは、レベッカ・クラーク協会の会長も務める。品のある老ピアニストの活動をたたえるために始めたことが、不当な評価を受けていた作曲家の本格的なリバイバルにまでつながった。「彼女が生きているうちに、作品は見事に復活を遂げました」とシャーマンは言う。一連の出来事の中で最も驚くべきは、忘れられていた作曲家が再評価されるきっかけを意図せずつくったシャーマンが、元々は別人を特集する番組のために、クラークの元を訪れたということだ。

「偶然が重なった結果であり、たまたまそういう環境だったのです」とシャーマンは語った。

ここでも「環境」という言葉が出てきた。ホットハンドを十分に利用できなかったことについて、クラークはようやく一流作曲家に名を連ねた。一九七九年に亡くなる間際になって、クラークはようやく一流作曲家に名を連ねた。

もし彼女に、逆風ではなく追い風が吹いていたらどうなっていたかなど、誰にも分からないだろう。表舞台に一生出られないまま、名前も作品も知られずに亡くなる作曲家はたくさんいる。そうした人々はたいてい才能がないので、環境に恵まれなくても、それほど悲惨ではない。だがクラークには才能があった。つらい運命を避けられないものかと、クラークはどうしても考えてしまったという。タロットにのめり込み、折に触れて自分の運勢を占うほどだった。

「何度もやりました。結果は、毎回違いましたね」[16]

3　ホットハンドの法則(1)　大成功を収めた映画監督

レベッカ・クラークが米国で初めてのコンサートを開いてから一〇〇年後、統計物理学者のダーシュン・ワンは、クラークのことは知らなかったが、彼女のような人々のことをいつの間にか考えるようになっていた。ワンが特に関心を寄せたのが、ある著名な人物だった。

ワンは、アルバート・アインシュタインが光電効果の研究を完成させた年に注目した。その研究は後年、ノーベル賞の受賞理由に挙げられたほどの業績だ。アインシュタインはこの研究一つで仕事を切り上げ、後は歌でも習って気ままに過ごすこともできた。ところがそうはせず、彼は続けて特殊相対性理論や、ブラウン運動に関する論文を書き上げ、そして科学史で最も有名な式、$E=mc^2$を発表した。わずか数カ月の間に、生涯最高の偉業が集中したのだ。アインシュタインを語るうえで一九〇五年という年は、簡潔に「奇跡の年」と呼ばれている。

ワンはこの一連の出来事を検討するうちに、実のところこの年はどれくらい奇跡的だったのかが気になり始めた。そしてアインシュタインのことを考えた結果、ワン自身もある重要な科学的発見をした。

それを、ホットハンドの法則と呼ぼう。

アインシュタインの代表的な研究が特定の時期に集中していることも、クラークが三曲続けて成功したことも、偶然ではないとワンは信じていた。何かを創造する力は、そのように働くものだ。成功は連続し、大当たりはまとめてやって来る。科学者や映画監督といったさまざまな分野の人たちは、後世に残る仕事をどのように成し遂げたのか。その謎を解く鍵は、能力が高まっている時期の行動にあった。ホットハンドを手にしている時期に何をしたかによって、彼らのキャリアは評価される。「我々がよく知っている事柄は、実はホットハンドの時期に起きたことなんです」とワンは語る。

ある偉大な映画監督のデビュー作は、英国の架空の二流ロックバンドを巡る、風刺に富んだモキュメンタリー〔ドキュメンタリーに見せかけたフィクション〕だった。その作品、『スパイナル・タップ』を監督したロブ・ライナーは、二〇分間のデモ版を映画会社に売り込んだが、「これはヒットしない」と行く先々で言われた。結局、父親の旧友が必要最低限の資金を出してくれたおかげで、低予算ながらも五週間で全編を撮影することができた。『スパイナル・タップ』（一九八四年公開）は興行収入はそこそこだったが、評論家の受けは良かった。著名な映画評論家のロジャー・エバートは四つ星を付け、「今年公開された中で、最も笑えて、知的かつ独創性に富んだ作品だ」と述べた。[17] この批評だけで、ロブ・ライナーは映画監督として認められた。次にやるべきは、二作目を監督することだった。

彼と同じ立場に置かれたら、慎重になり、主流に加わろうとするのが普通だろう。ところがライナーは、二作目に手掛けるべきではない映画を撮ることにした。ティーンエイジャーたちを思い切って大人扱いして描いた、大胆なロマンチックコメディだ。『シュア・シング』（一九八五年公開）は高い評価を得ただけでなく、それなりにヒットもした。こうして三本目の映画を撮る権利を得たライナーは次に何をしたか。やるべきではない映画を、さらにもう一本撮ったのだ。ショービジネス界をよく知る人々は、この『スタンド・バイ・ミー』（一九八六年公開）は大失敗に終わると思っていた。ホラー作家スティーヴン・キングの小説が原作だが、これはホラー映画ではなかった。ライナーとキングは、二人の最も忠実なファンにわざと背を向けたような作品を作ったのだ。そして、映画の前評判をさらに下げようとするかのように、ライナーは無名の役者ばかりを起用した。ところがいざ公開されると、『スタンド・バイ・ミー』は大ヒットした。

いまや、ライナーの手腕を疑う者はいなかった。監督作は高い評価を得るだけでなく、興行収入も期待できた。この二つは、米国の子供がピーナツバターとジェリー（ジャム）のサンドイッチを好むように、ハリウッドにおいては最高の組み合わせだった。ライナーの企画を見送り続けたために、好意的な批評や大金を横目で見るしかなかった他の映画会社も、ようやくライナーを認めるようになっていた。だが、そんな映画会社を誰が責められるだろうか。ライナーの作品はまさに、うれしい誤算とでも言うべきものだったのだ。「なぜライナーが成功したかというと、ヒットが見込める映画を作ったからではない。むしろ、それが見込めない映画を作ったからだ」と新聞記者は書いた。[18] ここまでくれば、野心家の映画プロデューサーなら、腎臓を売ってでもライナーの映画のクレジットに名前を載せてもらおうとしたと思うだろう。だが、そうとも限らなかった。ライナーと、ある映画会社の重役のやりとりを紹介しよう。

「わたしたちは、あなたの大ファンです」と重役は言った。[19]「次に何をやりたいですか?」

「僕がやりたいことなんか、あなた方はきっとやりたくないですよ」とライナーは答えた。

「いえ、そんなことはありませんよ。あなたがやりたいことを、わたしもやりたい」

「いや、あなたはご自身がしたいことを、僕にやらせたいんですよ」

「いえいえ、あなたがやりたいことを一緒にやりたいと思っていますとも」

ついに重役は、どんな作品を映画化したいのかとライナーに聞いた。

「『プリンセス・ブライド・ストーリー』です」

「なるほど。それだけは駄目です」と重役は答えた。

第1章で、ステフィン・カリーがホットハンドをつかんだ時のことを振り返ってみよう。チームはランニングプレー〔時間をかけずに、素早くゴール付近までボールを持っていくプレー〕を増やし、カリーがシュートを多く打てるようにした。コーチも、シュートを打ち続けるよう彼に求めた。カリーは得点をあげた結果として、さらに得点をとる可能性が高まっていった。ホットハンドを持っている映画監督にも、似たようなことが起こる。脚本家や役者や映画会社が、その監督と仕事をしたいと望み、力になりたいと思い、ぜひ映画を撮ってほしいと願うようになる。絶好調の状態にあると、より多くのチャンスに恵まれる。そして一つの成功が、さらなる成功をもたらす。これがホットハンドの持つ、単純明快な威力だ。

ホットハンドについて、カリーは何と言っていたか。「そのときが来たら、離さないように抱き締める必要がある」のだという。レベッカ・クラークには、抱き締める方法がなかった。ロブ・ライナーは、その方法を見つけたようだった。

波に乗っているときのカリーは、別次元の選手になる。普段より遠い位置から、より困難な状況下でもシュートを打つ。今自分が絶好調だという感覚がなければ、決して打たないようなシュートだ。こういった、とても入りそうにないにもかかわらず、たとえ失敗しても、打った選手を誰も責めないであろうシュートには名前が付いている。試し打ちして、好調が続いているか確認するこのシュートのことを、「ヒートチェック」という。ロブ・ライナーにとってのヒートチェックが、『プリンセス・ブライド・ストーリー』だった。

この作品は、ハリウッドで映画化が切望されていたが、まだ実現していなかった。決闘と真実の愛が描かれるおとぎ話であり、大人が童心に返って楽しめるような、ばかばかしさと思いやりを備えていた。ロマンス、サスペンス、コメディ、ドラマの全てが詰まった映画になるはずだった。しかしその一方で、いわく付きでもあった。三作連続で成功した後とはいえ、これは扱いに注意を要する作品だとライナーは分かっていた。だが彼は当時、『プリンセス・ブライド・ストーリー』の映画化は不可能だという定説があることを知らなかった。この作品がたどった歴史をもし聞いていたら、ライナーは全く別の企画を選んでいたかもしれない。

ライナー以前にも、フランソワ・トリュフォーやノーマン・ジュイソンといった大物監督たちが映画化を試みたが、実現しなかった。俳優のロバート・レッドフォードが監督と主演を務める話もあった。『プリンセス・ブライド・ストーリー』の原作者であり、脚本も手掛けたウィリアム・ゴールドマンは、この作品の映画化を約束した途端に映画会社のトップが何人も首になったという逸話を、よく人に話していた。これは奇妙なことだった。ヒットを連発したい映画会社にとって、ゴールドマンと一緒に映画を作るのが賢い方法のはずだったからだ。彼は、『明日に向って撃て！』や『大統領の陰謀』の脚本を書いた伝説的な人物だった。ゴールドマンが書いたものなら何でも貴重だったので、一九八〇年代初頭に、ハリウッドの重役たちが彼のごみ箱をあさり、買い物リストの映画化権を買おうとしても、非難されなかったかもしれない。だがその名声がかえって、『プリンセス・ブライド・ストーリー』という入り組んだ冒険物語を、より一層不可解な存在にしていた。

多くの物事が順調に進んで初めて、一本の映画が完成する。その意味で、出来上がった映画は全て奇跡といえる。理屈の上では、レベッカ・クラークが交響曲を一曲書く方が、ロブ・ライナーが『プリンセス・ブライド・ストーリー』を監督するよりもたやすい。つまり、作曲が個人でやり遂げるものだとすれば、映画を監督するには集団の努力が欠かせないということだ。しかし、ライナーがホットハンドを自覚していたことが、このとき役立った。彼はホットハンドを使って、周囲の環境を自分用に作り変えたのだ。

この映画に、監督としてのキャリアを賭け、それまでのヒットで得た資金を投じると決心したライナーは、ゴールドマンに信頼してもらうために彼のマンションを訪ねた。ライナーはびくびくしながら、部屋の呼び鈴を鳴らした。ゴールドマンはドアを開けて出迎えると、「『プリンセス・ブライド・ストーリー』は、自分が書いた中で一番のお気に入りでね。墓石に彫ってもらいたいほどだ」と話した。[20] ライナーは今回の映画の構想を説明し、過去の監督作の一部を見てもらった。ゴールドマンの了承を得られたこの面会が、監督人生で最高の瞬間だったとライナーは後に語っている。もう一つ、彼に必要なものがあった。製作資金だ。脚本には、剣術や巨大なネズミや拷問部屋が描かれ、さらには猫背のシチリア人や、絶世の美女、そして大男の出番もあった。てんこ盛りの内容だった。それはつまり、お金がかかることを意味していた。最終的に、アメリカのコメディ番組『オール・イン・ザ・ファミリー』の生みの親であり、偶然にもライナーの父の友人でもあったノーマン・リアがライナーの説得に応じ、小切手を切ったことで、資金が集まった。この段階になってようやく二〇世紀フォックスが名乗りを上げ、ライナーの新プロジェクトを配給することに合意した――それが『プリンセス・ブライド・ストーリー』と知った上で、だ。ライナーは今でも、あの映画を作るのは大変だったと嘆く。実現する可能性が消えなかったのは、何より彼にホットハンドがあったおかげだった。

それは、わたしたちにとって幸運なことだった。もしあらゆる映画について、今までに観賞して楽しんだ人の数を数えることができたら、『プリンセス・ブライド・ストーリー』は上位に入るだろう。そんな想像上のランキングに最も近いのが、シネマスコアという米国の調査会社が行う格付けだ。同社は数十年分の映画情報を蓄積しており、その実績と信頼によって、格付けに重みを与えていた。シネマスコアでの評価が良ければ、恐らくいい作品だろうというわけだ。もし著しく高い評価であれば、傑作なのはほぼ間違いない。そして最高評価のＡ＋《プラス》が付けば、直ちに不朽の名作と見なされる。

Ａ＋の映画を一本作るだけでも、この上ない偉業だ。二本作った監督は、わずか一〇人しかいない。だが、Ａ＋の評価を三回も受けた監督が一人だけいる。五年のうちに公開されたその三作品は、監督の椅子に座った人物が同じという以外、共通点はまるでなかった。ロブ・ライナーは一九九二年に『ア・フュー・グッドメン』を、一九八九年には『恋人たちの予感』を監督した。そして一連のＡ＋は、一九八七年公開の、誰も彼に作らせようとしなかった映画から始まった。

それはもちろん、『プリンセス・ブライド・ストーリー』だ。

4　ホットハンドの法則⑵　研究者の発見

ダーシュン・ワンの研究チームが明らかにした内容を理解する前に、彼らがどのようにホットハンドを調べたかを知っておこう。ワンたちは、「芸術性」「学術的な影響」「いい映画」といった、曖昧《あいまい》な概念の裏側に潜む数字を見つけ出そうとした。そして、主観的評価を数値化するのに役立ちそうな、客観的データを探した。この研究の特徴は、学者と映画監督を比較しない点にあった。さらには、学者同士、映画監督同士も比べていない。彼らはまず、アインシュタインの研究の中で、特定の時期のものと、それ以外の時期のものを比較した。目的は、創造力が最も発揮された時期を見極めること。それを調べる唯一の方法が、研究対象同士の比較だった。

　膨大なデータを集めたことが、興味深い結論を導き出すことにつながった。[21] 調査対象として、彼らは三つの分野を選んだ。第一の分野は、三〇〇〇人の芸術家の作品の競売価格だ。第二は、二万人の科学者の論文が引用された回数。調査には、学術文献検索サービスの「グーグル・スカラー」と、学術文献データベースの「ウェブ・オブ・サイエンス」を用いた。そして第三は、六〇〇〇人の映画監督の作品の採点だ。「インターネット・ムービー・データベース」（ＩＭＤｂ）という映画データベースを参照した。これらの数字を調べてみると、驚くべきパターンが見つかった。経済的に成功した芸術家の九一パーセント、論文が公表された科学者の九〇パーセント、そして作品が劇場公開された映画監督の八二パーセントが、生涯に少なくとも一回はホットハンドの時期を経験していたのだ。彼らは目覚ましい活躍を見せていた。最も高い金額で売られた絵画や、影響力のある論文、皆から愛される映画は、単独の事象ではなかった。全て、創造力のピークが続いた時期に生まれた副産物だった。

　三つの分野でホットハンドの存在を発見したワンは、それ以外の分野でも見つかると確信している。彼は、ホットハンドは普遍的だと考えている。ホットハンドをつかんだ者は、仕事量は変わらないかもしれないが、経験的に言ってその質は高い。それぞれの専門分野において、本人が期待した以上の成功が、長期間にわたって続く。持っているリソースを駆使して、好調から絶好調になろうとする。その末に、高名な文化人や知識人として名を馳せるのが、彼らの最高の形だった。バスケットボールの試合中にいっとき押し寄せるホットハンドとは、根本的に異なる。短期間の勢いということではない。絶頂期が三年から五年続き、大当たりが次から次に生まれるということは、ひとたび勢いに乗ると、長期的な効果が現れることを意味する。

「生涯最高の作品(仕事)がどれか分かれば、第二位と第三位の作品がいつ生まれるのかも分かります。それが、ホットハンドの期間なのです」とワンは言う。だがその展開は直線的ではなく、ギザギザしている。「一定の水準で実績を伸ばしていたところに、突如として、別のレベルへと上り詰めるのです」とワンは説明する。「もう、それまでのあなたではありません。期待以上の出来どころか、その時期に生み出すものは、それはもう、はるかに優れています」。ワンの発見の中で、恐らく最も興味を引くのは、彼が実際には見つけられなかったものだ。つまり、まさにこれからピークを迎えそうだという時期を予測するすべは今のところない、ということだ。「成功の連鎖が、いつ起きても不思議ではありません。わたしがこの研究から見つけたのはむしろ、前向きなものです。なぜなら、どんな仕事からでもその連鎖が始まる可能性があるからです。それを確実に妨げられるのは、わたしの場合、論文を発表しないことぐらいですね。やり続けていれば、その先に成功の連鎖が待ち受けているかもしれません」とワンは述べた。

だが、自分が既にホットハンドを手にしているかどうかを、どのように知るのだろうか。それは分からないし、分かりようもない。ワンにアドバイスを求めたとしたら、彼なら「環境は関係ない」と言うだろう。レベッカ・クラークやロブ・ライナーに対しても、彼はそう言うはずだ。ホットハンドの期間がこれから始まろうが、もう終わっていようが、これもまた関係がない。

「答えは同じです。やり続けるしかありません」とワンは話す。

ホットハンドに関して、ワンは揺るぎない楽観論者なので、そうした考えに従って振る舞うと裏目に出ることもある、ということをわたしたちは忘れがちだ。実際、これはとてもリスキーな人生観だ。自信が傲慢《ごうまん》になり、傲慢が無知になる恐れがある。どんな人にも、能力の限界はあるだろう。だがそれは、NBAに入れないからといって、趣味のバスケットボールをやめるべきだ、という意味ではない。伝えたいのは、自分自身を誤解しないでほしいということだ。ステフィン・カリーは、ホットハンドをつかむための条件は整ったと気付いた。レベッカ・クラークは、整っていないと気付いた。その違いが、ワンが見つけたホットハンドの法則に潜む抜け穴だ。外部からの力が、個人の内面のリズムを変えてしまうことは多い。時にはあなたを後押しし、『プリンセス・ブライド・ストーリー』のような素晴らしい結果になる。だが、野心が打ち砕かれることもある。才能は大事だが、環境が整っていることも欠かせない。環境に恵まれない才能を、環境は叩きつぶそうとする。

とはいえ、「やり続けるしかない」というワンの主張を信じ、ホットハンドの法則を当てにする理由は確かにある。才能ある者が、環境が整うことを期待していなかったにもかかわらず、知らないうちに整っていたということも、起こり得るからだ。

事実、過去にそういったことがあった。

5　ホットハンドとシェイクスピア(2)　傑作の裏に環境の変化あり

ダーシュン・ワン、ロブ・ライナー、レベッカ・クラーク、そしてアン王妃すら生まれる前の、一五六四年の夏のある日。イングランドの田舎の村で、機織《はたお》りの徒弟の一人が急死し、村人たちは動揺していた。一地方で起きたこの悲劇は、町史の余白に記録された。死んだ徒弟の名前の脇には、ラテン語の不吉な文字が添えられた。

「Hic incipit pestis.（ここからペストが始まった。）」

ペストは無差別の殺人者として、この町の多くの命を奪った。徒弟は最初の犠牲者であり、その後の六カ月間で二〇〇人以上が死んだ。生死を決めるのは、運のみであるように見えた。ある一家が全滅したかと思えば、その隣の家は無事だった。町内のヘンリー通りに暮らす若い夫婦は、以前のペスト流行で子供を二人亡くしており、今回は生後三カ月の息子を抱えていた。再びペストの侵入を許さぬよう、夫婦はドアに鍵を掛け、窓を目張りした。彼らは過去の不幸な経験から、特に乳幼児がこの恐ろしい病気にかかりやすいと知っていたのだ。恐らくヘンリー通りの誰よりもそのことを理解していたので、この子が生き延びることができたら奇跡だと思っていたに違いない。ペストが流行した時期は、乳幼児一〇人のうち七人が命を落とした。まるで、コイントスで裏が出る方に子供の命を賭けているのに、表が出るように細工されたコインを、どの家族も使わされているかのようだった。

この小さな田舎町、ストラトフォード・アポン・エイヴォンでペストの流行が収まると、幼い息子がまだ元気でいることに夫婦はほっとした。奇跡的に生存したこの子の名前をウィリアム・シェイクスピアといい、大人になってからも数々の奇跡を生むことになる。

シェイクスピアは幼少期にペストにさらされたことで、ある種の免疫ができた可能性がある。だがそうした推論が出てきたのは何世紀も後のことであり、それだけこの感染症がシェイクスピアにとって、常に厄介な存在であったかを物語っている。彼の伝記を書いたジョナサン・ベイトは、「シェイクスピ

アとその同時代人の生涯に、最も影響を与えたのがペストだった」と書いている。(22)

ペストはシェイクスピアの身近にあり、彼はその症状をよく知っていたことだろう。まず、体温が急上昇する。次に頭痛が始まり、痛みは背中、両足、足の付け根、脇の下、首へと広がる。間もなく全身が痛みだす。この段階で歩こうとしても、テキーラを一気飲みして泥酔したときのように足がふらつき、呂律《ろれつ》が回らなくなり、呼吸が苦しくなる。ここからさらに状態が悪化する。皮膚のあちこちに癰《よう》（腫れ物）ができると――ペストに関連するものは、単語すら恐ろしく見える――、もはや手の施しようがない。これらの拷問にも似た仕打ちの最後には、とうとう脳が限界に達する。死ぬまでの数時間を錯乱状態のまま過ごし、息絶える。一連の症状は、自分の死因について悩みながら一生を過ごすのと同じくらい、惨めなものだった。

シェイクスピアの劇作家人生の大半において、ペストのことは当然、劇中に登場させてはいけないタブーと見なされていた。ペストのことしか皆の頭にないような時期でも、わざわざその題材を用いる者はいなかった。ロンドン市民が劇場に足を運ぶのは、つかの間でもペストの恐怖から逃れられるからだった。この時代にペストに関する劇を見るなど、高度一万メートルの機内で飛行機墜落の映画を見るようなものだったのだ。

だが同時に、ペストはシェイクスピアの秘密兵器でもあった。彼はそれを無視したわけではなかった。うらやましいばかりの才能と、嘆かわしい環境を、シェイクスピアはホットハンドに変えた。

それが、『ロミオとジュリエット』の恐ろしい物語につながっていく。

一度読んだだけでは、この戯曲の持つ狂気を理解するのはまず無理だろう。あらすじはご存じのはずだ。対立する家同士に生まれたロミオとジュリエットは、恋に落ちるが、最後にどちらも死ぬ。しかし、一体どういう経緯でそうなったか覚えているだろうか？　また、ロミオとジュリエットを永遠に引き離す役目を果たしたのが、ペストだったことを知っているだろうか？　劇中で唯一、ペストが言及される台詞は、何となく記憶にあるかもしれない。「どっちの家もペストでくたばってしまえ！」（第三幕第一場）というものだ。実際には、物語の至る所にペストが存在していた。

今から、この作品をもう一度見ていこう。第三幕に、死の場面がある。殺人だ。ロミオは、敵方でありジュリエットのいとこでもあるティボルトを殺《あや》める。ジュリエットは青年貴族のパリスと結婚することになっていたが、彼女が愛していたのはロミオだった。問題は、ロミオのモンタギュー家とジュリエットのキャピュレット家が憎み合っていたことだった。もう一つの問題は、ティボルトを殺害したことによって、ロミオが町から追放されていたことだ。途方に暮れたジュリエットは、心の支えにしていた修道士のロレンスを頼った。彼は既に、両家を結び付ける唯一の方法を考えていた。血で血を洗う争いを終わらせるには、ロレンスが二人を結婚させるしかなかった。ロレンスの計画は、しばらくの間仮死状態になる薬をジュリエットが飲み、彼女が死んだと家族に思わせるというものだった。同時に、ロレンスはこの無謀なたくらみをロミオに伝えるべく手紙を書き、修道士のジョンが、マンチュアという町にいるロミオに届けることになった。その手紙には、ロミオがひそかに戻ってきて、ジュリエットの眠るひつぎを開け、二人で幸せに暮らしてもらいたいと書かれていた。

とんでもない計画は、とんでもない結果に終わる――思いもしない理由によって。ジュリエットは薬を飲み、家族は彼女が死んだと信じて疑わなかった。ロミオは墓地に忍び込んだ。ここまでは良かった。

だが全ては台無しになる。この無謀な計画の中で最も重要な手紙を持ったジョンが、マンチュアに入れず、ロミオに渡せなかったのだ。

その後は不幸の連続だった。ジュリエットが本当に死んだと思ったロミオは、自殺してしまう。仮死から目覚めたジュリエットは、ロミオの亡きがらに気付くと、命を絶った。「悲しい物語は他にもあるが／このロミオとジュリエットの物語ほどつらいものはない」という台詞で劇は終わる。

時計の針を少し巻き戻そう。なぜマンチュアにたどり着けなかったのか、ジョンがロレンスに説明する場面がある。愚かな計画が失敗したわけを探ってみよう。

ロレンス　マンチュアからよくもどられた。で、ロミオはなんと？
　意中を手紙に書きしるしたなら、その手紙を。
ジョン　それが、実は道連れにと思って
同門のさる托鉢《たくはつ》修道士を捜しに行きました。
この町の病人を見舞いに来ていたところを
捜しあてたそのとき、町の検疫官に、
われわれ両人が伝染病におかされた
患者の家にいあわせたと疑いをかけられ、
戸には封印、すっかり足どめをくわされ、
マンチュアへのいそぎの使いをはたせませんでした。

ロレンス　ではだれがわしの手紙をロミオのもとに？
ジョン　とどけることができず——ここにもっておりますが——
　　こちらに送り返す使いのものもいなかったのです、
　　みんな伝染病をこわがっておりまして。
ロレンス　なんと不運な。
（第五幕第二場。小田島雄志訳、白水社。一九一～一九二ページより）

注目すべきは、「伝染病におかされた患者の家にいあわせた／戸には封印／みんな伝染病をこわがっておりまして」という箇所だ。

なぜジョンは、手紙をロミオに届けられなかったのか。それは、ペストが原因だったからだ。ペストによって物語は一変し、最も有名なラブストーリーは悲劇として終わる。

ジョンが役目を果たせなかったのは、感染拡大防止のためにしばらく隔離されていたからであり、シェイクスピアの時代には、その制限に疑問を感じる者はいなかった。隔離を拒めば、むち打ちの刑に処されることや、ペストの腫れ物をさらして町を歩き回れば処刑されることを、皆知っていた。ペストの災いを生き延びてきたのに、ペストによって処刑されるというのは悔いが残る死に方だった。そんな状況下で、なぜロレンスが自分に激怒しているのか、ジョンには理解できなかった。もちろん、分かるはずもない。彼は、ペストが結果的にロミオとジュリエットの命を奪おうとしていることに、気付いていなかった。

二人の修道士のやりとりは全部で二四行ある。引用箇所は、作中で最も短い場《シーン》だ。授業でこの作品に触れた米国の高校生の多くは、何のことだか分からないまま読み進めている。だが、ここは見逃せない。ストーリー全体が、このシーンにかかっている。ペストがこの物語を操っていると初めて聞き、不思議に思う読者もいるかもしれないが、実はそこがポイントだ。この重要な場面を、シェイクスピアは意図的にぼかして書いた。遠回しな表現になっているのは、当時はこの形で真意が伝わったからだ。くどくどと説明する必要はなかった。今風に言うなら、ツイートの最後に「#悲しい」と書いてあるのと同じくらい、シェイクスピアの時代にはペストのことは説明不要だった。「ペストはいつでも、どこにでも存在していました」とコロンビア大学教授のジェームズ・シャピロは言う。「そのため当時の人々は、ほんの一～二行しか書かれていなくても、意味を理解したはずです」

シェイクスピアがペストをうまく利用したのは、『ロミオとジュリエット』だけではなかった。少し前までは、彼は一年間に二作品というペースで執筆した、と大まかに言われていた。しかし、シェイクスピアの劇作家人生を調べ始めたシャピロは、文学研究者たちは統計学を知らないのではないかと思った。彼らの算出方法は、単純に作品数を活動年数で割っただけだった。それに従うと、もし五年で一〇作品を書いていれば、確かに「一年間に二作品」という答えが出る。シェイクスピアの同時代人が編集した、ファースト・フォリオと呼ばれる史上初の全集は、年代順ではなく、喜劇、悲劇、史劇に分類されていた。それ以来、作品年表はないがしろにされ、怪しげな計算式は数百年もの間、異議を唱えられることはなかった。シャピロが教授に就いた頃には、「一年間に二作品」という考えは、疑ってはいけない教義のように扱われていた。だがここには問題点があった。その考えは全く正しくないのだ。

「シェイクスピアはいつも、インスピレーションに満ちた時期に、集中的に作品を生み出していたことが分かりました」とシャピロは言う。「でもその理解に至るには、少しばかり時間がかかりました。あの根拠のない計算を、わたしも何となく信じていましたから。実際には、彼がそのペースで書いたことはありません」

シェイクスピアには波があった。彼の戯曲を時系列に並べると、生涯を通じてコンスタントに書いたのではなく、いくつかの作品が一時期に集中して書かれていたことに気付く。ダーシュン・ワンが、映画監督や芸術家ではなく劇作家を研究対象に選んでいたら、シェイクスピアについて論文を書いただろう。これこそ、シャピロが行ったことだった。彼は、一六〇六年にシェイクスピアが復活するきっかけを作った環境に着目した。「この年に戯曲がまとまって書かれたと知ると、『そんな短期間に、なぜ？』という疑問が湧くはずです」と彼は言う。

その質問はこう言い換えられる。「シェイクスピアは、なぜホットハンドをつかんだのか」

一六〇六年に創造力をいかんなく発揮する直前まで、シェイクスピアはしばらく姿を消していた。彼が活動していなかった頃、イングランドでは国王ジェームズ一世の下で、変革が起きていた。シェイクスピアが昔から知る世界は、根本から変わりつつあった。政治の混乱によって、常に恐怖や不安を抱えていた上に、彼にはもう一つ気掛かりがあったはずだ。この年は、ペストが流行していた。

ところが、ロンドンを襲った感染症の猛威は、それまでで最高の結果をシェイクスピアにもたらすことになった。彼はこの状況を、ダーシュン・ワンが喜びそうなやり方で利用した。ひたすら書き続けたのだ。シェイクスピアの才能は、とても奇妙な環境と遭遇した。よりによって命を奪われる可能性もあったペストが、彼に力を与えることになったのだ。
ペストの流行によりロンドン市内の劇場が閉鎖されたため、シェイクスピアの劇団である国王一座は、上演機会を求めて地方巡業に出なければいけなくなった。だが、劇団がイングランドの地方を回り、ペストの被害が大きくない町々を訪れていたさなか、シェイクスピア自身はロンドンにとどまった。巡業に出るほど若くはなく、役者を続けるつもりもなかった彼は、執筆に時間を費やす方が有益だと思ったのだろう。「彼は、一五九〇年代初め以来、久しぶりに自由な日々を手に入れ、他の劇作家との共作も実現できた」と、シャピロは『「リア王」の時代　一六〇六年のシェイクスピア』(河合祥一郎訳、白水社)の中で述べている。[23]
シェイクスピアはもう一点、好ましくない形ではあるがペストで得をしたことがある。ライバルが亡くなったのだ。一七世紀初頭、少年劇団は、国王一座のような大人の劇団よりも人気があった。ある才能が別の才能を魅了するように、少年の役者は、シェイクスピアのライバルの劇作家たちから最高の作品を手に入れていた。その循環は、シェイクスピア一人では決して断ち切れなかった。彼は大人向けの悲劇を書いていた。アン王妃は例外だが、大方の観客は、子供が主演する風刺劇を求めていた。だが一六〇六年夏の数カ月間で、毎週数千人ものペストによる犠牲者が出た。最も感染しやすいのは、偶然にもシェイクスピアの仕事を奪った少年たちだった。国王一座が最終的に、上演場所と劇作家たちを取り戻すことができたのは、ペストが特に若者の命を奪ったからだった。この感染症が、シェイクスピアの才能をさらに伸ばす環境を作り出した。世界は彼に有利な方に働いた。彼はそれを受け入れるだけだった。

シェイクスピアにひらめきが起こり、調子を上げたのはこのときだった。『リア王』『マクベス』『アントニーとクレオパトラ』という傑作が、次々と生み出された。

「三つとも途方もない悲劇の傑作です。わたしたちのいるこの世界を理解し、証明し、代弁するというこのような奇跡がなぜ、そしてどのように起きたのか、興味が尽きません」とシャピロは語る。シェイクスピアの私生活というフィルターを通して、劇作家としての彼のキャリアを詳しく調べてみたいと、学者はしばしば思う。問題は、そういう研究をしようにも、シェイクスピア自身に関することがいまだにそれほど分かっていない点だ。シャピロは著書の中でこう述べる。「我々には、彼の胸の内を知るすべはない。それに比べると、ネズミが媒介した一六〇六年の災いが、シェイクスピアにもたらした影響については、多くのことを知っている。彼の仕事のやり方が変化したこと。彼の劇団が変わり、息を吹き返したこと。ライバルが命を落としたこと。観客の構成が変わったこと(その結果、彼の書く作品のタイプが変わったこと)。そして、才能豊かな音楽家や劇作家と手を組めたことだ」[24]

シェイクスピアはメトロノームのように規則正しく書いたわけではなく、むらがあった。書くときは何作も連続して書いた。その源泉になったのは、彼の理解を超えた力だった。ペストが、思いがけないチャンスを生んだ。彼はペストの流行があったことで、社会が大きく揺れ動いていた時期を、全く別の、ホットハンドの時期に変えることができた。

シェイクスピアはどんな環境に置かれても、それなりの成功を収めるだけの才能があった。レベッカ・クラークも同様だ。しかし、シェイクスピアが最初の成功の後で第二、第三と続けられたのは、環境が彼の道を切り開いたからこそだった。彼の戯曲は偶然生まれたのではなく、それぞれ独立しているわけでもない。一つの作品が次の作品をもたらし、それがまた次へとつながっていき、さらにもう一作と続いていった。環境を利用できる能力は、シェイクスピアにはあり、クラークにはなかった。

最後に、本章の冒頭の質問に戻ろう。変わったのはシェイクスピア本人だろうか、それとも彼を取り巻く世界だろうか。答えは両方だ。

まず世界が変わったがゆえに、シェイクスピアは傑作を生み出すことができるようになり、世界を変えることができた。

第3章　ホットハンドを研究する

1　人はランダム性を誤解する

スポティファイに不具合が起きていた。スウェーデンのストックホルム郊外にある古いアパートで誕生した同名のスタートアップ企業は、世界的に人気のある音楽配信サービスを提供し、どこから見ても大成功を収めているように思えた。無数の人々が、パソコンやスマートフォンからスポティファイのアプリを起動するだけで、瞬時にどんな曲でも聴けるという奇跡のような体験を楽しんでいた。それでもユーザーは満足していなかった。スポティファイは、既に世界市場で首位を狙える位置にいたが、驚くほど多くのユーザーから、腹立ちまぎれの同じクレームを受けていた。「『シャッフル再生がランダムになっていないのは、なぜですか？』という声が寄せられています」と同社のエンジニア、ルカーシュ・ポラチェクは書いている。「わたしたちはこのように回答しています。『まさか！　当社のシャッフル再生はランダムです！』」(1)

同様のやりとりはしばらく続いた。ランダムになっていないとユーザーは主張し、なっているとエンジニアたちは断言した。レコード会社に気に入られるために、特定のアーティストの曲がかかるようにアルゴリズムが偏っているのではないか、という陰謀論すら現れた。事の真相は、そこまでドラマチックではないが、十分面白いものだった。しかしシャッフルボタンへのいら立ちを募らせるあまり、ユーザーはスポティファイに「失望した」、さらには「裏切られた」と非難して当然だと感じていた。

シャッフルボタンに関して、スポティファイは起業後間もない頃から、「フィッシャー・イェーツのシャッフル」と呼ばれるアルゴリズムを使っていた。二人の統計学者の名前が付けられたこのアルゴリズムは、たった三行のコードを書くだけで、どんな有限数列でもランダムに並び替えることができる。洗練された解決策であることから、考案されてから一〇〇年近くたつ今でも、エンジニアから称賛されている。一部のマニアにとっては、《モナ・リザ》のような存在だった。そんなマニアが、スポティファイで大勢働いていた。だがコンピューターサイエンスの学位がなくても、このアルゴリズムのシンプルな美しさは理解できる。

ちょっとやってみよう。プレイリストに九曲入っていると仮定する。今の曲順を、「既存の順番《シーケンス》」と呼ぶことにする。各曲には一から九の番号を振る。そしてどれか一つを選び、取り出す。すると、既存のシーケンスとは別の、新たなシーケンスが生まれる。この作業を、既存のシーケンスがなくなるまで繰り返す。表にすると次頁にある通りだ。

新たなシーケンスは、確実にランダムのように見える。さて今度は、車で旅行に出掛けた三人家族がいたとしよう。スポティファイのプレイリストを一つ作ることにし、お父さんはビリー・ジョエル、お母さんはビートルズ、娘はビヨンセの曲を、それぞれ三曲ずつ選んだ。そして、各曲に番号を振る。ビ

左から何番目の曲を取り出すか	既存のシーケンス	新たなシーケンス
4	1, 2, 3, 4, 5, 6, 7, 8, 9	4
1	1, 2, 3, 5, 6, 7, 8, 9	4, 1
5	2, 3, 5, 6, 7, 8, 9	4, 1, 7
1	2, 3, 5, 6, 8, 9	4, 1, 7, 2
2	3, 5, 6, 8, 9	4, 1, 7, 2, 5
4	3, 6, 8, 9	4, 1, 7, 2, 5, 9
1	3, 6, 8	4, 1, 7, 2, 5, 9, 3
1	6, 8	4, 1, 7, 2, 5, 9, 3, 6
1	8	4, 1, 7, 2, 5, 9, 3, 6, 8

リー・ジョエルの曲は1、4、7、ビートルズは2、5、8、そしてビヨンセが3、6、9だ。

それでは、さきほどの「フィッシャー・イェーツのシャッフル」を用いて、ランダムな曲順になるように生成したシーケンスで、曲を再生してみよう。果たしてどんなプレイリストになるだろうか。

ビリー・ジョエル
ビリー・ジョエル
ビリー・ジョエル
ビートルズ
ビートルズ
ビヨンセ
ビヨンセ
ビヨンセ
ビートルズ

おかしい。今度は、ランダムに見えないではないか。あなたはランダムになるはずだと知っている。そうなるように作ったからだ。だがこれは、これまで教えられてきたランダムな並び方とはいえない。この一家は、三組のアーティストの曲をプレイリストの中に等間隔に配置したかったのであって、ビリー・ジョエルが三曲続くのは望んでいなかった。ビートルズの「レット・イット・ビー」が流れる頃には、車から叫び声が聞こえる可能性は大いにある。

簡単に言うと、これがスポティファイの直面した問題だった。ユーザーは、同じアーティストを三曲連続で聞くのを楽しみにしているのではなかった。そしてこれはスポティファイだけの問題ではなかったのだ。その数年前に、同業のライバル会社も全く同じ悩みを抱えていたぐらい、共通の課題だった。

アップル社が発売した初代のｉＰｏｄは、ジュークボックスをポケットに入れて携帯できるようにした、素晴らしいデジタル音楽プレーヤーだった。しかし、後継機種のユーザーの一部は不満を持っていた。ｉＰｏｄには欠陥がある――シャッフルボタンが壊れているのではないか、と彼らは感じていたのだ。シャッフル再生がランダムになっていない、というのが彼らの主張だった。これに対して、「本当にランダムなんだ」と、スティーブ・ジョブズは語ったことがある。(2) 二〇〇五年、ｉＰｏｄシャッフル発表後初めての基調講演での発言だ。彼はこう続けた。「でもランダムということは、同じアーティストが二曲続くこともある、ということだ」

この日、ジョブズはとてもジョブズらしかった。いつもの黒のタートルネックとジーンズに身を包み、まるでアップル製品であふれる輝かしい未来を見てきた後に報告会を開いているような、自信に満ちた講演で聴衆を魅了していた。だが、この現代における希代の話し手をもってしても、ｉＴｕｎｅｓのシャッフル機能が本当にランダムだと皆を納得させることはできなかった。ステージ上でジョブズがランダム性に触れた理由は、ある新機能を初めて披露するためだった。「スマートシャッフル」という、同じアーティストの曲が連続する頻度を、ｉＰｏｄユーザーが決められる機能だった。これにより、ビリー・ジョエルが三曲続くことはなくなった。仕組みを説明した後で、ジョブズは人間の不合理さを思い、つい笑みを浮かべた。

「これでより一層ランダムになったと思うかもしれないけれど、実際にはランダムの発生を減らしたんだ」

スティーブ・ジョブズですら一度は目を向ける必要があった問題を、スポティファイも無視するわけにはいかなくなっていた。スポティファイ本社は、しゃれたオフィスというだけでなく、実にスウェーデンらしい場所を設けていた。社内には、スウェーデン語で伝統的なコーヒーブレークを意味する「フィーカ」のためのスペースが広くとられている。社員がそこで他部門の人と積極的に話をするように、スポティファイは奨励していた。偶然の出会いが生まれるチャンスや、自発的な交流を増やすことで、さまざまなアイデアを交換してもらいたいというのが、会社の狙いだった――シャッフル機能の職場版だ。

スポティファイは、厄介な問題を社外の専門家に任せるのを躊躇《ちゅうちょ》するような会社ではなかった。本章の冒頭に登場したエンジニアのポラチェクは、当時はまだストックホルムのスウェーデン王立工科大学の学生だったので、会社には毎日顔を出しているわけではなく、プロジェクトを選んで、成果を残せそうな分野にのみ集中していた。「とにかく、自分の成長が望める仕事を探していました」とポラチェクは語る。社内でシャッフル機能が話題になっていたときも、彼は同じ気持ちでいた。その頃、理論計算機科学を学んでおり、たまたま選択したランダム・アルゴリズムにとりあえずの気持ちで取り組んでいたにすぎなかった。ポラチェクにとって、コンピューターサイエンスの知識を、理論上だけではなく実際の問題に活かす道が開けた。彼は手伝うと申し出た。

そもそもスポティファイがポラチェクをチームのメンバーに加えたのは、この分野に関してピンポイントの専門知識を持っていたからだった。それでも、シャッフルボタンに目を付けていると彼が打ち明けたとき、面食らった同僚の数は驚くほど多かった。「なぜそんなところに注目を？」と彼らは口にし、「ただのランダムだよ！」と言った。確かに、それは正しかった。目を付ける箇所はあまりなかった。なぜなら、ただのランダムこそが問題だったからだ。

ポラチェクはわずか一日でアルゴリズムのコードを一五行ほど書き、それがスポティファイを救うことになった。彼が誇らしい気持ちになったのは、エンジニアリングの専門知識のおかげではなかった。のちにスポティファイのパーティーで「ミスターシャッフル」と呼ばれることになるポラチェクがやったことは、単純だった。同じアーティストの曲を、だいたい均一になるように、プレイリスト全体に配置したのだ。ポラチェクの任務は、ビリー・ジョエルの曲が三連続で再生される煩わしさからユーザーを解放することだった。結果的にスポティファイは、アップルと同じ作戦を取った。プレイリストをランダムに感じさせるには、ランダムの発生を減らすのが、唯一の手段だった。

ただ、通常のランダムではランダム過ぎたと判断する前に、スポティファイのエンジニアはより切実な質問に答えを出す必要があった——そもそも、なぜこのようなことが問題になったのだろうか？　同社はこのシャッフル問題のために調査チームを作り、プロダクトマネージャーのバーバー・ザファーを責任者に任命した。そしてザファーは、できるだけ早急にシャッフルボタンを作り変えるしかないと決定した。それ以外の対策は、時間稼ぎにしかならなかったはずだ。この問題の核心は、資金をいくら投じ、エンジニアリングの人材をどれだけ集めても、解決できない点にあった。人間は、残念ながらランダム性を理解できないのだ。ランダム性には脳を錯覚させる要素があり、アップルやスポティファイといった大企業でさえも、それを思い通りにできない。「わたしたちの脳は、パターンを見つけるのがとても得意です」とザファーは言う。(3)「実際にはパターンなど存在しない場合でも、脳はパターンを見つけ出すでしょうね」

わたしたちがホットハンドを信じるのも、こうした脳の強力な働きによるものだ。たとえホットハンドというものがなくても、あると信じてしまうのだ。

2 心理学のアプローチ(1) カーネマンとトヴェルスキー

ハイテク産業が栄える以前のシリコンバレーは、夢のような場所だったとトーマス・ギロビッチは懐かしく思い出す。彼は、一九五〇年代から六〇年代に子供時代を過ごした。テクノロジーの発展によって、この細長い土地がすっかり変わり果てる前のことだ。「故郷」と呼ぶこの場所で、彼は春には丘を登り、アンズやプラム、サクランボの花々に囲まれ、冬には外を駆け回り、BB弾を撃って遊んだ。現在、アップル本社が建っている辺りだ。ギロビッチは家族の中で初めて大学に進学し、カリフォルニア大学サンタバーバラ校を卒業したが、裕福な家の学生より自身が劣っているとは思わなかった。大学院に進むと決意したとき、彼はかつての楽園に戻りたくてたまらなかった。ギロビッチと同じ関心を持つ者にとって、シリコンバレー内にあるスタンフォード大学の大学院を選ぶ理由は、たくさんあった。しかし、とりわけ彼が引き付けられたのは、幼い頃に地元で感じたのと同じ、人の良さだった。

スタンフォード大学心理学部で学んだギロビッチやその他多くの若者は、誰もが、「ここは人間の行動を研究するのに、最高の場所だ」と感じた。その最大の要因は教授陣にあった。加えてギロビッチには、彼らの雰囲気が故郷の大人たちに似ているという、うれしい発見もあった。唯一違うのは、さまざまな出来事が重なった結果、大学教員は著名人ばかりという点だった。彼らのそばにいると、若いギロビッチは、ロックスターに付き従うスタッフのように感じた。

当時の心理学部の躍進と、大学そのものの飛躍は同時だった。スタンフォードは一九五〇年代から六〇年代にかけて、「厳選された分野を扱う、厳選された学部を」という方針を掲げた。同時期に副学長として教育の質を高める責務を全うしたフレデリック・ターマンには先見の明があった。彼はこの計画を推進し、とりわけ心理学部が成功するよう関心を寄せた。彼自身は工学が専門だが、妻が同大学心理学部の大学院生だった。実は彼女を指導したのが、有名な心理学者であるターマンの父だった。ターマンの表現を借りれば「卓越した尖塔《せんとう》」として、スタンフォード大学は名声を確立することになる。(4) 特定の学問分野に賭け、そこに資源を集中させるべきだというのがターマンの考えだった。その少数の分野を正しく選定できれば、大学全体の地位を向上させることができる。彼が選んだ「卓越した尖塔」のうち、分かりやすいのは、航空工学、数理暗号学、宇宙物理学、そして核兵器や化学兵器の研究といった、ハードサイエンスの分野だった。第二次世界大戦の惨状から復興し、冷戦に備える時期だったため、米政府は、軍産複合体に貢献する研究者に対して喜んで資金を投じた。国防に携わる人々に、大金がつぎ込まれたのだ。

そんな状況下で、心理学部は最も「卓越した尖塔」らしくない学部だった。だが、投資に見合うだけの素晴らしい結果をもたらした。ターマンが副学長に就任した直後の調査では、心理学部は全米の大学院の中で第五位だった。しかし七年後に、米国教育協議会が同じ調査を行うと、同学部は一位に輝いた。ギロビッチが大学院に入学した一九七〇年代後半には、スタンフォード大学心理学部は宇宙の中心のような存在になっていた。心理学をリードする重要人物が一つの建物に集結していたので、食堂で出されるフィッシュタコスが傷《いた》んでいただけでも、この学問の発展が数日止まるほどだった。以前は学科ごとに棟が分かれており、社会心理学はあちら、認知心理学はこちら、発達心理学はまた別というように、キャンパスのあちこちに点在していた。だが、心理学部が同じ建物に移転するのと同時に、人も一カ所に集まることになった。これ以上ない、最高のタイミングだった。来るべき心理学の革命によって、細分化していた心理学の各領域が結び付くことになるが、それを初めて実現させたのがスタンフォードだった。「わたしたち自身が革命そのものでした」と、同大学の心理学者リー・ロスは言う。

ギロビッチがキャンパスにやって来た頃には、その革命は基本的には終わっていた。スタンフォードは勝利したのだ。既に述べたように、ギロビッチがこの大学を選んだ理由は明白だった。だが、なぜスタンフォードはギロビッチやその他の学生を選んだのか、という理由はそれほど明らかではない。通常、大学院に出願すると、成績やテストの点数、推薦状を審査される。「ですが、わたしたちは主に、出願者が考えを持っているかを知りたいのです。『あなたはどう考えますか?』とね」とロスは言う。ここでいう考えとは、ある事柄に着目し、より大きな何かを見つけることができる、ちょっとした賢い発想のことだ。審査した教授たちは、ギロビッチにはそれがあると正確に見抜いた。ロスは彼について、「優れた考えを持ち、現象を感じ取ることができるという意味で、実に模範的な存在ですね」と語る。

スタンフォード入学後、ギロビッチが最初に受講した講義が、教授たちが教えるだけでなく、教授のことを知る機会でもあったことは、うれしい偶然だった。このゼミには、「教員紹介（ミート・ザ・ファカルティ）」という名前が付いていた。威圧感がある教員たちを新入生に紹介するにあたり、一同を部屋に集めてぎこちない世間話をさせるよりも良い方法を、ロスは編み出した。心理学部教授の論文について、それを書いた本人を囲んで議論する、というものだった。たとえるなら、『高慢と偏見』を読む読書会に、作者のジェーン・オースティンを招いて対話するような機会だった。

ところが初回の講義に、ロスはサプライズを用意していた。その日に読む論文を書いたのは、スタンフォードに終身在職権のある教授ではなかった。登場したのは、面白い視点を持つ二人のイスラエル人だった。彼らの名前を聞いたこともなければ、論文を読んだこともなかったギロビッチは少しがっかりした。研究休暇中のこの二人の客員講師は、彼の期待とは違った。

「なぜスタンフォードの有名教授が出てこないのか？」と彼は思った。

そんな失望も、二人が話し始めるや否や、消え失せてしまった。

「こりゃすごい！」とギロビッチは驚いた。「この人たちは何者だ？」

その二人の名を、エイモス・トヴェルスキーとダニエル・カーネマンといった。彼らはたちまち、認知心理学の分野で最も有名な研究者になる。

一九五七年にカーネマンがトヴェルスキーを初めて見かけたとき、やせていて顔色が悪く、赤いベレー帽をかぶった外見が印象に残った。トヴェルスキーは、イスラエルのヘブライ大学の中で最難関である、心理学部の入学試験を受けた帰りだった。定員二〇名に対して数百名の応募があったと、二人の関係を見事に描いたマイケル・ルイスの著書、『後悔の経済学　世界を変えた苦い友情』（渡会圭子訳、文春文庫）の中で述べられている。倍率が高くなったのは恐らく、第二次大戦終了直後のイスラエルに住む優秀な若者たちは、予測のつかない人間の心理を理解したいと思ったからだろう。

トヴェルスキーは若く、優秀で、紛れもないイスラエル人だった。赤いベレー帽は、イスラエル国防軍の空挺部隊に所属する証だった。彼が小隊長に昇進した後に、部隊は重大な演習を行うことになった。有刺鉄線の破壊が目標だった。作戦は、有刺鉄線の近くに手りゅう弾をセットし、安全ピンを抜いて退避するという流れだった。だがその通りにはいかなかった。彼の部下が退避できなかったからだ。この兵士はパニックで体が動かなくなった。トヴェルスキーがいなければ、部隊は彼の最期の瞬間を目の当たりにしていただろう。爆発が迫る中、トヴェルスキーはその兵士に向かって動くなと命じると、全速力で駆け寄り、手りゅう弾から引き離すと、爆発寸前に彼に覆いかぶさって守った。こうして、瞬く間に一人の命を救った。「兵士経験がある人なら、これがいかに冷静かつ勇敢な行動か分かるはずです」と、カーネマンは後年語っている。[5] トヴェルスキーは、軍から最高位の勲章を授かった。二〇歳にして、彼は英雄だった。

トヴェルスキーの栄誉はこれだけではなかった。それから何年もたった後に、今度はマッカーサー基金から表彰された。「天才賞」とも呼ばれる、米国の奨学金制度だ。だが、公に天才と認められたことについて最も注目に値するのは、それをわざわざ言うまでもない、ということだった。彼が天才であることは、知り合った全員が分かっていた。友人の間では、こんな知能テストがジョークとして作られたほどだった。[6] それは、「自分よりエイモス・トヴェルスキーの方が賢いと気付くのに、どれくらい時間がかかったか。その長さによって、その人の知能指数が分かる」というものだ。この「トヴェルスキー・テスト」をスタンフォードの教員に受けてもらったら、彼らもまた、桁外れに知能指数が高いという結果が出ただろう。一つの建物に集まった、心理学の最高の頭脳の持ち主たちは、この天才客員教授に後れを取るまいと努力を重ねた。

カーネマンは、トヴェルスキーの知性を最も古くから知る一人だった。パリで幼少時代を過ごした彼は、ナチスがフランスを侵攻すると一家そろって南フランスに逃れ、戦後はイスラエルに渡った。ヘブライ大学で心理学を専攻し、兵役を務めてから、一九五八年に渡米し大学院に入学した。その約一〇年後――カリフォルニア大学バークレー校で博士号を取得し、ヘブライ大学で教え、長期研究休暇を米国のミシガン大学で過ごし、さらにハーバード大学で研究を続けた後で――、カーネマンはイスラエルに戻った。

一九六八年春、カーネマンはトヴェルスキーと再会した。ベレー帽をかぶり、ヘブライ大学への入学を希望していた若き空挺兵と出会ってから、約一〇年がたっていた。一時的に米国の同じ大学にいたことによる、偶然の再会だった。だがカーネマンがハーバードに行くタイミングで、トヴェルスキーはヘブライ大学の教員になるためイスラエルに帰国していた。カーネマンは、専門分野である意思決定に関する大学院のセミナーに、トヴェルスキーを招いた。まさにこのとき、カーネマン自身に意思決定の機会が巡ってきていた。彼はトヴェルスキーの優秀さに気付き始めていた。セミナーが終わると、二人は昼食を一緒にとり、気の置けない会話をした。彼らがその後数十年にわたって続けることになる、アイデアを交わし合う会話はこうして始まった。この日の昼食を機に、彼らは判断と意思決定の研究に取り組むようになった。

二人の共同作業が最初に形になったのは、一九六九年の米国心理学会の集会で配布したアンケートだった。それを彼らの同僚でもある、高度な教育訓練を受けた研究者たちに回答してもらったところ、驚くべき結果が得られた。ランダム性について、研究者ですら誤解すると判明したのだ。一般人だけが間違えるわけではなかった。ランダム性を理解する必要があり、そのための訓練を受けた心理学者も同様だった。つまり、どんな人でも間違えるということだ——カーネマンとトヴェルスキーも含めて。

二人がこうして導き出した結論は、最初の成果ながらも、既にカーネマンとトヴェルスキーらしさに満ちていた。それはまるで、ビートルズがドイツのハンブルクで下積みを積んでいた頃の、音の悪いライブ音源を聴いても、後のビートルズらしさを断片的に感じることができるように。二人が執筆したこの論文を今読むと、それと同じような感覚を覚える。カーネマンとトヴェルスキーは、最初の共同論文でありながら、普通の心理学者とは違う手法を用いた。彼らは、序論、方法、結果、考察という伝統的な構成を否定した。代わりに、より大きな語りの中で、観察した現象をまず述べ、次に分析し、そして実証結果をその語りの中に織り込んだ。読んで面白いという自信はあったが、彼らは決してうぬぼれていなかった。うぬぼれるわけもなかった。人間のバイアスやエラーを明らかにするたびに、二人は笑い合った。なぜなら、かつては自分たちも間違っていたからだ。そこに、この共同研究の一番の面白さがあった。

彼らの初めての論文は、『サイコロジカル・ブリテン』という心理学の学術誌に載ることになった。どちらの名前を最初に出すかは、コインを投げて決めた。論文への寄与は半々だった上に、ランダム性を利用して著者の順番を決めるのが、最も公平な方法だと思えたからだった。最初の論文は「トヴェルスキーとカーネマン」であり、その次は「カーネマンとトヴェルスキー」だった。その後も名前の順番は毎回変わった。

彼らの共同研究の中で大きな進展を遂げたのが、一九七四年に発表した論文だった（著者は「トヴェルスキーとカーネマン」）。高名な学術雑誌『サイエンス』に掲載されたことから、分かりやすく「サイエンス論文」と呼ばれている。完成まで一年かかり、何十回も手書きで書き直した。一字一句が大事であり、一日に一文でも書き進められれば上々だった。彼らはそうやって、詩を書くように論文を仕上げていった。後年、カーネマンはこう述べている。「最初のアイデアがいいと――エイモスと一緒なら、たいていはそうだった――、改善の余地がないぐらい最高のものが出来上がる」(7)

「サイエンス論文」は、まさに改善の余地がないほど緻密に書かれ、いいアイデアがたくさん詰め込まれていた。人は特定のルールに従って意思決定を行う、というのが基本的な主張だった。そのルールは通常は有益だが、ときにそうでないこともある。「時折、致命的かつ系統立った誤りにつながる」と彼らは書いている。(8) この論文が取り扱ったのは、痛々しいほど人間的な誤り――わたしたちを惑わす、認知バイアスや思い違い――だった。トヴェルスキーとカーネマンは、人はどのように判断すべきかということと、実際にどのように判断しているかということの違いを明らかにした。

二人の研究対象の一つが、彼らが「少数の法則」と呼ぶバイアスだった。統計学に、「大数《たいすう》の法則」という定理がある。これは、データを大量に集めれば集めるほど、偏りの少ない結果が得られるというものだ。それに対して少数の法則は、人々があまりに少ないデータから推測し、「少ないサンプル数から導き出した結論の妥当性を、過剰なまでに認める」傾向がある、と彼らは論じた。言い換えると、少ないサンプルから得た結論は、大量のサンプルから得た結論と同じと見なせる、という考えは間違っている場合がある、ということだ。なぜなら、少ないサンプルのときに見られる外れ値は、サンプル数が多くなるにつれて目立たなくなるからだ。しかし、少数の法則に引っ掛からない人はまずいない。トヴェルスキーとカーネマンは、専門家でさえもこのバイアスに引っ掛かりやすいことを示した。二人は、伝統的な心理学からイスラエル国防軍に至るまで、あらゆる場所で少数の法則が当てはまることを発見した。彼らがその気になれば、どんな分野を選んでも見つけられただろう。

「少数の法則に従って生きる科学者がいたとしよう。その人は気象学者や薬理学者と呼ばれる人かもしれず、あるいは心理学者かもしれない」と彼らはある論文で述べている(9)。

最後に挙げた例は生意気だが、ちゃんと意味があった。彼らは気象学者や薬理学者を研究したのではない、ということを強烈に思い出させたからだ。彼らの研究の特に素晴らしい点は、同僚の心理学者を研究対象にしたことだった。ある意味で、二人は自分自身を分析したともいえる。「彼らは具体的な例を選びました」と心理学者のリー・ロスは言う。「自分たちのアイデアを最も生かせる題材を選んだのです」

トーマス・ギロビッチがスタンフォード大学心理学部の大学院に入学したとき、彼は二人の名前を知らなかったが、初日の最初の講義で読んだのが「サイエンス論文」だった。ギロビッチはすぐに虜《とりこ》になった。それまで間違った視点で世界を見ていた、と教えてくれた二人の存在が、彼は気になって仕方なかった。

間もなくトヴェルスキーはスタンフォード大学の教授に就任し、判断と意思決定に関するゼミを開いたので、ギロビッチはすかさず受講した。トヴェルスキーが彼に勧めたのは、ランダム性についての一つの論文だった。そこには、無意味なものに意味を与え、順序のないものに順序を見つけるという人間の特性が説明されていた。ギロビッチは、人を錯覚させる他の現象についても知りたいと思うようになった。

わたしたち人間は、月面のクレーターを見て、宇宙からのメッセージだと思う。同じアーティストの曲が続くと、スポティファイのプレイリストがおかしいと感じる。成功している投資家を見て、幸運を実力だと勘違いする。こうした錯覚の中で有名な例が、第二次大戦中にドイツ軍がイギリス本土に対して行った空襲だ。[10] ロンドン市民は、爆弾が落とされる場所には何らかの傾向や理由があると信じていた。だが実際は違った。どこに落ちるかは、ランダムだった。

「パターンがなくても、人はパターンを見つけ出し、それを説明できる原因を用意する」とトヴェルスキーは述べている。[11]

「人はランダムなものの中にパターンを認識する、という論文の主張がもし正しいとしたら」とギロビッチは考えた――彼自身はその説を信じていた（理由は、単にトヴェルスキーがそう言っているからというだけだったかもしれないが）。論文が正しいのであれば、どんな場所でもこの現象を確認できるのではないか？　彼が特に興味を持った分野がバスケットボールだった。

　ギロビッチは、バスケットボールが研究に適していると指導教官のトヴェルスキーに売り込む必要はなかった。トヴェルスキーはバスケットボールが大好きだったのだ。研究分野と同じくらい夢中になる、数少ない話題の一つだった——その他には、イスラエルの政治、ビッグバン、天体物理学ぐらいだ。無数の人々がバスケットボールに頭脳を働かせてきたが、その中でもトヴェルスキーが最も賢いのは間違いない。教え子であるギロビッチも、大きく後れを取ってはいなかった。その上、彼は優れた選手でもあった。ある年の大学内のバスケットボールトーナメントで、心理学部のチーム（ギロビッチが選んだ助っ人も何人か交じっていた）は決勝まで進んだ。だが試合終了間際に相手チームのシュートが決まり、ギロビッチたちは敗れた。対戦相手のチームにいたアメリカンフットボールのエースは、後にＮＦＬ（ナショナル・フットボール・リーグ。米国のプロアメリカンフットボールリーグ）入りして大活躍した、クォーターバックのジョン・エルウェイだった。

　だが、バスケットボールにおけるランダム性というテーマは、トヴェルスキーの貴重な時間を使い、関心を寄せるのに値するのだろうか、とギロビッチは気後れして、なかなか言い出せなかった。知の巨人であるトヴェルスキーは、どんなテーマでも選ぶことができたし、人の心理について、必ず何かしら面白い発見をしただろう。「エイモスは、問題を選ぶセンスがずばぬけていました」とカーネマンは振り返る。[12]「のちのち重要ではなくなる事柄に、時間を費やしたことは一度もありませんでした」

　そういった事情があり、最初の講義を受けてから数カ月後にトヴェルスキーの研究室を訪ねたとき、ギロビッチには、バスケットボールの世界ではランダム性が誤解されているかもしれません、としか言えなかった。人は直感を信じるあまり、ありもしない幻を見ている、とギロビッチは考えていた。選手もファンも、ホットハンドを過剰に意識しているのではないか、というのが彼の仮説だった。かつての「サイエンス論文」の根底にある多くの思想と、関連する洞察だった。そのため、ホットハンドは架空のものかもしれないという話を、トヴェルスキーに納得させる必要はそれほどなかった。

ギロビッチのアイデアを聞く以前に、トヴェルスキーはいつもそうしているように、自分なりにホットハンドについて考えを巡らせたことがあった。NBAチームのボストン・セルティックスの試合を何試合も録画し、選手が波に乗っていると思われる瞬間にどんなシュートを打つのかを調べ上げて、データを集めようとすらしていた。しかし、ホットハンドを研究すると必ずぶつかる難題に彼も悩まされた。厳密な分析をするには、何千時間もの試合の情報をコード化する以外、方法がなかったのだ。いくらバスケットボールが好きな彼といえども、そこまでやれなかった。だが、ギロビッチは既に、取りつかれたように試合の成績《スタッツ》を記録している一人の統計の専門家と、NBAチームのフィラデルフィア・セブンティシクサーズにまつわる記事を読んでいた。この統計マニアの並々ならぬ数字を使えば、ホットハンドを正確に研究できると思っていた。ところが、ギロビッチはそういった記録があることをトヴェルスキーに提案しなかった。実のところ、ホットハンドは彼に近づくための口実だった。もしトヴェルスキーが話に興味を示さなければ、ギロビッチはホットハンドのことを忘れ去っていただろう。あるいは、「君の考えは間違いだ。ホットハンドはもちろん実在するよ」と言われたら、ギロビッチはそれを信じたはずだ。

ギロビッチは、「『わたしの意見が正しくて、教授が間違っています』と言い返せるほどの自信はなかったでしょうね」と言う。

実際には、トヴェルスキーはギロビッチの考えを否定しなかった。バスケットボールを見てきた経験から、この大学院生の思いつきはいいところをついていると感じはしたものの、実のところ彼自身は少し違う仮説を立てていた。ホットハンドは過剰に意識されているのではなく、そもそも存在しない、というのがトヴェルスキーの見解だった。そして、存在しない可能性を探るという発想は、期待できると考えた。

「エイモスならではの強みを示す、絶好の例です」とリー・ロスは言う。「ホットハンドという現象は何かというと、『ランダム性を誤解すること。まぐれ当たりの分布を見て、これはランダムではないと感じること』です」

ロスはさらに続ける。「この表現ではインパクトに欠けますね。少なくとも、次の一文の方が分かりやすいですね。『バスケットボールのファンは、ホットハンドを試合中に見かけるが、統計分析ではそれを実証できない』と」

バスケットボールのホットハンドを調べるというギロビッチの提案をトヴェルスキーが気に入ったのは、こういう点だった。一つのアイデアをどのようにしたら具体化できるか、ということが重要だった。ホットハンドは、実際にはバスケットボールに関することではなく、人間の行動そのものに関係していた。間もなくギロビッチは、人生が変わることになる短い伝言を受け取った。「エイモスがあなたに会いたいと言っています」

3　人類学のアプローチ　サルもホットハンドを信じる？

　認知心理学の視点でホットハンドを研究すると、「なぜ我々は愚かなのか？」と考える。それに対して、進化心理学の学者はこう考える。「もし我々が、実は愚かではないとしたら？」

「ホットハンドのバイアスは北米のバスケットボールが起源である、という考えには抵抗を感じますね」とアンドレアス・ビルケは語る。「個人的に、その説にはとても不満なんです。わたしが進化心理学者であり、ドイツ人だから、という理由だけではありませんよ。バスケットボールよりサッカーの方が好きだから、というのもあまり関係ありません」

　ニューヨーク州北部のクラークソン大学で教授を務めるビルケには、ホットハンドが実在するかという議論よりも、関心を寄せることがあった。彼が知りたかったのは、人類はなぜこのバイアスを振り払うことができなかったのか、ということだ。「もしかしたら、ホットハンドは単なるバイアスではなく、進化の過程の名残《なごり》ではないでしょうか？」

　ビルケは、ホットハンドは人間の脳の欠陥ではなく、機能だと考えた。生存のために、パターンを認識し、情報を処理するための生物学的な手段である、というのだ。類人猿が誕生したとされる二五〇〇万年前からずっと根付いているという、いくぶん進化論的な考えだ。すなわち、ホットハンドに従った者の方が、進化に好都合であった、と。

　ホットハンドが認知の誤りではなく、認知の適応であると理解するには、わたしたちが本来、何のためにパターンを見つけようしたのかを知っておくといい。進化心理学者のビルケにとって、現代人の行動の手掛かりを求めて、過去を振り返るのがいつものやり方だ。ホットハンドや、人がそれを信じる理由について、ビルケの最も有力な説によると、わたしたちの祖先は食物を探し回るためにホットハンドを頼りにしたという。彼らの暮らしに必要な資源は、無作為に分配されるわけでも、あちこちに分散しているわけでもなかった。生きるために必要な物は、ひと塊になっていた。それが自然界の基本だ。食物や水、風雨をしのぐ住まい、人、情報はそれぞれ、まとまって存在している。それらを追い求める原始人にとって、見つけるべきパターンがあり、そこには生死に関わるような見返りがあった。

それから世界は変わった。もはや物事は、それほど集中して存在しているわけではない。しかし、わたしたち自身は変わっていないのだ。環境が実質的にランダムであっても、いまだにパターンを探してしまう。

以上がビルケの見解だったが、検証が困難だった。時計の針を数百万年前に戻して、原始社会の人類を被験者として募集することなどできない。タイムマシンを造る資金も技術もなかった。

しかし、そうする必要はなかった。代わりに彼は、H・クラーク・バレットという自然人類学者と手を組むことにした。バレットは、調査のために飛行機にさっと飛び乗るような学者だった。研究室から遠く離れた場所で、心理学の基礎科目の単位を得ようとする大学一年生とは異なる人たちを対象に、現地調査を行うことに長けていた。彼はあるとき、わたしが知る科学研究の中でも、最も隔たりが大きいであろう二つのグループを対象に選んだ。一方は、シュアール民族という、アマゾン川のへき地にある村に暮らす土着の狩猟採集民。そしてもう一方が、カリフォルニア大学ロサンゼルス校（ＵＣＬＡ）の心地よいキャンパスに通う学生だった。自然の中で食物を探し回るシュアール民族は、ビルケが調査できる、我々の祖先に最も近い存在だった。このやり方は進化心理学に特有の問題に対する、賢い解決策だったのだ。

バレットは南米のエクアドルに向かうと、バスを何度も乗り継ぎ、最後はトラックに乗り込んで、舗装されていない道を進んで被験者に会いに行った。蚊に刺されるのも気にせず、たっぷりと時間をかけて、科学技術の成果の一つを彼らに見せた。まだこの辺境の村には導入されていない、ノートパソコンだ。画面には、ホットハンドをどの程度信じているかを測定するためのテストが表示されていた。シュアール民族とUCLAの学生たちには、同じコンピューターゲームをやってもらった。与えられた課題は、一方のグループにとっては衝撃であり、他方のグループには平凡な内容だった。バレットは両者に、当たりか外れを一つ選ぶ問題を一〇〇問連続でやってもらう、と説明した。被験者は、次にどちらが来るのかを予想し、正解するたびに現金をもらえた（なお、単価は学生たちの方が高かった）。

このゲームは、当たりと外れが出る確率は常に五〇パーセントずつになるように設計されていた。基本的に、コイン投げで表か裏かを当てるのと同じだ。実際にコイン投げをやってもらうテストもあった。ゲーム内にコインが現れ、投げられる前に結果を予想した。別のテストでは木が登場した。次に表示される木に、果実がなっているか否かを当てるという内容だ。

ビルケとバレットは、両グループのコイン投げの結果に違いがあることに気付いた。UCLAの学生は、これはランダムだと察し、状況に応じて表裏を選んだが、シュアールの人たちは、今回の正解が裏なら次も裏というように、同じ結果が連続すると推測した。この狩猟採集民の頭の中では、コイン投げは果樹などの自然資源と同じだった。コインもまとまって存在しているはず、と彼らは考えたのだ。

一方で、果実の有無を予想させるテストの結果は、どちらも差がなかった。学生たちは、シュアール民族と同じように回答した。都市に暮らす学生にとって、自然資源は全く不自然な存在だった。それにもかかわらず、一つ前の木に果実があれば次もあると推測する傾向が強く、逆に果実がなければ、次も「外れ」を選ぶことが多かった。当たりの後は当たりが続き、外れの後は外れが続くと思っていた。二つの集団にある、恐らく唯一の共通点は、ホットハンドを信じていることだった。

ホットハンドとは、決して「システムの異常」ではなく、「工業化した西洋の文化で生まれた副産物」でもないと、ビルケとバレットは述べている[13]。ホットハンドが存在していたのは、それがあることで、進化における利点を実際に得られたからだ。「ホットハンドは、人間の思考の隅々まで浸透している、一つの特徴である」と彼らは結論づけた。

それでは、人間以外の動物はどうだろうか？

ベン・ヘイデンの脳裏にあったのが、この問いだった。彼は教職に就いていたニューヨーク州のロチェスター大学を出発して、ビルケに会うために車を走らせた。ヘイデンは長年ホットハンドに興味を持っていたが、認知神経科学の専門家としての興味という以外にも理由があった。大学院での最後の年に、ヘイデンはほぼ毎日バスケットボールをやっていた。「わたしは大柄で動きも鈍いのですが、たくさんプレーしているときだけは、なかなかいいシューターになるんですよ」。年に何日かは、「なかなかいい」を上回ることもあった。そんな日の彼は、少し間の抜けたステフィン・カリーへと姿を変えた。そのうちに、ヘイデンはある傾向に気付いた。ゾーンに入っている〔集中力が非常に高まっている〕状態にいると、他のことにもいい影響を与えるのだ。研究が順調に進んだ後にバスケットコートに立つと、プレーも好調という具合に。あるとき彼はスカッシュをした。対戦相手がホットハンドの効果を信じているると言うので、ヘイデンは耳を疑った。このパートナーは主張を証明するために、試合結果を記録するようにした。「データは正しかった」とヘイデンは言う。「彼の考えは合っていました」

いい科学者がそうであるように、ヘイデンもデータに忠実だった。データこそが、彼が科学者になったそもそもの理由だった。学部では化学を専攻し、彼が言うには「分子とか」を大学院で研究しようとしていた。大学四年の二学期に、卒業に必要な人文科学の講義をようやく受けた。「心の哲学」という授業だった。ヘイデンは面白いと思うと同時に、イライラした。彼が我慢できなかったのは、自由意志に関する議論の中に、客観的な証拠が全く欠けていることだった。「先生方が悩んでいる問題なんか、頭に電極を付ければ簡単に分かりますよ」と感じたのを、ヘイデンは今も覚えている。「古代ギリシャの時代から延々と続く、ばかげた哲学的な議論は、データをちょっと集めれば答えが出るのに」。ところが、分子細胞生物学の博士号を取るために大学院に進んでから、哲学の講義を受けたことで、再び興味を持った。彼が注目したのが、意思決定の心理学、とりわけ動物と認知にまつわる分野だった。その中でもヘイデンが学者として最も関心を寄せたのが、サルとヒトは不確実な事柄にどのように対処するか、という研究だった。そう、進化心理学者のアンドレアス・ビルケがヘイデンを大学に招き、話し合いたいと思っていた、あの研究だ。二人が議論を終えて昼食を食べていると、話題はお互いの研究領域を全てカバーするトピックに移った。ホットハンドだ。

「サルで実験してみましょう！」とヘイデンは言った。

彼らが乗り気になったのは、サルを研究することが、進化のどの過程でこうしたバイアスが生まれ、受け継がれてきたかを明らかにするのに役立つからだった。「バイアスは先天的なものなのか、それとも我々が人生の中で獲得したものなのでしょうか」とヘイデンは問い掛ける。

それに答えるために、ヘイデンはロチェスター大学が飼育するサルの群れの中から、若いアカゲザルを三匹選んだ。ヒトがランダム性にパターンを見いだす傾向があることは、ヘイデンも既に知っていた。それでは、ヒトとアカゲサルの共通祖先はどうだったのか、というのが次に知りたいことだった。彼が特に気になったのは、今わたしたちを誤らせる「何か」は、かつては賢くするためのものだったのではないか、という点だった。

だが、まずはサルたちを喜ばせる必要があった。どうするかというと、脳の快楽中枢を人間と同じやり方で刺激した。「ご褒美を大量に用意しました。サルたちを満足させれば、より良いデータをたくさん集めることができますからね」とヘイデンは言う。「でも、ただ餌を与えるだけでは不十分なんです。餌を探し回りたくなるように、サルを促す必要があります。何度もホームセンターに行って、餌を探させるパズルの仕掛けを作りましたよ」

満足させ終えた三匹のアカゲザルは、ヘイデンの研究室が管理する実験室で、人間工学に基づいて設計された椅子に座らされた。黒く塗られた室内は、電気的に絶縁され、サルの注意をそらさないように防音が施されていた。実験は、サルがコンピューターのモニターを見つめることから始まった。画面には、自然を撮影した写真が二枚並んでいる。三匹は両目を左右に動かすことで、どちらか一枚を選ぶように訓練されていた。ヘイデンたち人間が選んでほしい写真をサルが選択すると、褒美として水やチェリージュースを与えた。

こうしてサルは何千回と選択を繰り返し、人間は別室からその様子を見守った。まるで駐車場の混雑状況を監視しているかのようだった。「心からわくわくしたのは最初の五分だけで、後の三時間は退屈で仕方なかったですね」とヘイデンは振り返る。しかし、ヘイデンたちは実験日ごとに少し変化を加えた。サルの研究が人間に関係するというのも、その変化が理由だった。例えばサルが左の写真を選んで正解したとすると、次も左側が正解になる確率を、日によって変えたのだ。同じ側が連続して正解する確率は、一〇パーセントに設定した日もあれば、九〇パーセントの日もあった。だが一日を通して、確率は一定だった。つまり、サルが適応し、ジュースをより多くもらう選択肢を選ぶ時間は、十分にあったはずだった。

サルの目的は、できる限り多くのジュースをもらうことだった。一方、人間の目的は、サルが分散した資源よりも、まとまった資源を求めるかどうかを突きとめることだった。

正解の写真が、片側に連続して出る確率が五〇パーセントを超えているときは、同じ方向を選び続けるのが、サルにとって最も確実な作戦だった。サルたちはそれをたやすくやってのけた。これは、まとまった資源を探し求めた行動だ。正解の写真が一方にとどまっているときの三匹のサルの正解率は、それぞれ九〇、八七、八四パーセントと高かった。[14] 実験が、成功は連続するというホットハンドを信じさせる設定になっているうちは、何の問題もなかった。

ところがホットハンドを信じることが最適とは言えない状況になると、サルたちのテスト結果はひどいものになった。しかもこのとき、喉が渇いた状態であったにもかかわらずだ。このとき、正解率九〇パーセントのサルは七一パーセントに落ち込み、八四パーセントのサルも七〇パーセントに下がった。

そして八七パーセントのサルはよっぽど喉がカラカラだったのだろう、成績は三三パーセントに急落した。

渇きという強い動機があっても、サルは思い切って、分散した資源を選ぶことができなかった。そんなサルを観察していた人間たちは、自分と大して変わらないじゃないかと気付かされた。人間もサルも、ホットハンドを強く信じている。「サルたちはわたしと同じように、この奇妙なバイアスを持っています」とヘイデンは語った。

4 心理学のアプローチ(2) 大論争を巻き起こした論文

バスケットボールにおけるホットハンドを研究することにしたトーマス・ギロビッチと助手たちは、一九八二年のある日、スポーツジムを訪れた。とびきり長身で汗だくの、これから実験用ネズミになってもらうフィラデルフィア・セブンティシクサーズの選手にインタビューするのが、一つの目的だった。練習を終えたプロバスケットボール選手が心理学者の元に集められたのは、インタビューに加えて、ハービー・ポラックという人物が計画した現場実験に協力してもらうためだった。ギロビッチと同様にポラックもバスケットボールに魅了され、ホットハンドに強い関心を寄せていたが、彼は学者ではなく、シクサーズ所属の統計の専門家だった。その頃、統計データに情熱を注ぐポラックはNBAで例外的な存在であり、統計《スタット》にすごくこだわるという意味で「スーパー・スタット」というあだ名が付いていた。彼こそが、ギロビッチが探していた人材だった。ギロビッチたちが必要としていた情報をポラックが持っていた、というよりは、ポラックしか持っていなかった。彼は当時のリーグで唯一、シュートした順にわざわざ記録を取っていた。ギロビッチは突然彼に電話し、ホットハンドの研究を手伝ってもらえないかと頼んだ。ポラックは、悪筆で読みにくい記録のコピーを送ると快諾し、ギロビッチはそれを読み解くことを約束した。こうしてギロビッチ、エイモス・トヴェルスキー、そしてロバート・バローネの三人は、シクサーズが一九八〇〜一九八一年のシーズンに、ホームゲームで打ったシュートの順番と結果を、いきなり入手することができた。

ネズミではなくNBA選手を実験対象にすることの利点は、質問に答えてくれることだった。ジュリアス・アービングやダリル・ドーキンスといったスター選手に聞きたいことはたくさんあった。だが最も知りたかったのは、NBA選手がホットハンドというものを信じているか、という点だった。「数本連続で決めた後は、もう絶対にシュートを落とさないと感じたことはありますか」。シクサーズの選手たちは「ある」と答えた。「数本連続で決めた後は、その次に打つシュートも入る可能性が高いと思いますか」。はい。「数本連続で決めた後は、いつもよりシュートを多く打ちましたか」。はい。「ホットハンドを持っている選手にボールを集めるのは、正しい作戦だと思いますか」。選手たちは、力強くうなずいた。

どれもギロビッチが期待していた答えだった。彼はそれより前に、バスケットボールファン一〇〇人に対しても同じ質問をしていた。ファンの回答は、シクサーズの選手と同じだった。ファンもまた、ホットハンドの存在を信じて疑わなかった。ギロビッチはさらに、この一〇〇人に対して、シュート成功率が五〇パーセントの架空の選手を提示した。そして、この選手がシュートを一本決めた後と外した後で、それぞれのシュート成功率はどうなると思うか、と尋ねた。実はこのファンとは、スタンフォード大学とコーネル大学に通うバスケットボール好きの学生なのだが、優秀な彼らであっても、確率論的な根拠を否定するということが分かった。成功率五〇パーセントの選手が、一本決めた後は六一パーセント成功する選手になり、一本外した後は四二パーセントに下がると予想したのだ。これは、数学的な考えとは言えなかった。ホットハンドを信じるあまり、脳が混乱しているように思えた。

　こうした、彼らの直感に反する証拠を示すことができれば、ホットハンドに対する確信は全て、認知バイアスの古典的な兆候として説明できそうだった。後に明らかになるように、ギロビッチ、バローネ、トヴェルスキーは、既に証拠を手にしていた。ポラックから提供された、シクサーズのシュート記録を見ながら、各選手がシュートを成功、または失敗した直後のシュート成功率を計算した。もしホットハンドというものが存在するのなら、シュートを決めた直後の成功率は高いはずだった。だが、そうではなかった。三人が分析した選手たちは、なんとシュートを一本外した後の方が、一本決めた後よりもシュート成功率が高かった。本人は波に乗っていると思っていたが、実際には違っていたのだ。三本連続で入れた後の、輝かしい瞬間ですら――『ＮＢＡジャム』なら、「ヒーズ・オン・ファイア！（絶好調だ）」と叫ぶ場面だ――、数本連続でミスした後の場合よりも、成功率が低かった。

　ギロビッチたちは、シクサーズの記録からは、シュートが連続して成功するという形跡を見つけられなかった。しかし、それはシクサーズに限らなかった。彼らはボストン・セルティックスのフリースロー記録も手に入れたが、ホットハンドの兆しは全く見られなかったのだ。わずかな疑念も残さないために、三人はより管理を強めた環境下で実験を行うことにした。バスケットコートを実験室とし、コーネル大学の男女バスケットボールチームの二六人に集まってもらった。そして、各選手の、ディフェンスがいない状態でのシュート成功率がほぼ五〇パーセントである位置（バスケットゴールからの距離）を特定した――つまり、表裏を当てるコイン投げと同じ確率だ。選手たちは打つ前に、次のシュートが入るかを一本ごとに予想した上で、ゴールから同じ距離を保ったさまざまな位置から、一人につき計一〇〇本打った。

予想が当たると選手は報酬をもらえたので、正しくやることに明白な動機があった。被験者である選手たちにとって、自身が賭けの対象だった――バスケットボールの技術と、それと同じくらい直感が試された。また、打つ前に賭け金を決める必要があった。成功したら五セントと失敗したら四セントの組み合わせか、成功したら二セントと失敗したら一セントのどちらかを選ぶ。自信があれば、大きな賭けをする。この実験には、選手以外にもギャンブラーがいた。ボールを拾うリバウンド係にも、賭けに参加してもらったのだ。観察者である彼らの方がシュートをより正確に予測できるのか、ということもギロビッチは確かめようとした。

ところが大学での実験もまた、ホットハンドに冷や水を浴びせる結果となった。シューターがホットハンドを確信しているときですら、打つ前に行った予測はまるで当たらなかった。リバウンド係も似たり寄ったりの結果だった。また両者とも、一本前のシュートが入ったからというだけで、賭け金を上げる傾向が見られた。彼らはホットハンドに対して先入観があり、それを賭けに反映させていた。

ギロビッチ、バローネ、トヴェルスキーの三人はこうして、ＮＢＡのシクサーズとセルティックス、そしてコーネル大学のチームのシュートを何千本と調査した。だが、ホットハンドを信じるバスケットボール選手たちは正しい、と言える根拠は何も見つからなかった。人々が一体なぜホットハンドを信じるのかを理解するために、三人の研究者は最後にもう一つ実験を試みた。一〇〇人の大学生の元に戻ると、ホットハンドについてアンケートを実施してから、「ハグとキス」を表す英語のスラング「XOXO」が並んだような列を見せた。

XOXOXOOOXXOXOXOOOXXOX

学生たちは、こうした列を六つ見た。この配列は、あのシュアール民族がパソコンで見せられたのと同じようなものだ。六つとも、一列の中にはXとOが計二一個――常にXが一一個、Oが一〇個――あり、変わるのは、文字が入れ替わる確率だけだった。そのため、XOXOXOという並びよりも、XXXOOOが多くなる列もある。学生たちはXとOの並びを見て、各列の並びが「偶然の」シュートに見えるか、それとも「連続の」シュートに見えるかを答えた。偶然のシュートとは、わたしたちがランダム性と考えるものであり、連続のシュートとは実力のことだ。

次頁の図は彼らの回答をグラフにしたものだ。

グラフの左側は、文字が入れ替わる確率が低いことを示している。つまり、XXXOOOのような並びのシュートは、実力だと思う人が多かったということだ。右側に行くにつれて、入れ替わる確率が高くなる。XOXOXOという並びを見て、学生たちは偶然のシュートだと考えた。ギロビッチたちの予想通り、回答者は、連続でシュートが入っているのは実力のおかげと見なした。

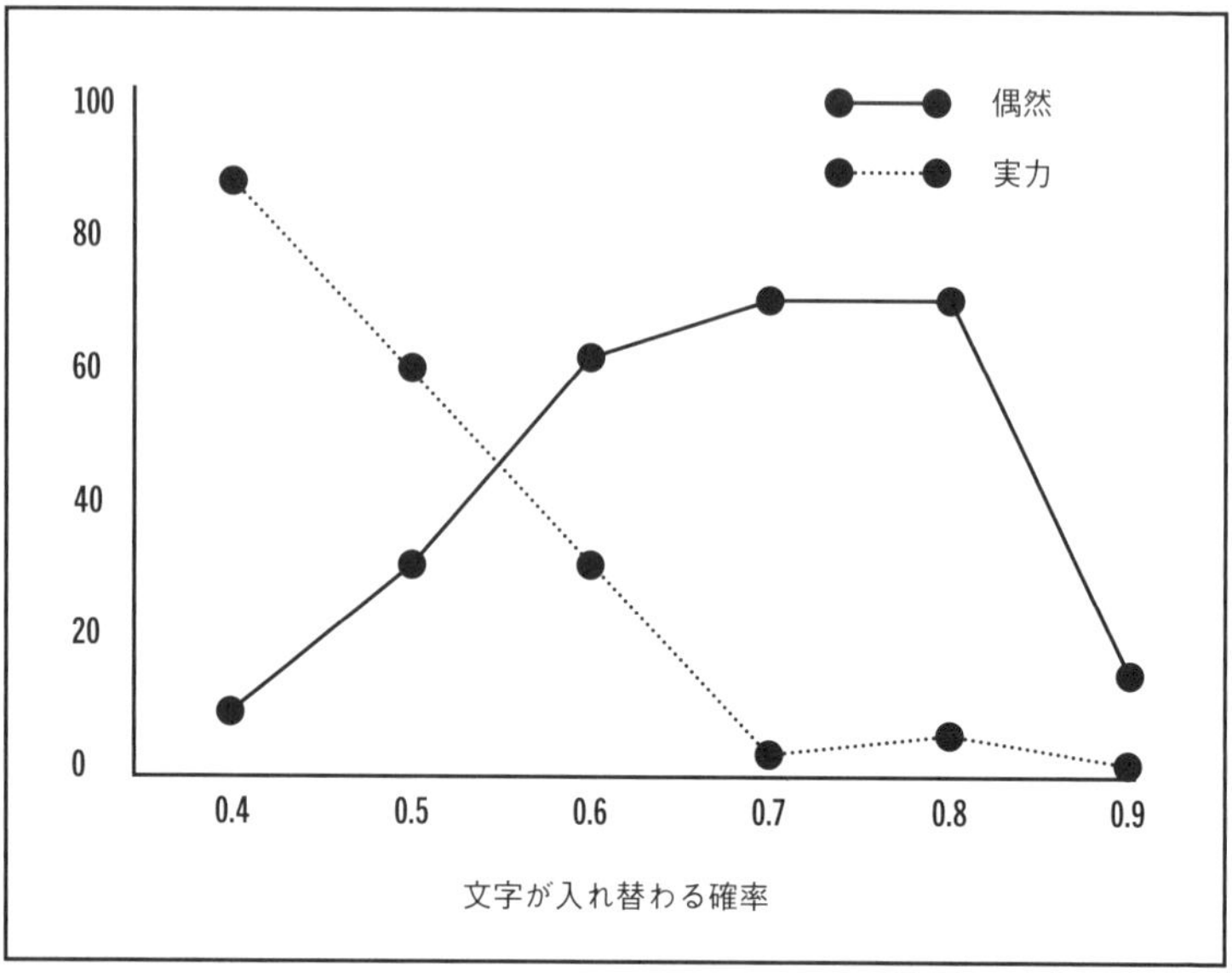

三人は、確率〇・五のときの結果に注目した。この場合、入れ替わる確率は五〇パーセントなので完全にランダムであり、XがOになる可能性は、おおよそコイン投げと同じだ。これこそまさに、偶然のシュートと言える条件だった。ところが、実験参加者の大半にはそう見えなかった。実に六二パーセントの人が、偶然ではないと感じたのだ。彼らは完璧なランダム性を目にして、その中にホットハンドを見た。

なぜだろうか。基本的な説明は、ギロビッチが入学直後に出合った「サイエンス論文」と、判断と意思決定に関するトヴェルスキーのゼミで紹介された、ランダム性を研究した論文の中で既になされていた。人は、長期的に見てランダムである並びは、短期的に見てもランダムに並ぶはずだと予測する。だが、そうではない。これに関して最も注目すべき点は、その道のエキスパートほど、誰よりもこのバイアスに影響を受けやすいということだろう。今回の実験では、バスケットボール選手のことだ。選手たちは、過去に絶好調だったときの感覚をよく覚えている。記憶に焼き付いたその活躍ぶりが、実はただのランダムな現象なのだと伝えても、彼らは受け入れなかった。うまい言い回しが得意だったトヴェルスキーは、こう述べている。「人間の実態を説明しようとすると、多くの場合、ランダム性を拒絶することになる」[15]ギロビッチ、バローネ、トヴェルスキーは、素晴らしいアイデアをいくつも手に入れた。人の直感は間違う可能性があること。人は、ランダム性を一貫して誤解すること。そして、そういったバイアスによって、人は変な方向へと逸れてしまうこと。これらを証明する証拠も、ようやくそろった。後は論文執筆に取り掛かるだけだった。

数年後に発表された論文は、センセーションを巻き起こした。その主な要因は、彼らが何も発見できなかったことにあった。だが、それが研究した末の結論だった。彼らの論文には、重要な知見が三つあった。第一に、バスケットボールにホットハンドというものが見つからなかったこと。第二に、人は連続する事柄をとことん過大評価し、絶好調の感覚を自ら誇張していること。第三に、人はランダム性の中にパターンを見つけるという、困った性質を持っていることだ。「認知的錯覚は人々に広く共有され、なおかつ強力に作用することを、現在のデータは示している」と論文は明言した。[16]「従って、『ホットハンド』を信じることは、間違いというだけでなく、それによって手痛い目に遭う可能性がある」と結論した。

ただ、これは到底信じられない内容だったため、大半の人は断固として認めようとしなかった。この論文は、これまで述べてきたような、あらゆる業界にとって貴重な含蓄《がんちく》を持っていた。まるで人間の心をのぞく、窓のようだった。世間とは違う意見を唱える論文だが、明快かつ簡潔であり、バスケットボールのコーチが読んでも理解できる文体で書かれていた。論文に求める要素が、おおむね全て備わっていた。だが、『サイエンス』誌への掲載は即座に却下された。

いわば、共著者の三人は、干し草用の熊手を手に、理性という名の牙城を崩すことに挑んだのだ。そして理性のために、直感に全く反すると言ってもいい研究を完成させた。権威ある『サイエンス』誌の責任者の反応がこのようなものであったのなら、最終的に『コグニティブ・サイコロジー』〔認知心理学〕という雑誌に載ったときに、バスケットボールコーチたちがどのような反応をしたかは、容易に想像できるはずだ。

ただ、実のところ想像するまでもない。一人の幸運なリポーターが、セルティックスの名ヘッドコーチ、レッド・アワーバックに論文の内容を伝える機会があったからだ。トヴェルスキーの精密な研究にも、ホットハンドは想像の産物であるという主張にも、アワーバックは動じなかった。「そいつは誰だ? 学者さんが調べたってわけか。何を言われても全く気にならんよ」と述べ、相手にしなかった。[17] これはわたしの想像だが、そう言ってトレードマークの葉巻の火をもみ消し、不機嫌そうに自分のオフィスを出ていくアワーバックの姿が目に浮かぶようだ。

バスケットボール界からの反発はすさまじかった。トヴェルスキーにとって、これほどうれしいことはなかった。普段から、誤りを正そうという意欲のあるバスケットボールの専門家たちが、正すのを拒んだのだ。彼らは、ホットハンドは誤りではないという主張を貫いた。一方トヴェルスキーは、ギロビッチもかつて学んだ、判断と意思決定に関するゼミで、この重要な論文を亡くなるまで使い続けた。

いまや伝説となったこのゼミの最後に、彼はホットハンドの話をして締めくくるのを好んだ――アワーバックの発言も紹介しながら。この論文のデータを信じようとしなかったアワーバックが、実は論文の要点を無意識に証明していたことを、トヴェルスキーはうれしそうに語った。人々がどれだけホットハンドが実在すると思っていても、誰もそれを証明するまでには至らなかったからだ。「ホットハンドは存在するはず、と考えるだけの優れた理屈はたくさんある」と、トヴェルスキーはよく言っていた。[18]
「唯一の問題は、そのホットハンドが存在しないことだ」

一九九六年春、彼の最後の講義の中でも、ホットハンド研究は議題に取り上げられた。偉大なエイモス・トヴェルスキーは、その学期が終わった後にがんで亡くなった。五九歳だった。

そのわずか数カ月前に、ノーベル経済学賞の受賞者を決めるスウェーデンの選考委員会は、選考規則をひそかに改定した。[19] それは、権威ある賞を抱える委員会が、非常に気にかけていた内容だった。変更されたのは、「経済学」自体の定義だった。経済学に限らず、社会科学の分野――例えば社会学、政治学、そして心理学――を発展させた人物であれば、受賞できることになった。

トヴェルスキーもこの賞の対象に含まれたわけだが、既に手遅れだった。ノーベル賞は、故人には授与されないためだ。経済学者以外で最初に経済学賞を手にするのは、ダニエル・カーネマンだろうと言われ、ついに二〇〇二年に受賞した。カーネマンはその栄光を、かつての共同研究者と分かち合ったであろうことは間違いなかった。そう言える理由が二つある。まず、表彰の中にトヴェルスキーの名前が言及されていたことだ。表彰に、受賞者以外の名が登場するのは初めてだった。そしてもう一つは、受賞者がノーベル賞のために書く自伝の中で、トヴェルスキーへの追悼が添えられていたことだ。実際にはノーベル賞を受賞できなかったのに、まるで本当に受賞したような人物は、彼以外にいない。

とはいえ、トヴェルスキーは賞というものに興味がなかった。何より大事にしたのはアイデアだった。彼が残した並々ならぬ功績と、彼を尊敬する多くの人々が、そのアイデアを生かし続けることだろう。

トヴェルスキーは皆に愛されていた。自分を慕い、心酔してくれる人たちと友人になるという、うらやむばかりの性格の持ち主だった。しかし友人たちは、内心では恐れを抱いていた。彼を最もよく知る人たちは、彼と議論をしてもまるで勝ち目がないと気付いていた。大学院生だったギロビッチは、「わたしの考えの方が正しいです。先生は間違っています」と言えるだけの自信を持てなかったが、ギロビッチに限らず、トヴェルスキーと知り合ったほぼ全員がそうだった。トヴェルスキーに誤りを指摘するのは、ステフィン・カリーにシュートを教えるのと同じ感覚だったのだろう。

しかし、そのトヴェルスキーでさえも人々の考えを改められなかったテーマが一つあった。彼はあるとき、これほど反対に遭うのは初めてだと友人に漏らした。捉えどころがなく、多くの人を怒らせ、そして恐ろしく面白いそのテーマこそが、ホットハンドだった。

「今まで、数えきれないほど議論を交わしてきた」とトヴェルスキーは言った。[20]「全て打ち負かしてきたが、心から納得させることはできなかった」

第4章　ホットハンドを信じない人々

1　バスケットボール誕生

ジェームズ・ネイスミスは、カナダの人里離れた農場で育った。学校へは森を通って八キロメートル歩かなければいけなかったこともあり、次第に休みがちになると、やがて全く行かなくなった。木を切り丸太を割るといった、伐採《ばっさい》の仕事を数年続けた後で、学業に真剣に取り組むと心に決めた。再び八キロの道のりを歩き始めると、学校が好きだと彼は気付き、驚いた。大学にまで進学し、明けても暮れても本を読んでいたが、ある日、上級生たちが彼の部屋を訪ねてこう助言した。「読書ばかりじゃだめだぞ(1)」

それから間もなく、ネイスミスはフットボールの練習場を偶然通りがかった。プレーをするつもりはなかった。ましてや、神学校に進んで牧師になるという、厳格なキリスト教徒として慎重に決めた道を逸れるつもりもなかった。ところがこのとき、一人の選手が鼻を骨折した。気が付くと、ネイスミスは代わりにフィールドに立っていた。彼は、自分がすっかり夢中になってプレーしたことに、とまどった。

スポーツにうつつを抜かしてはいけない、特に信心深い人たちの間では悪魔の遊戯だと考えられているフットボールには、とネイスミスは思った。同じように考えた友人たちは、スポーツに心を奪われた彼を心配し、集まって祈りをささげたこともあった。だが実際のところ、スポーツと研究のどちらかを選ぶ必要はなかった。両方やればいい。「教えを説きながらでも、善い行いをできる方法があるのではないか、と思うようになった」と彼は後年記している。[2] 祈りまでしてくれた友人たちに思い切って相談すると、米国マサチューセッツ州スプリングフィールドにある学校に行けば、彼の望む両立を実現できると知った。「わたしは決心した。牧師の職務を離れ、新たな職業に就くのだ」と彼は回想している。[3]

新しい職場で最初に出会ったのが、ルーサー・ギューリックという名の、人気の学部長だった。赤毛と青い瞳を持ち、人に強い印象を与えるギューリックは、スプリングフィールド国際YMCA（キリスト教青年会）トレーニングスクールの体育の責任者だった。当時、彼は困っていた。YMCAトレーニングスクールは学生たちに対して、春は野球を、秋はフットボールをできるように用意していたが、冬にやれるスポーツがなかった。これがギューリックの悩みの種だった。屋内でできる面白い競技を求めていた。

一八九一年の秋、会議中にギューリックのいら立ちは頂点に達した。彼はさまざまなスポーツの特徴を調べてきたが、ネイスミスたち教職員に向かって、調査が行き詰まったと告げた。唯一得られた結論は、どんな競技でも他の競技に借りがある――つまり、新競技といっても、既にあるものを少し変えただけだ――ということだった。ここで一つ明白なのは、ギューリックがネイスミスの才能を見抜いていたことだろう。ネイスミスは、既存の競技の要素を組み合わせるだけで新競技が生み出せるな、と考えを巡らせた。そこで上司のギューリックは、実際に考案してみるよう伝えた。これに対してネイスミスは、何もしないことで最初の返事をしたつもりだった。しかし彼がどれだけ先延ばしにし、何度も言い訳を重ね、時間がないと主張しても、ギューリックは意見を曲げなかった。冬が迫り、学生たちはそわそわしていた。彼はネイスミスを外に連れ出し、「君がつくれると言っていた競技に取り掛かるには、いい季節になってきたぞ」と言った。[4]

ネイスミスはようやく着手したが、うまくいかなかった。実のところ、案はさっぱりだった。しかし、「教職員たちの前に立って、『いろいろと考えたがいい案が思い付かなかった』と認める事態は、どうしても避けたかった」と振り返っている。[5] 彼にとっては、「試合に負けるよりも嫌だった」のだ。死に物狂いで頭を働かせたところ、空想上のスポーツについての認識が間違っていると気付いた。それまでネイスミスは、彼が好きなフットボール、サッカー、ラクロスを、少しずつ手直しすることに全力を傾けていた。だがそれでは、各競技を少しいじったにすぎない。ハンバーガーからバンズを抜いて、それを「パテのステーキ」と呼ぶようなものだ。

ある晩、彼は机に向かい、思考を整理することにした。それまでは細部にばかり気を取られていた。もっと一般的に捉えられないだろうか。そう考えるうちに、彼の好きなスポーツには多くの共通点があると分かった。ボールを使う。ゴールがある。そして、ボールをゴールに向かって動かすという目標がある。ネイスミスにアイデアがひらめいた。

その新競技は、まるでラグビーみたいだなと彼は思った。しかしラグビーにはタックルがあるため、屋内ではできない。では、なぜタックルがあるかというと、選手がボールを抱えて走るからだ。彼は椅子に座りながら姿勢を変えた。ボールを抱えながら走ってはいけないルールにしたら、タックルは不要になる。タックルがなければ、このラグビーに似たスポーツは屋内でプレーできる。ネイスミスは指を鳴らし、「これだ！」と叫んだ。部屋には彼しかいなかった。

着想を得てからは、彼はこの新競技の全体像を一気につかんだ。その晩は、夢の中で最初の試合をしたという。翌朝、仕事に向かう足取りは軽かった。ボールを一つ選んでから、どこかに古い空箱はないかと施設の管理人に聞いた。「桃を入れていた籠《バスケット》が物置に二つあるので、それでよければどうぞ」と管理人は答えた。(6)

その籠で申し分なかった。ネイスミスはハンマーとくぎを見つけ、二つの籠を体育館の壁に打ち付けた。授業の時間が迫っていた。メモ帳に手を伸ばし、競技のルールを一三項目書き出すと、速記者に渡してタイプライターで清書してもらった。ネイスミスがルールを掲示したのと学生がやって来たのは、ほぼ同時だった。

あと一つ、この新競技に必要な要素があった。名称だ。彼の授業内でこの競技に取り組み始めてから数週間がたった頃に、ある学生が案を二つ持ってきた。一つは「ネイスミスボール」。ネイスミスは笑い飛ばした。これはボツだ。だがもう一つの案を聞くと、彼はにっこりと笑った。決まりだった。

「バスケットボール、というのはどうでしょうか？」(7)

2 ホットハンドを信じない経済学者

デービッド・ブースは米国カンザス州ローレンスで育った。自宅前の道路は、ネイスミス通りと呼ばれていた。ブースがバスケットボールを好きになることは、生まれた時から決まっていたのかもしれない。

子供の頃は、カンザス大学の競技場から一キロメートル以内の場所に住んでいたので、よく放課後にバスケットボールの練習を見に行った。ブースはこのスポーツを愛していたが、その気持ちが報われることはなかった。近所の子に交じっていくら練習に励んでも、NBAに入る運命は待っていなかった。成長したブースが代わりに打ち込んだのが、経済学の勉強だった。バスケットボールの奥深さに魅了されたのと同じくらい、経済学の基礎に夢中になった。カンザス大学で修士号を取るために、一年長く在籍した後で、彼はそろそろカンザスを離れる頃合いだと感じた。行きたい場所も決まっていた。

修士課程にて、ブースはファイナンスの授業を取り、「株価の変動」という論文を読んだ。彼は第一文から心を奪われた。「長年、学界と経済界の双方で、議論が続いている問題がある」と始まり、こう続く(8)。「普通株の将来の株価について、意味のある予測を立てようとするとき、果たして過去の株価の推移は、どの程度役に立つのだろうか」。経済理論の詰まった七一ページの論文は、こうして展開していった。ブースは読むのをやめられなかった。それまで読んだ中で、最も説得力のある文章だった。当時のブースは、投資家が情報格差を利用して、確実に安く買い、高く売ることができるのが、金融市場の仕組みだと教わっていた。しかしこの論文によると、市場は効率的であり、所定の資産に関する情報は、全て市場価格に反映されている。ブースは、論文の主張の方がはるかに理にかなっていると感じた。彼は財政学の教授に会い、この論文に感銘を受けたと話した。さらには、執筆者である若い学者はユージン・ファーマといい、シカゴ大学で教えていることも伝えた。一九六〇年代のシカゴ大学経済学部は、第3章に登場した一九七〇年代のスタンフォード大学心理学部のように、逸材がそろっていた。「シカゴに行くべきだ」と教授は言った。「あらゆることがそこで起きている」。ブースは荷物をまとめてオープンカーに積み込むと、ネイスミス通りに別れを告げ、九時間かけてシカゴに向かった。

経済学を学ぶ者にとって、当時のシカゴ大学は学問の最先端であり、経済学マニアとしてそこで過ごせることは、まさに心躍る出来事だった。ブースはシカゴ大学の博士課程の学生として、現代ファイナンス理論の幕開けを目撃した。教室では、講義内容以外にも分かったことがあった。それは他の人も、ユージン・ファーマがただ者ではないと気付いていたことだ。ファーマの祖父はイタリアのシチリアから米国に渡り、父はボストン郊外でトラック運転手をしていた。ファーマ自身はカトリック系の高校に通い、トーマス・ギロビッチと同じく、家族の中で初めて大学に進んだ。ロマンス語を専攻し、将来は高校で教えながら、スポーツ指導に当たるつもりだった。経済学の授業をわざわざ取ったのは、フランスの作家、ボルテールの著書を読むのが苦痛で仕方なかったからにすぎなかった。しかし、高校スポーツを指導する夢を捨て、奨学金を得てシカゴ大学の大学院に進みたいと言い出すまで、さほど時間はかからなかった。申請書類を提出したものの、大学から返事が来なかったので、ファーマは電話をかけてみた。電話口の学部長は、彼の書類を受け取ったという記録を見つけられなかったが、それでも受話器を置くときには、ファーマの入学は決まっていた。彼はそれから間もなくして、デービッド・ブースをシカゴに向かわせることになる、あの論文に取り掛かった。

ファーマが教え始めた時期は、ブースをはじめとする熱心な学生が大教室に詰め掛けていた頃だ。一九三九年生まれのファーマは、学生たちと大して年が変わらなかったが、健康では負けない自信があった。ゴルフをやり、自転車をこぎ、ウインドサーフィンをして体を鍛えていた。それだけでなく、朝五時に起きて、ワーグナーのオペラを聞きながらトレーニングもしていた。ブースが結成した学内バスケットボールチームに参加したこともあった。「まあ、二人とも下手でしたけどね」とファーマは言う。彼はそうした面もありながら威厳を備えていたので、教え子たちは、この神格化された人物が自分たちとあまり年が離れていないことを、忘れがちだった。「ファーマ先生はもっと年配だと思っていました。でも、まだ三〇歳だったんです」とブースは語った。ブースの見る目は確かだった。それから時が流れ、実際に年配になったファーマは、二〇一三年にノーベル経済学賞を受賞した。

彼が講義中に提示したのは、それまでの経済学にない、全く新しい用語だった。その一つが、「市場の効率性」という興味深い考えだった。市場価格には、株式に関するあらゆる情報が既に反映されているので、それ以外を気にするのは時間の無駄だ――つまり、市場において「より優秀な」投資家などない――、という概念だった。学生たちはこの考えにすっかり夢中になり、毎回配られるプリントに目を通すのが待ちきれなかった。ファーマはその頃、後にノーベル賞受賞につながる著書を執筆中であり、学生はその草稿を読んでいたことになる。どれも刺激的な内容だったので、ファーマは熱を帯びてくると、寒さの厳しいシカゴで、真冬に教室の窓を開けても汗ばんでいた。ブースにとって、ファーマはヒーローであり、アイドルだった。

「わたしがテレビで見たことのある人物の中で、最も競争心が強いのはマイケル・ジョーダンです」とブースは言う。「でも、実際に会ったことがある人で言えば、それはユージン・ファーマですね」

理由を尋ねると、ブースは眼鏡越しにわたしを見つめた。そして、物珍しげにわたしを眺めてから再び口を開いた。

「市場の効率性という考えは、ウォール街でとことん嫌われていますから」

ファーマの思想に影響を受けたブースたちの世代は、証券会社などの株の仲介業者が掲げる方針は、どれもナンセンスだと信じていた。常に市場に勝ち、優れた成績を残している、と自負する仲介業者は大ぼら吹きなのであり、そんな連中に金を払うまでもなかった。社会の常識になっている、数十兆ドル規模の相手に挑むことは、ファーマのような学者にとって一種の知的勇気だった。当然、世界で最も影響力のあるさまざまな金融機関から、彼は実質的な脅威と見なされた。次のように表現した人は今までいないと思うが、ファーマの主張とはつまるところ、ホットハンドを信じるのはばかげているということだった。

それは異端だった。金融業界は、市場に勝つことができるという前提に基づいて成り立っていた。ウォール街にそびえる超高層ビルは、才能あふれる証券コンサルタントを頼りにして建造された。確かに証券会社は、ただし書きに「過去の運用成績は、将来もそうなると保証するものではありません」と誓う必要があった。しかし、それを読んだ顧客は、証券会社が、（決してそういうそぶりは見せないものの）過去の運用成績と将来が地続きであることをこっそり願っているのを、おおよそ感じ取ることができた。実際、それでうまくいっていたのだ。この、人類史上最も裕福な国の中でも、とりわけ裕福な一部の層は、ホットハンドへの根強い信仰がなければこの世に生まれなかっただろう。

しかしブースは、それとは正反対の信念をたたき込まれた。市場は効率的なのだ。今更その考えを捨てて、ホットハンドという幻想を信じることはできなかった。ブースは、バスケットボールと同じくらいシカゴ大学が好きだった。何もかも愛していた。だが大学でのキャリアに関して、ブースの気持ちが報われることはなかった。教授職には向いていないとブースが悟るまでに、時間はかからなかった。彼は、ファーマに熱中していたものの、入学後最初の感謝祭の時期に、自分は七面鳥よりも惨めだと自己嫌悪に陥り、学校を去ろうとしたことがあった。その年のクリスマス休暇に、ブースは田舎の親戚の家を訪れた。悩む日々からしばし解放された彼は、食卓を囲む家族を見渡した。肌は日焼けで赤くなり、歯は何本も抜けていた。この家には、室内にトイレがなかった。ところがブースと違い、彼らは幸せだった。この生活の何が悪いのだろうか、とブースは思った。[9] 株価チャートを見るように、この一家の言動を研究した結果、ブースは、ノーベル賞受賞者たちが考えたことがないであろう結論に達した。「人生とは何か。あの家族はそれを突きとめたのです」とブースは語っている。[10]「今度は、わたしがその問いに答える番でした。それまでの自分に別れを告げるときが来た、と思いました」

その瞬間にブースはシカゴ大学を離れることを決意し、中退した。博士号を証明する紙切れ一枚のために、時間を費やす意味はもはやなかった。後年、途方もないほど裕福になったブースは、資産のごく一部をシカゴ大学のビジネススクールに寄付した。それにより、「シカゴ大学ブース・スクール・オブ・ビジネス」と彼の名前を冠することになった。このとき、学ぶべきことは全て教わっていたと、はっきり分かったという。彼は大学を去り、学問を現実に適用させようとした。得た知識を使って、新しい挑戦が始まった。

「ビジネススクールで最初に習うのが、比較優位という概念です」とブースは後に述べている。[11]「わたしにとっての比較優位は、素晴らしいアイデアを自ら生み出すことではなく、それを実行に移すことでした」

実行が待たれるそのアイデアとは、ホットハンドは全ての産業に存在するわけではない、というものだった。デービッド・ブースは、ホットハンドに逆らうことが賢明なビジネス戦略になりえると、無謀にも信じていた。そして後に明らかになるように、そう考えたのはブースだけではなかった。

3 農家もホットハンドを信じない

ニック・ヘーゲンは、米国のミネソタ州とノースダコタ州の州境に位置する、テンサイ（砂糖大根）農場で暮らしている。彼の腕にはタトゥーが二つある。上腕三頭筋にはテンサイが、上腕二頭筋にはバッハのヴァイオリン・ソナタの一節が彫られている。一時期、彼はホウレンソウ、ピーナツバター、卵ばかり食べていたことがあった。彼は小麦や砂糖を食べずに、その生産者になった。これだけでも、ニック・ヘーゲンが普通の農家ではないことが伝わるはずだ。

農業は、彼の一族が唯一知っている職業だった。ヘーゲン家は、米国本土で最も寒いこの地域に先祖代々住んでいる。ニックの高祖父バーントがノルウェーから米国に渡り、レッド川沿いの、州をまたぐ土地に一八七六年に定住したのが始まりだ。その日もきっと、凍てつくように寒かったことだろう。ノースダコタ州グランドフォークスと、ミネソタ州イースト・グランドフォークスの間の土地に、バーントは小さな丸太小屋を建てたが、後に全焼し、やや大きい小屋を建て直した。まるで、彼の子孫がしばらくこの場所にとどまることを見越していたかのようだった。

ニックも、高祖父が選んだこの土地で育った。農家の五代目である彼は、父の家の向かいに住んでいる。以前は、祖父もその向かいに住んでいた。ニックは子供ながらに、一族のテンサイ農場は、彼が望めばいつでもそこにあると理解していた。また、農家の子、孫、ひ孫、玄孫《やしやご》には、職業選択の余地があまりないことも分かっていた。

だが、ニックは音楽家を目指した。名門校として知られるジュリアード音楽院の、定員一名のトロンボーン奏者のクラスに出願し、入試前は一日七時間練習した。その結果、体に相当な負担がかかり、腱鞘炎を起こした。実技試験当日の朝は、ホテルの部屋の机に腕を乗せないと演奏できないほどの痛みだった。「今後の人生で、こんなことを言う機会がないことを祈っていますが、あのときほど万全の準備をし、自信に満ちていたことはありませんでした」と彼は言う。見事合格し、イースト・グランドフォークスからニューヨークに移り住むと、めったにキャンパスの外に出なかった。練習室が閉まる午前〇時までトロンボーンを吹くのが、彼のホームシック対処法だった。後に彼の妻になる女性は、ニックを「根っからの田舎者。若いのに、中身は八〇歳みたい」と評した。[12] ニックは、音楽家を装った農家だった。

卒業して一時的に故郷の農場に戻った際に、本当にやりたいことは、何年も取り組んできた音楽ではないと気が付いた。そしてオーケストラ入団を目指す代わりに、何千人もの臨時労働者に交じって、レッド川流域で毎年秋に行われる、約一万四〇〇〇トンのテンサイの収穫作業に二週間参加した。慌ただしい毎日だったが、幸福だった。しかし、農業こそが適職だという確信までは持てなかったので、収穫が終わるとニックは再びニューヨークに戻った。

元クラスメートのモリー・イェーに偶然再会したのは、このときだ。ジュリアードで打楽器を学んだ彼女もまた、音楽を続ける気はなかった。食に関するブログを投稿するフード・ブロガーとして名前を売り出している最中で、後にフード・ネットワークというテレビ局で番組を持つほどの有名人になった。二人は在学中、マーラーの交響曲第5番をカーネギーホールで一緒に演奏したぐらいの接点しかなく、顔見知りという程度だった。再会後、モリーはニックに、その目立つタトゥーは何かと聞いた。テンサイだよと答える彼に、さらに理由を尋ねた。ニックは、一族の農場にまつわる長い歴史を話した。やがて二人は付き合うようになり、しばらくして一緒にニューヨークを去る決心をした。

生涯を過ごす場所として選んだのが、ヘーゲン家の農場だった。ニックの祖母は高齢のため一人暮らしが難しくなっており、父も引退するつもりでいた。ニックが家業を継ぐのはこのタイミングしかなかった。こうしてニックとモリーは、ベーグルを消費する側のニューヨークを離れ、その材料である小麦を生産する土地へと向かった。ニックの祖母は、祖父が建てた家にそれまで住んでいた。祖母が出た後で、ニックたちはそこに移り住んだ。車庫にはビュイックの車が二台あり、玄関からは穀物貯蔵庫がいくつも見えた。気温が氷点下まで下がったその年の一二月、彼らはこの農場で結婚した。周りにはニワトリと二人しかいなかった。わざわざそんな厳しい時期を選ばなければ、とてものどかな光景だっただろう。

ニックにとって、そのときから農業のレッスンが始まった。中でも彼が最も忘れられず、かつ忘れてはいけない最大の教えがあった。それは、決してホットハンドを信じようとしてはいけない、ということだった。

農場に戻ってきた時期は、小麦とテンサイの先物価格チャートに異変が起きていた。農産物の価格は、本来ならば上下するはずだが、このときは上昇し続けていた。奇妙だった。ニックたちは思いがけず、飼い猫のスベンが農業をやっても成功したかもしれないような、好景気に出くわしたのだ。「ただ畑を眺めているだけで、大金が転がり込んでくるようなものです」とニックは言う。だが農家に生まれ育った彼は、価格が永遠に上がり続けることはないと分かっていた。上昇し続ければ、必ず下落もある。ニックが故郷に戻ってすぐに、価格は急落した。好景気に間に合わなかったニックには、不況が待ち受けていた。愚かにも取引に流れ込んだ資金はすっかり消え去り、新品のトラクターやトラックを購入した人々が、真っ先に痛い目を見ることになった。農場に戻ってきて最初の二年間、テンサイ農家が軒並み損害を被ったことを考えると、この決断は大失敗だったとニックが思っても不思議はなかった。しかし、彼はそう捉えなかった。「始めるには絶好のタイミングでした」とニックは語る。「最初のうちは、収益をほとんど見込めませんからね」。彼の銀行口座を潤してくれるような強気な相場はなかったが、少なくとも、そうした時期にありがちな先入観を持つことはなかった。長いゲームを戦うために彼が学んだのは、最後までやり抜くことと、貯金に励んで散財しないことだった。

これが、ニック・ヘーゲンが最初に得た農業の教えだった。

音楽家から農家への転身は、彼にとって、田舎から都会に出たときと同じくらい衝撃的だった。彼はずっと、「プランA」（元々の計画）にのみ執着していた。演奏には、そうした執着心が欠かせないからだ。「プランB」（うまくいかなかった場合の代替案）を考え始めたら、失敗したときの口実ができてしまう。ニックは、プランAを極められない者がプランBを準備するのだと思っていた。ところが農場に戻ると、父がプランBのことばかり考えていることを知った。父はプランBの方を重視していたのだ。ニックは困惑した。農家の生活は、自分が思い描いていた音楽家の生活とは正反対であることを受け入れるには、長い時間がかかった。音楽家は楽観主義である必要があるが、農家は現実主義でなければならなかったのだ。

ニックは、自分のことをトロンボーン奏者だと思っていた。そして、やるからには最高の奏者を目指してきた。ところが、この考えは農業には通用しなかった。「農業に最高というものは存在しません」とニックは説明する。「機械の扱いがけっこううまい、知識がそれなりに豊富、稼ぐのがそこそこ得意といった人たちはいます。要は、必要十分な能力こそが農業の目標だということを、受け入れざるをえないんです」。彼は、まずまずの結果でも納得するようになった。だが、何かを失敗したときに、それを受け入れるだけでは不十分だった。理想は、失敗を「抱き締める」ことだった。「悲観的に考えれば考えるほど、自信が持てますね」と彼は言った。猛烈に暑い日に訪れたわたしを、車で小麦畑まで案内してくれたときの会話だ。さらに、「心は落ち着き、準備万端でいつでも来いという気分になります。あらゆる可能性を想定しているので、慌てることもありません」と続けた。

それが、ニックが二番目に身に付けた教えだった。

「最悪の事態に備えた上で、少しでもいい方向に進むように願っています」

彼はそのために、リスクを最小限に抑えることを選んだ。リスクを抑制する以外にできることはあまりなく、それ以上に大事なこともなかった。「リスクを抑えるには、楽しみを持たないのが基本です」と彼は言う。もちろん彼は人生を楽しんでいるが、例外もある。それが、四月~五月のテンサイを植える時期と、八月後半~九月の小麦の収穫時期、そして一〇月一日からテンサイの収穫が終わるまでの時期だ。「たとえ自分の畑が作付けに適していたとしても、まともな農家であれば、『週末はちょっと遠出しようか』などと思うわけがありません」とニックは語る。「それが農業というものです。僕が相手にしている環境は、生きています。二十四時間、常に成長し、変化を繰り返しているんです」

ニックは小麦畑の近くにトラックを止め、その後一時間にわたってコンバインをいじくり回した。彼にとって「楽しみを持たないのが基本」だが、それに加えて、機械の予防保守を熱心に行い、リスクを低減していた。数百エーカーの畑を耕す前に、コンバインの堅いギアに潤滑油を塗り、膨大な部品を、ドッグショー(犬の品評会)の審査のようにくまなく点検していく。この日は畑で六時間作業する予定だった。それが終わっても、ニワトリが庭を走り回る間に、家の裏の作業場でもう二~三時間仕事をするつもりだった。冬の間は何をするのか、と彼に聞く人がいる。答えは、修理だ。彼は機器を分解する。コンバインを専門店に持ち込み、二週間かけてきれいにしてもらう。搾り機に関する一〇〇項目にも及ぶチェックリストを自分で作り、専門家に見てもらうこともある。

これだけでもやり過ぎと思うかもしれないが、テンサイの収穫のためにニックが準備することに比べたら、何でもない。大切なテンサイに関しては、彼は注意深いというよりも、病的なまでにこだわる。テンサイが砂糖になるまでには、まず葉を切り落としてから、根を引き抜く。次に根の部分だけを収穫機に積み込んで、近くの工場に運ぶ。そこで洗浄とカットを行い、加工する。テンサイの根からは、その一七パーセント分の重量の砂糖が採れる（テンサイ《ビート》を叩い《ビート》て、砂糖を搾り出すようなイメージだ）。ニックたちが収穫を終えた後の畑は寒々しく、テンサイの山がうずたかく積まれているだけの光景になる。不確かな要素の多いこの業界だが、一つだけ確かなことがある。霜が降り、極寒を迎える前に、必ず全てのテンサイを地中から掘り出さなければいけない、ということだ。

　ニックとわたしはコンバインに乗り込んだ。日差しがあり暑いが、涼しい風が吹いていた――小麦の収穫にぴったりの、美しい朝だった。見渡す限り、黄金色の畑が広がっていた。地平線が見えないほどだ。ニックはエンジンを始動し、出発した。一年の中でも特に忙しい日なのに、ニックは奇妙なほど落ち着いていた。その前の晩、彼はお気に入りのピザ屋に案内してくれた。その夜はプリンスのカバーバンドを見に行く予定だった。小麦の収穫も十分大変だが、テンサイのそれは心身をすり減らす作業だ。妻のモリーはこんなたとえを好んでいる。小麦の収穫と比べると、テンサイの収穫はその「姉」であり、「女王様」であり、しかも「常軌を逸したモンスター」なのだそうだ[13]。そして、地域全体の経済がこのモンスターに依存していると、ちょっとおかしなことになる可能性は常にある。

　米国中西部の北に位置し、ミネソタとノースダコタの州境に広がるこの土地には、テンサイという特産品を生産するのに最高の条件がそろっている。ここでは、全米の一〇パーセントに当たる砂糖が生産されている。いわばテンサイの楽園の中でニックは暮らしているわけだ。この特産品のおかげで、ニックは世界の商品市場の大変動に左右されずに済んでいる。それがいかに幸運かということを、彼は投資家のウォーレン・バフェットの格言を借りて説明した。バフェットは、恵まれた境遇に生まれることを、

「卵巣の宝くじに当たる」と表現した。ニックはその言葉を受けて、『精子の宝くじ』に当たった僕はラッキーです。製糖工場まで三キロメートル、町までも一・六キロメートルという、立地の良い農場に生まれ、しかも世界有数の豊かな土地を所有しているわけですから」と話した。

だが、農業がしやすいということは、害を受けやすいということでもある。確かにテンサイほど手堅い作物はないが、農業であることに変わりない。ニックは、他のテンサイ農家がうらやむ長所を持っているからこそ、短所をはっきりと意識している。

ニックはそこから三番目の教えを授かることになった。

「農業は防御しかできません」と彼は言う。「この仕事の最も大事な部分は、僕ではコントロールできません。よく寝て、朝ごはんをたっぷり食べて、分刻みの予定を立てて外に出ても、作物が雹《ひょう》の嵐や、干ばつ、洪水の被害に遭うのを、ただ見ているしかないこともあります」

ヘーゲン家が畑を耕し続ける限り、その繰り返しだった。高祖父のバーントが最初に手に入れた土地は、害虫によってだめになった[14]。すると彼は、荷物をまとめ、貯めたお金をポケットに突っ込んで、新たな農地を求めて全米を渡り歩いた。彼の玄孫が今、コンバインに乗っている辺りが、まさにバーントが選んだ場所だ。ニックは、天気が彼の生活に影響を及ぼす前から、その怖さを知っていた。小学四年生の頃に、大洪水がグランドフォークス周辺を襲ったことがあった。土地は冠水し、木々が低木に見えるほどだった。家々は船着き場になった。その年は四月から雨季が始まり、年末まで学校が閉鎖された。一生に一度の災害を経験した彼は、農業は予測不可能だと痛感した。もう天気の怖さは十分に思い知ったが、同じようなことはまたしても起こった。農場に戻って最初の年に、雨が延々と降り続き、テンサイ畑が水浸しになった。数日おきに五〇ミリ以上の雨が降る中、数キロ先に嵐が迫っているのが見えた。「空模様がどんどん怪しくなるので、気が気ではありませんでしたよ」と彼は言う。ニックはこの日、ぬかるんだ畑に朝から晩までいて最善を尽くしたが、その年はヘーゲン農場始まって以来の凶作になった。ニックは高祖父の気持ちが分かった。高祖父もかつて、大嵐によって作物が全滅し、道具から建物まで全て破壊されていた。

農業における天気のように、ランダムな要素が一番の決め手になる業種で、人がある程度コントロールできると思っているのは愚か者だけだ。豊作になるかどうかは、天気が最大の鍵を握っている。テンサイ作りをたとえるなら、伸びたり縮んだり、ひし形に変形したりするバスケットコートで、ステフィン・カリーがプレーするようなものだ。「僕らの競技場は、常に変化しています」とニックは言う。バスケットボールは攻撃もできるが、農業には防御しかない。「今までもこれからも、それしかできませんね」と彼は付け加えた。

言い換えると、ニックはホットハンドを見込めない環境にいる。それどころか彼の環境は、ホットハンドを信じる者をひどい目に遭わせる。

成功が続いていることに関して、自分の才能や境遇のおかげだと考えても意味がない。もしニックがそう考えていたら、残酷な報いを受けただろう。破産していた可能性も十分あった。彼はカリーと違って、マディソン・スクエア・ガーデンの一夜でビジネス戦略を変えられるような仕事に就いていない。もしテンサイの生産をやめて大豆に賭けたとしても、種まき機やコンバインやトラックが今よりさらに必要になる。大豆が利益を上げ続けて、一方のテンサイは数年連続でひどい出来でありますように、と願うようになるだろう。そして、天気の神の祝福を受けようと、必死で祈るかもしれない。この切り替えにかかるコストは、ほぼ間違いなく、利益よりも多い。最もうまくいった場合でも、元が取れるようになるまで数年かかる。「もしかしたらその頃には、大豆を作っても骨折り損で終わるかもしれませんね」とニックは指摘する。ニックが大豆に切り替えている数年の間に、農業のトレンドが再びテンサイに戻ることもあり得るからだ。高度なデータサイエンスを活用した最新の農業技術ですら、彼を助けるには不十分だ。畑をくまなく調査し、収穫量があまり見込めない箇所を特定してから、その結果を翌年の種まきに反映させたとする。しかし、前年に良くなかった土が、次の年には最高の出来をもたらす可能性もある。ニックは、「よくあります。毎年のことですよ！　絶えず変化していますから」と言う。

彼が認める誤差範囲は、かなり広い。「それも農業の一つの特徴です」とニックが述べるわけは、農業には常にさまざまな側面があるからだ。「毎シーズン、初めてのことばかりです」

小麦用のコンバインが、わたしたちの足元でうなりを上げていた。ニックは運転席の上で、体をねじって金色の畑を見つめている。作業はまだ何時間もかかる見込みで、数百エーカーが残っていた。彼が農業から得た大事な教えを復習する時間は、たっぷりあった。

「成功したパターンをなぞろうとするのではなく、原則を貫くしかないと僕は思います」と彼は言う。

彼が絶えず自らに言い聞かせていることがある。それは、ある年が最高の収穫高だったからといって、基本的に、翌年の収穫には何の影響もない、ということだ。成功は、決して成功を生まない――少なくとも農業はそうだ。もしホットハンドに顔をたたかれたとしても、ニックはホットハンドの存在を認めることはできないだろう。

テンサイの収穫がひどくストレスフルな理由の一つは、これまで述べてきたように、コントロールが全くできないからだ。収穫の時期には、彼は栄養たっぷりの昼食を取るようにしているが、それでも二週間のうちに五キロ近くやせる。期間中の生活は、ひっくり返って逆立ちをし、その後に後方宙返りをしたかのような、めちゃくちゃな状態だ。最後の一個まで掘り出し、収穫を終える頃にはすっかり消耗しきっている。「二度とテンサイを見たくない、という気分になりますよ」。ストレスの多いこの時期に、疲労がピークに達すると、「ここまでやる価値はあるのだろうか」とたまに考えてしまうという。そんなときは、手を休めて、畑の周りを見渡し、星空やトラックの明かりや、州境に昇る美しい日の出を見ると気持ちが晴れる。足を止めて、テンサイの匂いをかぐ。そのうちに、彼の父や祖父、曽祖父や高祖父と同じ結論にたどり着く。もちろん、やる価値はあるのだ。

農業に関して、これがとっておきの特徴だった。

「祖父母や曽祖父母のことは今でもよく話題に出ます。先祖代々の教えを忘れることはありません」と彼は言う。

防御に徹する。長いゲームであることを肝に銘じる。コントロールできることをコントロールする。最悪の事態に備え、少しでも良い方向に進むように願う。過去のパターンにしがみつくのではなく、いつでも原則を重んじる。

ニック・ヘーゲンは先祖たちの教えを実践しているだけではなかった。彼の話していることは、あのデービッド・ブースと同じだった。

4　ホットハンドに従わない投資家

デービッド・ブースは、ニューヨーク市ブルックリンにある、褐色砂岩を外壁に張ったアパートの自室にオフィスを構えた。やがては五〇〇〇億ドル以上を運用し、日に数十億ドルを売買するような会社を作った、金融界の未来の大物が最初に行ったのが、予備の寝室を改装することだった。(15) そこにコンピューター端末と、取引用のマシンを置いた。すぐに一〇回線を引いてほしいと電話会社に依頼すると、スポーツギャンブルの胴元でもやるのかと疑われた。そんな人物が投資に革命をもたらすとは、電話会社は夢にも思わなかっただろう。

共同創業者のレックス・シンクフィールドも、ブースの部屋で仕事をした。市場の本当の仕組みに関して、ブースが自身の考えを共有できる数少ない人間の一人だった。一九四四年生まれのシンクフィールドはカトリック系の児童養護施設で育ち、神学校で宗教学の勉強に励まなければいけないときに、株式市場に夢中になった。(16) カトリックの教義よりもお金に関心が移ったことが、彼が神父にならなかった理由の一つかもしれない。シカゴ大学ビジネススクールに入学すると、ブースと同様に、市場の効率性という新たな教えを受けた。市場に打ち勝つ秘密を知るべく興奮してシカゴを訪れたシンクフィールドだったが、この地を去るときに手にしていたのは、市場に秘密などないという秘密だった。

後から考えれば、ブースとシンクフィールドがユージン・ファーマの理論に魅了されたのは、運命だったと思える。だが実際は違う。アメリカ人投資家の大多数は、ファーマが根底から間違っていると思っていた。「証券コンサルタントは占い師と並ぶようなものだと思っている。占い師の悪口は言いたくないが」とファーマは好んで言っていた。[17] わたしは以前、ファーマに聞いたことがある。あなたはプロの証券コンサルタントにお金を払っている人を見て、「君たちは頭がおかしいのか」と思いますか、と。ファーマは、「そうした人々は決して頭がおかしいのではありません。ただ、統計学を理解していないだけです」と答えた。

ファーマは、中退したブースに金融業界の初仕事を紹介した。ブースはそこで、ジョン・〝マック〟・マックワンと知り合った。彼もまた、ファーマの考えが正しく、銀行が間違っていると信じる一人だった。マックワンが銀行を否定する考えを持ちながら、銀行に勧めていたことを考えると、それは大胆な行動と言えた。その頃のマックワンは、現在では「インデックス・ファンド」と呼ばれる金融商品の、開発を手伝っていた。目指したのは、そこに資金を投じておけば、時間がたつとともに資金が増えていくという、投資家にとって安心できる投資信託だった。ブースは、マックワンを補佐するために雇われた。シンクフィールドも、競合の銀行向けに、似たようなプロジェクトを進めるのに忙しかった。彼らのインデックス・ファンドは複雑ではなく、回りくどくもなかった。S&P500〔米国の代表的な株価指数〕の推移を調べ、その指数とファンドの値動きがおおむね連動するようにするという、シンプルなものだった。この考えは、従来の常識から完全に逸脱していた。なぜなら、それまで金融業界が一丸となって投資家に与えていた助言を、否定したからだ。銀行の愚かさが明らかになったのは、銀行の中で最も優秀かつ評価の高いプロが、細心の注意を払って取り組んだ運用成績と、インデックス・ファンドが何もしないで得た成績が、大差ないと判明したときだ。いや、実のところ、何もしない方が儲けは多かったかもしれない。銀行が自らの仕事の対価として顧客に請求する手数料を差し引くと、以前の金融商品はなお悪いものだったということになる。ファーマの教え子たちにとって、市場の利益がきちんと反映され、投資のプロに頼むより費用のかからない、低コストのサービスの方が、賢いやり方に思えた。金融市場の思惑はあまりに複雑であるため、仕事は市場そのものに委ねれば十分だと彼らは考えた。だが、金融業界の同業者たちは、自分にはインデックス・ファンドを凌駕《りょうが》する能力があると信じ続けていた。あらゆる証拠がそれを否定していたにもかかわらず、だ。

銀行内の異端者であることに嫌気が差したブースとシンクフィールドは、その色気のない投資手法を試すべく、自分たちの会社を立ち上げた。ブースたちの潜在顧客に対する売り込み戦略は、小規模の会社を対象に、インデックス・ファンドを通じて、ポートフォリオ〔金融資産の組み合わせ〕の多様化と、市場全体の保有を勧めるというものだった。ブースは、アナリストや有名投資家などの手は借りなかったし、一九八一年に自宅アパートを本社にして始まったブースの会社、ディメンショナル・ファンド・アドバイザーズには、ウォール街の巨大企業を思わせるものは何一つとしてなかった。彼らはただ、株式市場の小型株で構成されるインデックス・ファンドを作っただけだった。しかし実際には、決して簡単にこの結論にたどり着いたわけではなかった。ブースたちは、少しの判断力と、「それ以上、判断に頼りすぎるのは危険だ」という自覚の二つを組み合わせた。「どんな業界でも、勤勉で優秀な人はいい仕事をします」とブースは言う。だが、投資という名の奇妙な世界では、話は別だ。そこでは、優秀な人がいい仕事をするためには、勤勉に働くのをやめる必要がある。市場の変動を予測しようとしても、実りは多くない。それどころか逆効果ですらあると、デービッド・ブースは考えた。そして彼の会社の目覚ましい業績は、人々の見方を変え、賛同させる力を持っている。「初めて聞いた人は、『そんなのはあり得ない』と言います」と、考え込んだ末にブースが語ったことがある。[18]「それがいまや、あと少しで主流というところまで来ました。とんでもないことです」

農家のニックと同じく、ブースも、パターンより原則を重視していた。ブースの信念はこうだ。連勝は、一時的な例外にすぎない。連勝する方に賭けるのは、確率に従うより危険だ。運用のプロに任せるよりも、インデックス・ファンドを購入する方がはるかにいい。そしてこうした考え方を、それほど革新的なことではないとも思っていた。「わたしの考えでは、これは全て経済学の基礎です」。この基礎を踏まえることによって、ブースは自分のエゴをその都度確認してきた。それに加えて、彼は保守的な土地柄で知られるカンザス出身だ。そもそもエゴを抑える必要もなかった。「わたしは天才じゃありません。それだけは確かです」と彼は自認する。

ただ、よく考えてみると、ブースは確かに一人、天才がいることを知っていた。起業したとき、彼が最初に声を掛けたのがファーマだった。ブースは、元指導教授のファーマに、会社の取締役になってほしいと頼んだ。ファーマから教わった理論を、最終的に実務で試すのであれば、彼にも参加してもらうのが賢明だろうと考えたからだ。一方のファーマは、ブースに対して、大学院を出てビジネスで成功すると常々思っていたが、中退後は彼と連絡を取っていなかった。ブースが起業を意識し始めたのが一九八〇年であり、翌八一年の春にはディメンショナルを創業した。同年秋に、ファーマは面白い博士論文を指導していた。論文が目を付けたのは、投資先としては、市場で最も取るに足りず、見込みもないと思われていた株式だった。その理論によると、より小さい会社の株を持っている方が、長期的には、大会社の株よりも収益をもたらすというのだ。ディメンショナルは、この理論を企業戦略に定めた。それまでブースたちは、ポートフォリオを多様化すべきだと顧客に助言してきたが、論文に出合って以降は、多様化することによって、より高いリターンが見込めると伝えられるようになった。

会社設立後に発表されたもう一本の論文が、ブースの方針が間違っていないことを証明した。『ウォール・ストリート・ジャーナル』の株式欄を開き、ダーツを投げて当たった銘柄で組んだポートフォリオと、投資信託の専門家が選んだポートフォリオには、運用成績に大した差がないことが、明らかになったのだ。ブースは、この論文の主張をより誇張した形で言い換えるのが好きだった。「ダーツを投げるのが人間ではなく、オランウータンだったら?」「一〇〇〇匹の中で、一匹のオランウータンが市場全体よりも優れた成績を出し、それが一〇年連続で続いたとしよう」と彼は述べる[19]。

このオランウータンは預言者としてあがめられるだろう。ニュース番組で見ない日はなく、経済紙はお世辞交じりの紹介記事を書くはずだ。紛れもなく、このオランウータンはホットハンドを持っている、ということになるはずだ。さて、ここで「オランウータン」を「人間」に置き換えてみると、今までの話がいかに滑稽かが分かる。

「MBA(経営学修士)取得者の多くは、自分がその特別なオランウータンだと思っている」とブースは言う[20]。

そして投資家の多くは、MBA取得者たちを信じたがっている。これこそが、本書の第3章で、バスケットボールのホットハンドの誤りを暴いたギロビッチ、バローネ、トヴェルスキーが伝えたいポイントだった。「認知的錯覚は人々に広く共有され、なおかつ強力に作用する」と彼らは解明した。そしてその錯覚は、バスケットボールに限らなかった。彼らは、勝ち続けるオランウータンがいないとは言っていない。もちろん、いることはいる。ある研究者は、一九六二年から二〇〇八年の間に取引された投資信託を五〇〇〇件以上調べた。[21] そのうち約四パーセントが連勝を飾り、しかもただの偶然とは思えないという結果が出た。つまり、実力というわけだ。しかし、普通のオランウータンも大勢いた。「そこが、人々にとって受け入れがたいところです」とブースはコメントする。「どうすればいいのか。ひどい成績の人を選ぶべきか？　過去のデータを見ずに、どうやって投資のプロを選んだらいいのか？　全ての答えは、投資のプロを選ぶべきではない、ということです」

　ブースはこういった議論を幾度となく重ねてきたので、今では人の心が読めるようになった。彼は全てお見通しだった。「ウォーレン・バフェットがいるじゃないか、とあなたはお思いですね。分かりました。それでは、彼に対抗できそうな人をもう一人挙げてみてください」

　バフェット本人といえども、この賭けには乗らないだろう。バフェットはかつて、ヘッジファンド経営者のテッド・サイデスを相手に、一〇〇万ドルの賭けをしたことがあった。史上最も成功した投資家であるバフェットは、デービッド・ブースに賛成する立場を取った。この真剣勝負が起きたきっかけは、バフェット率いるバークシャー・ハサウェイ社の二〇〇六年の株主総会でのことだった。バフェットは、信頼するビジネスパートナーのチャーリー・マンガーと一緒に、米国ネブラスカ州オマハの会場のステージに姿を現した。株主から上がった歓声を聞いていると、ジョン・レノンとポール・マッカートニーが来たのかと勘違いしそうなほどだった。熱狂的な聴衆に向かって、二人は投資戦略の概要を説明し終えると、その後何時間にもわたり白熱した質疑応答を行った。最終盤になって、株主が会うのを心待ちにしていた人物から、その日の午後で最も示唆に富んだ回答が飛び出した。質問自体は、ごく平凡なものだった。「バフェットさんのようになりたいと願う人に対して、バフェットさんならどのようなアドバイスをしますか」という、彼が何千回と聞かれたであろう話題だ。

「金融とは変なビジネスです」とバフェットは口を開いた。なぜかというと、実際にはやるべきではないことをしてお金を稼いでいるからだ。子供ができたら、産婦人科が近くにあってほしいと思う。トイレが詰まったら配管工を呼ぶ。夜中に閉じ込められたら、鍵師に修理の手配をする。「ほとんどの職業は、素人がやる以上の付加価値を生みます」とバフェットは語った。[22]「ところが投資の専門家は、そうではありません」

そして、実にバフェットらしいやり方で、その強気な発言を証明してみせた。身銭を切ったのだ。彼は、長期的に見れば、アクティブ運用〔プロの運用担当者（ファンドマネージャー）が投資先を決める方法〕は、パッシブ運用〔インデックス・ファンドに代表される、市場予測を行わず、市場平均と同程度の収益を目標とする運用方法〕を下回ると予測した。投資家のバフェットが、パッシブ運用を評価したのは意外だった。しかし、バフェットやブース、そしてインデックス・ファンドを選ぶ投資家（その数は増加していた）の考えは共通だった。つまり、ファンドマネージャーが、自分の仕事を正当化するために請求している手数料のせいで、投資家は利益を得にくい、というのが彼らの見解だった。バフェットにとって、ファンドマネージャーに支払う手数料は業界の悩みの種であり、人の血を吸うトコジラミも同然だった。バフェットはそれを、口先だけではなく行動で証明することにし、一〇年間にわたって賭けを行い、その結果を公表すると宣言して、私財を投じた。バフェットはインデックス・ファンドを支持する。そして、彼の主張が間違っていると思うヘッジファンドや投資家が、名乗りを上げるのを待った。

「しばらく音沙汰がなかった」とバフェットは後に書いている。[23]「世のヘッジファンドのマネージャーは、自分たちの手腕に何十億ドルも投資するよう、人々を急《せ》き立てている。それなのに、自分の財布からはそのうちのいくばくかを出すのも惜しいのだろうか」

ヘッジファンド界の名誉を守るために唯一手を挙げたのが、テッド・サイデスだった。一〇年という期間にわたって証券市場全体の値動きを上回る収益が見込めるヘッジファンドのポートフォリオを、サイデスは細心の注意を払って選定した。バフェットには自信があったので、市場の動向に合わせて手法を見直してもいいと、サイデスに伝えた。まるで、好調の投資家に切り替え、不調の投資家を切り捨てることを対戦相手にアドバイスをしているようなものだった。

賭けは二〇〇八年一月一日に始まった。期限は一〇年後の二〇一七年一二月三一日だったが、一年を残した時点で、バフェットは勝利宣言した。サイデスがどうやっても追いつけないほどの大差だった。華々しいヘッジファンドが一〇年運用した一〇〇万ドルは、二二万ドルのリターンを生んだ。それに対してバフェットが一〇年間放っておいた、一〇〇万ドルの退屈なインデックス・ファンドは、八五万四〇〇〇ドルのリターンを得ていた。

バフェットは、株主に宛てて毎年送っている、有名かつ興味深い手紙の中で、この賭けの結果について報告した。いわば、ウイニングランの手紙版だ。「わたしは投資のアドバイスを求められることが多い。その過程で、人間の行動を深く知ることもできた」と彼は書く。[24]「わたしがよく勧めるのは、低コストのS&P500のインデックス・ファンドだ」。そして、アドバイスは核心に迫っていく。バフェットの遺言状には、遺産の使い道に関して、現金の九割を低コストのS&P500インデックス・ファンドに投資するように、との明確な指示が書かれているという。彼は、自身の投資哲学を次のように要約する。「無駄話に耳を貸さず、コストを最小限に抑え、そして農場で働くかのように、地道に株式に投資すること」[25]。デービッド・ブースと農家のニック・ヘーゲンも、これにはきっと同意してくれるだろう。

賭けに勝ったのはバフェットだけではなかった。ブースもまた、勝利を収めた。たった一つのアイデアをもとに、ブースほど裕福になった人物はいなかった。

会社が大きくなったため、ブースはブルックリンからロサンゼルスにオフィスを移した。年を追うごとに、彼らの投資戦略は洗練されていった。テキサス州オースティンへと再び移転する頃には、彼の会社は、史上まれに見るほど巨額の資産を抱える資産運用会社に成長していた。だが、ブースは会社をそのように見ていない。彼にとっては、サンドイッチ店のチェーンを広げるような感覚だった。「わたしたちは、〔米国サンドイッチチェーンの〕『ジミー・ジョーンズ』を一八店舗ほど経営しているようなものですよ」と胸を張った[26]。

もうお気付きかもしれないが、デービッド・ブースは総じて大富豪らしくないし、そのように扱われた経験もほとんどなかった。朝九時から夕方五時まできっちり働き、疲れたら帰宅する[27]。会社でバランスボールに乗りながら仕事しようと試みたものの、腰を痛めて、使い古した普通の回転椅子に戻したこともある。スポーツチームは所有しておらず、宇宙船の建造もしていない。億万長者なのに彼がほとんど無名だったのは、エゴを捨てるように自分に何度も言い聞かせて富を築いたからだ。そう考えると、ブースが大富豪らしくないのにも不思議と納得がいく。この笑えるほど地味な投資家の名が、巨額の金融取引をする一部の人々以外にも知られるようになったきっかけは、彼が二〇〇八年にシカゴ大学へ三億ドルの寄付をしたことにより、大学のビジネススクールが「ブース・スクール・オブ・ビジネス」と改名されたことだった。それを伝える記事の中で、『ウォール・ストリート・ジャーナル』はブースを「閉鎖的な学界の外ではほぼ無名」と紹介した。[28] 非常に権威ある経済紙ですら、ブースが何者か説明しなければならないほどだった。それでも、彼の支えになる考え方を授けてくれた場所に恩返しできるのであれば、匿名性を失う価値は十分あった。

「長年、学者が研究を続けてきましたが、投資に関する根本的な質問は、ある意味これに尽きると思います。『株を選ぶ際に、ホットハンドは存在するのだろうか』」とブースは言う。

デービッド・ブースは、「存在しない」と最初に言った一人だ。

「『存在しない』というのが、最も実用的な仮定ですね」と彼は結論を下す。「もしかしたら存在するかもしれません。ですが、わたしたちにはホットハンドを事前に知るすべがありません。どのオランウータンがダーツ投げで一番になるか、誰にも分からないのです」

5　ある日のオークション会場

競売会社のサザビーズにとって、最高の一日になっていた。二〇一〇年一二月の、肌寒い午後のことだった。オークションを取り仕切るオークショニアのデービッド・レッデンが、その日最後の入札を始めた。それまでに既に落札されていたのは、第三代米国大統領トマス・ジェファソンの『バージニア覚書』の初期の本と、ボブ・ディランの『時代は変る』の手書きの歌詞、そしてシェイクスピアの戯曲集だった。昼休憩を挟んで、残る作品は三点だった。最初に登場したのが、かつてロバート・ケネディが所有していた、リンカーンの奴隷解放宣言の文書の写しだった。サザビーズでなくても大々的に宣伝するほどの、大変貴重な代物だ。その次は、一九世紀の米国軍人、ジョージ・カスターの軍旗だった。サザビーズは、「リトルビッグホーンの戦いで使用された、最も重要かつ象徴的な遺物です」と紹介した。[29]そして最後に出てきたのが、サザビーズの担当者に言わせると、「スポーツという枠を超え、ジャズに匹敵する影響力を持ち、ハリウッド映画と同じくらい世界中に広まった米国のカルチャーの一つが、誕生するきっかけになった文書」だった。出品されたのは、本章の冒頭で紹介したジェームズ・ネイスミスが書き上げた、バスケットボールの最初の規則集だった。

レッデンは、こういった極めて重大なオークションの場を幾度となく任され、ハンマーを叩いてきた。[30]宇宙船から恐竜に至るまで、どんな物でも自分の専門分野だと彼はよく言っていた。誇張ではない。彼は実際に、宇宙船やティラノサウルスの化石を競売で売ったことがあった。他にも、モーツァルトの交響曲の自筆譜や、方程式が書き込まれたアインシュタインの原稿、宝石があしらわれたファベルジェのイースターエッグ、アンディ・ウォーホルが収集したクッキー・ジャー（保存容器）、史上最高額の切手や硬貨など、例を挙げたらきりがない。サザビーズが「世界で最も重要な文書」と呼び、現存する中で唯一、個人が所蔵していたマグナカルタ（大憲章）の写本のオークショニアを務めたのも、このレッデンだった。

そのマグナカルタを途方もない金額で落札した人物の名を、デービッド・ルーベンシュタインという。

彼はこの一枚の羊皮紙を手に入れるために、資産のごく一部を投じた。後に、必要ならば一九〇〇万ドル以上出すつもりだった、と断言した（「〝自由〟に値段は付けられないでしょう?」とも言った）[31]。大富豪の彼は、少年が野球カードや漫画を集めるように、歴史的な品々をコレクションしていた。「何でも買う」ことが購入の方針だと表現したこともある[32]。その「何でも」の中には、マグナカルタだけでなく、米国の独立宣言や合衆国憲法も含まれていた。

この日のオークションにさかのぼること数年前、ルーベンシュタインは、リンカーンの署名入りの奴隷解放宣言の写しを購入し、ホワイトハウスに貸し出していた。バラク・オバマ大統領時代には、執務室内のキング牧師の胸像の上に飾られていた。そしてこの日は、サザビーズの建物内の個室から、奴隷解放宣言書の写しをもう一部入手しようと狙っていた。だが、もし彼の思い通りに事が進んでいたら、本来ならこの場にはいないはずだった。彼は元々、所有者である故ロバート・ケネディの妻であったエセル・ケネディから直接購入するつもりだった。しかし彼女は、当初の予定に従ってオークションに出すことにした。彼女はルーベンシュタインに、もっと高額で売れると思うので、と伝えた。その読みは正しかった。レッデンの巧みな仕切りによって、参加者は競り合い、奴隷解放宣言書の写しは最終的に三八〇〇万ドルまで高騰した。「まるでリンカーンが生き返って、もう一度署名したかのような高値だ」とルーベンシュタインは言った。「わたしにとって、価値を上回る金額になった」ため、彼は手を引いた。「絶望的な気分だった」

会場との連絡係を務めていたサザビーズの社員は、ルーベンシュタインの機嫌を直そうとした。彼がバスケットボール好きと知っていたので、次に出品されるのはネイスミスの規則集だと伝えた上で、

「そちらはいかがでしょうか」と参加を勧めたのだ。

彼は、バスケットボール誕生の経緯を何となく知っていたので、奴隷解放宣言書の写しの残念賞としては十分だろうと思った。この規則集には奴隷制度を廃止する力はないが、それ自体が興味をそそる存在だった。サザビーズは「その前日まで、バスケットボールというものは存在しませんでした。ところが、その次の日にはあったのです」と解説している。ルーベンシュタインは会場に残ることにした。「三番目にして、午後の最後の作品です」とレッデンは口を開いた[33]。興奮する参加者の中には、思いがけず残ったルーベンシュタインもいた。「バスケットボールの、史上初めての規則集です！」

オークションは一三〇万ドルから始まり、一四〇、一五〇、一六〇、一七〇と値が上がっていった。レッデンは興奮をなんとか顔に出さないようにしていた。匿名の人々が矢継ぎ早に大金を提示する様子は、なかなかスリリングだ。競っているのは、ルーベンシュタインのような人物かもしれないし、会場から数千キロ離れた場所にいる誰かかもしれない。

電話でオークションに参加していた一人が、「入札したい場合はどのように伝えればいいですか」と担当スタッフに聞いた。

「一五〇、一六〇、一七〇と進んでいます。一八〇はいかがですか？」

「そうですね。お願いします」

突如として、ルーベンシュタインとの競り合いが始まった。

「一九〇です」と担当者。「二〇〇はいかがでしょうか」

「よろしく」

「二〇〇万ドルで止まっています」

「もう誰にも入札してほしくないね」と、匿名の参加者は電話口で言った。

「二一〇が出ました。二二〇と言いますか」と担当者が聞く。

「はい」

「相手は二三〇です。二四〇になさいますか」

「はい」

「二五〇です。二六〇はいかがでしょう」

「いいとも」

いまやネイスミスの規則集は、二番目に登場したカスターの軍旗より価値があることになった。裕福な参加者同士の一騎打ちに、会場が熱気を帯びる。入札額が上がるごとに、参加できる人数は絞られていく。紙一枚にこれだけ出せるのは、一握りの大富豪だけだった。

ルーベンシュタインは、ゆっくりと時間をかけて入札していた。だが一方の相手は、素性も居場所も目的も分からないが、まるでファストフード店でサイドメニューのフライドポテトかサラダを選ぶように、一〇万ドルの上げ幅を即座に了承した。これまで数多くのオークションに参加した経験から、ルーベンシュタインは分が悪いと気付いていた。「こちらの提示額に対して、相手がそれを上回る金額をすぐ出してきたときは、あちらが勝つことが多い」と彼は言う。だが、まだ分からなかった。ルーベンシュタインは二七〇万に引き上げた。

「二八〇はいかがですか」

「いいですよ」と電話の向こうの男性は答えた。

「二九〇に上がりました。三〇〇になさいますか」

「ええ」

奴隷解放宣言書の写しの平均落札額とほぼ同額を出してまで、バスケットボールの規則集を手に入れようとする人物に、ルーベンシュタインは興味津々だった。「例えばマグナカルタや米国憲法が出品されるときは、そうした品を欲しがっている人を何人も知っている」と彼は言う。「それでも、本当にその人かを確かめるのは難しい」。今回は、普段彼が買わないスポーツ分野の品であるだけに、相手を推測するのがなおさら困難だった。ナイキ創業者のフィル・ナイトかもしれない、と思ったが、それ以外に見当もつかなかった。謎めいたライバルと激しく競り合ううちに、ルーベンシュタインはほんの数分前までは入札しようとも思っていなかったこの品物の金額を、彼が出そうと決めていた限度以上に押し上げていた。「オークションに行って、出せるのはここまでと決めていても、終わったときにはその倍を使っている」と彼は言う。既に数百万ドルは予算を超過していた。電話口の男性は、徐々にいら立ちを募らせた。ルーベンシュタインは三一〇万ドルを提示した。

「三二〇になさいますか」と担当が聞く。

「はい」

「あちらは三三〇です。三四〇は」

「もちろん」と男性は答えた。「でも、進行のスピードを上げるように伝えてもらえませんか」

「三五〇になりました。三六〇はいかがでしょう」

「少し考えさせてください」と彼は答えた。「考えるまでもないのかもしれませんけどね」

そう言いつつも、本当に考えていると思えるほどの時間をかけて検討した。

「よし、三六〇にしましょう」と男性は切り出した。「相手はやめるのか、続けるのか分かりますか。そんなに複雑な話じゃないのに。あちらは何をしているんですか？」

「三七〇が出ました」

「それじゃあ、三八〇だ」

ルーベンシュタインはここまでだった。謎の多い相手が欲しくてたまらない物を、その手に渡してやるタイミングだった。「どんな人物であれ、あちらが勝つのは明らかだった」とルーベンシュタインは言う。彼は手ぶらで家に帰ることになった。〝自由〟に値を付けることができなかった彼だが、バスケットボールの規則集には上限を決めることができた。三八〇万ドルまでだ。

「三八〇万です。他にどなたかいらっしゃいますか」とレッデンは言った。「よろしいですか？　三八〇万ですよ。それでは、この品物は――三八〇万ドルで落札です！」

「お客様のものです」と担当者は伝えた。

「そうですか、それは良かった」と、匿名の男性は答えた。

ルーベンシュタインはもう辛抱できなかった。オークションが終わってから、知りたいことがあった。謎に満ちた入札者は誰なのか。

そして落札者が正体を明かすと同時に、ルーベンシュタインの気が晴れた。想像していたフィル・ナイトではなく、ナイトよりも裕福な人物だった。

その電話口の大富豪とルーベンシュタインは、既に付き合いがあった。二人はシカゴ大学の評議員として、顔を合わせていた。成功者ならではの役職だ。そしてルーベンシュタインが新たに知ったことがあった。あのとき競り合ったライバルは、手に入れた規則集を母校のカンザス大学に寄贈するつもりだった。この落札者はかつて、ベビーベッドが大学寮にあったと言っても過言ではないくらい、キャンパスの近くに住んでいた。子供の頃の家の住所は、ネイスミス通り一九三一番地。

バスケットボールの最初の規則集を落札した大富豪とは、他でもないデービッド・ブースだった。

第5章　ギャンブラーの誤謬とホットハンド

1　難民申請の落とし穴(1)

「これがわたしです！」と、イラク出身の彫刻家が大きな声で言う。

アラー・アルサファーは、カリフォルニアの小さな自宅に隣接したアトリエにいる。天気は快晴。机の上の色あせた写真を指さしている。彼が、残忍な独裁者のために働いていた頃の集合写真だ。スーツや軍服に身を包んだイラクの役人たちが居並ぶ中、一人の男性だけ青いジーンズをはき、髪を肩まで伸ばしている。滑稽なほどに困惑している様子が伝わってくる。まるで、画廊のオープニングセレモニーに向かう途中で、閣僚会議に紛れ込んでしまったかのようだ。アルサファーが強烈な存在感を放っているので、その隣に立つのがサダム・フセインだと気付くのが遅れるほどだ。

二〇世紀を代表する残虐な独裁者の下で働くことになったのは、偶然ではなく、ましてや自ら望んだわけでもなかった。年に数回、アルサファーには現金入りの封筒が届いた。同封の手紙がイラク大統領からの招待状であることを、彼は読む前から知っていた。「サダムは付き合いやすい人間でしたよ。少なくとも、わたしたち芸術家にとってはね」と彼は語る。だが、「バグダッドの虐殺者」と呼ばれた男に対して、アルサファーが個人として、あるいは公人としてどのような見解を持っていようと、それはさしたる問題ではない。彼は政府に幾度となく招集されたので、気まぐれなフセインをたたえることは、イラクの芸術家にとって、しばしば受け持つ必要のあるちょっとした役回りと心得ていた。定期的に歯医者に通い、歯垢を取ってもらうのと大差なかった。

アルサファーが芸術家として生きることができたのは、フセインの支援があったからだ。その点においてのみ、彼はフセインをパトロンとして許容していた。画家の息子であるアルサファーは、バグダッドで芸術を学んだ後、修士号取得のためスイスに留学した。留学中はパリとローマを訪れる機会にも恵まれ、ロダンやピカソ、シャガール、ダリ、ミケランジェロ、ダヴィンチたちの作品から学んだ。一九八〇年代にバグダッドに戻ると、彫刻や絵画や素描で賞を取り、瞬く間に頭角を現した。とはいえ安定した仕事も収入もなかったため、アトリエの賃料を払えずに家のガレージで制作したこともあった。だが、彼は自分の選択に後悔していなかった。芸術に身をささげる以上、犠牲はつきものだと理解していた。「父は働きづめでした」と、長女のズィーナは振り返る。「米国で巨大な彫像を作り、絵画が世界有数のアートギャラリーに展示されるのが父の夢でした」

それを実現するためには、独裁者に気に入られる必要があった。フセインの意向は、芸術家生命を左右するほどの影響力を持っていた。そして、フセインが私的なコンペを開く際、芸術家たちはその制作資金を受け取ることにためらいはなかった。「強制参加ではありませんでした」と語るのは、イラクの芸術家、ナティク・アルーシだ。「参加する、しないは自分で決められました。でも、誰もが参加したいと思っていました。収入のためであり、仕事のためです。皆、仕事を探していたんです」。米国がイラク戦争を仕掛ける前年の二〇〇二年後半に、アルサファーの元に新たなコンペの招待が届いた。自国民に化学兵器を用いる一方で、芸術家たちを英雄扱いしていた人物から金を受け取ることに、アルサファーは慣れていた。後に穴蔵に潜伏することになるフセインに向けてプレゼンした中で、アルサファーが特に誇りを持っているのは、最後に提示した彫像だ。愛国心を表す巨大な銅像は、彼にとって最大級のプロジェクトになるはずだった。像の一番上には、新郎新婦の人形を乗せたウエディングケーキのように、大きなヤシの木を一本あしらう計画だった。「カリフォルニアと同じく、イラクもヤシの木が有名なのです」

フセインはおおむね満足したが、一つ注文を付けた。この銅像には欠けているものがある。ヤシの木の上に、巨大なサダム・フセイン像を乗せたらどうか、と独裁者は提案した。アルサファーの返事は決まっていた。「かしこまりました」。ヤシの木にフセイン像がそびえ立つことを、アルサファーは了承した。

しかしイラク戦争が始まり、フセインは身柄を拘束され、処刑された。アルサファーの作品は実現せず、構想段階で立ち消えになった。

フセイン政権崩壊後の数日間、彼は需要がなくなったにもかかわらず、自宅の庭で石を彫り、作品に取り組んだ。(1) 記念碑の制作を国から依頼されたことで前途が開けたとアルサファーは思ったが、始める前に資金提供がなくなり、そこから彼の人生は崩れていった。依頼を受けたことで名前がニュースに取り上げられたために、政権崩壊後に勢力を拡大したアルカイダや反政府武装組織の標的になったのだ

（後に分かることだが、アルカイダは芸術に興味がなかった）。突如として、アルサファーに命の危険が迫った。

ある日、彼の娘が子供たちを学校に連れて行く準備をしていると、ガレージのドアの下に封筒が差し込まれていることに気付いた。今回入っていたのは現金ではなく、アルサファーに対する脅迫状だった。「今すぐ芸術家をやめるように、という内容でした。要求ではなく、命令です」と娘のズィーナは言う。

それまでのように、庭で絵や彫刻を制作していられなくなった。続ければ殺されるのは間違いなかった。「連中はわたしのことを異教徒と呼び、手を引くようにと命令したのです。わたしはそれに従いました」とアルサファーは語った。[2]

イラク戦争中、ズィーナの夫が米軍のために働いたことがきっかけで、ズィーナの一家は間もなく南カリフォルニアへと移住した。芸術活動のない生活に慣れようとする父を、娘は遠くから見守るしかなかった。彼が危うい立場にいるのは明白だった。娘から電話があるたびに、アルサファーは無事を伝え、安心させようとした。「でも、わたしは知っていました」とズィーナは言う。「手紙が届いたときにその場にいましたし、あれを見つけたのはわたしでしたから」

イラクを離れるよう、娘は何度も父に頼んだ。「そこにいちゃだめ！」と娘に言われても、アルサファーは聞き入れようとしなかった。ようやく説得に応じ、彼はロサンゼルスに降り立ったが、あくまで一時滞在のつもりだった。休暇を過ごすための旅行であり、それは必ず終わりを迎えることが分かっていた。帰国という最悪の結末が近づくにつれ、ズィーナはもう耐えられなかった。そして「父さん、戻っちゃだめ。ここにいて」と頼んだ。

娘の言う通りだとアルサファーは思った。それまでの人生がこの瞬間に終わったことを、彼は受け入れた。イラクで名をはせた彫刻家は、六〇代にして新たな人生を始めることになった。

彼は管轄官庁に書類を提出し、祖国にいたときに重大な危険にさらされていたことや、帰国すれば迫害を受ける恐れがあること、そのため米国の保護が必要であることを訴えた。バグダッドからやって来た芸術家の亡命申請手続きが、こうして始まった。そして、アラー・アルサファーの第二の人生は、後に述べるように、あるバイアスに左右されることになる。

2　球審はだまされる

ジャスティン・グリムは、監督室に呼ばれた理由が分からなかった。米国テキサス州フリスコは、この日もうだるような暑さだった。グリムはメジャーリーグのテキサス・レンジャーズにドラフト指名されたのち、マイナーリーグの球団を転々としていた。過去にヒッコリー・クロウダッズやマートルビーチ・ペリカンズに所属し、このときはフリスコ・ラフライダーズの選手だった。レンジャーズは、活躍が期待できる選手をその年の春季キャンプに招待したが、グリムは呼ばれなかった。それでも、七階層あるマイナーリーグのうち、上から二番目の「ダブルA」にはしばらく留まれるはずだと、グリムは見積もっていた。ところが最近のピッチングが好調だったため、メジャーのテキサス・レンジャーズの目に留まり、ある木曜日の午後に現所属チームの監督に呼ばれたというのが、事の真相だった。

レンジャーズは、土曜日の夜のヒューストン・アストロズ戦に向けて先発投手を必要としていた。そして彼らは大方の予想に反して、グリムに白羽の矢を立てた。当然、グリム自身も予想していないことだった。

観戦に訪れた元米大統領を含め、約五万人の満員の観客の前で、彼は膝がガクガク震えたままマウンドに向かった。テレビの実況が、「ジャスティン・グリム投手の今の腹のうちは、どうなっているでしょうか」と話した。実のところ、腹の中はほとんど空っぽだった。緊張のあまり、何も食べられなかったからだ。ピッチャーズプレートを踏み、深呼吸し、メジャーデビューであろうがいつもの試合と同じだと思い込み、捕手のサインをじっと見つめてから、時速一四六キロの速球を投げた。投球のキレとコントロールの良さが、二日前にメジャー昇格を告げても通用するとレンジャーズが考えた、一つの根拠だった。しかしグリム本人は、この日、投げたボールがどこに行くか全く見当もつかなかったと後で明かしている。球は真ん中を通り、見逃しのストライクを奪った。メジャーリーガーとしての第一球は完璧だった。

先頭打者にはシングルヒットを許したものの、次の打者を抑えた。三番打者のジェド・ラウリーがバッターボックスに入るときには、グリムは徐々に冷静さを取り戻し、子供の頃から夢見た舞台に立っているという思いを頭の中から追い出しつつあった。

プロスポーツ選手の中でも、ジェド・ラウリーはかなりの変わり種だった。その年のシーズン、最下位に沈んだアストロズの中で、最も活躍した選手かもしれない。この遊撃手の、身長一八三センチ、体重八二キロという小柄な体で何よりも特徴的なのは、鋭い観察力を持った青い目だった。大学の学位を持つ米プロ野球選手が数十人いる中で、ラウリーは代表的な存在だった。その学位を持っていなかったら、彼がこの日グリムと対戦することはなかっただろう。

ラウリーはスタンフォード大学で政治学を専攻した。在学中に、シグ・マイデルという名の、異色のメジャーのスカウトが見に来たことがあった。マイデルは大学で航空工学を学び、大学院では認知心理学とオペレーションズ・リサーチ〔科学的手法を用いて、最適な解決策を見つけようとする研究〕を学んだ。(3) 学費を稼ぐために、地元のカジノでブラックジャックのディーラーもやっていた。ロケット科学者としてロッキード・マーティン社とNASAに勤めた後に、野球チームで働こうと心に決めた。最初の仕事は、ファンタジーベースボールと呼ばれる、野球のシミュレーションゲームに関するものだった。競争の激しいリーグで戦う熱狂的なオーナーのために、計量アナリストを務めた。こうした非常に貴重な経験がきっかけで、セントルイス・カージナルスが創設したばかりの統計部門に採用された――今度は現実のプロ野球チームの仕事だ。マイデルは大学野球のデータを集め、メジャーで活躍できそうな選手を割り出すモデルを構築した。そして彼のパソコンによれば、全米で最高の大学選手はスタンフォード大学にいるとのことだった。

ところが実際に見に行くと、その選手は、これといった特徴がないのが一番の特徴だった。ジェド・ラウリーがメジャーリーガーになると考えるのは、マイデルが老練のスカウトのふりをするくらい、非現実的に思えた。マイデルはノートパソコンをたたき割りたい衝動を抑えながら、重要なのはラウリーの見た目ではなくプレースタイルのみだと自らに何度も言い聞かせ、アルゴリズムが示した通りに行動した。球団首脳陣に対して、ドラフト会議でラウリーを指名するように訴えたのだ。しかし、球団が一巡目の指名を見送ったために、先にボストン・レッドソックスに指名されてしまった。カージナルスはマイデルの進言に従っておくべきだった。アルゴリズムが予想したように、ラウリーはメジャーデビューを果たした。そして、二〇一一年一二月八日にマイデルの上司がヒューストン・アストロズのゼネラルマネージャー（GM）に就任した頃、彼はさらに実力を発揮していた。新GMは、就任から一週間もたたないうちに、トレードでラウリーを獲得した。さらに一カ月足らずの間に、マイデルもアストロズに引き抜かれ、ようやくスカウトと選手が同じチームに集まった。

二〇一二年六月一六日の午後、ラウリーは、メジャー初登板のジャスティン・グリムと相対した。この試合を迎える前に、ラウリーは、マイデルの見立てが間違っていないことを改めて証明していた。アストロズ移籍後、最初のシーズンとなるこの年は、過去四シーズンの合計よりも多い本塁打を見込めそうなペースだった。一シーズンの自己最高が九本だったにもかかわらず、六月だけで八本も打っていた。実はこれは、ラウリーが本塁打を目標にしなかったからこそ得られた結果だろう。彼の高校の野球場にはフェンスがなく、球をできるだけ高く、遠くに飛ばしてやろうという気にはならなかった。確信を持って本塁打だと言える唯一の方法は、自分がベースを一周する間、ずっと球の回転が止まらないくらいの強打を打つことだった。そのため、球を力の限り強打することが、彼の目標になった。

本書の第1章で、バスケットボール界にスリーポイントシュート革命が起きたと述べたが、野球界でも革命が始まっていた。それは、投手は三振を、打者は本塁打を最重視すべきだという主張だった。ごく普通のメジャーリーグの試合中に生まれたグリムとラウリーの対戦で、次世代の野球が、思いがけず顔をのぞかせることになった。グリムは三振を狙い、ラウリーは本塁打が欲しかった。

バックネット裏の一番いい席に招待されたグリムの両親が見つめる中で、グリムがラウリーに対して放った第一球の速球を、球審のビル・ミラーはストライクと判定した。特筆すべき点はない。一シーズンに何十万回と繰り返される投球のうちの一球だ。ラウリーはバッターズボックスの土をならした。グリムは捕手のサインを見てから、両親の元まで届かせるつもりで投げるという思いを、頭から振り払った。

ここから二人の対戦は、人間の判断力にまつわる、気まぐれなバイアスの影響を受けることになる。マウンドに上がった時点で、グリムはラウリーより優位な立場にいた。首位打者ですら打てない回数の方が多いことから、投手は打者に対して常に優位だといえる。今回の対戦に限っては、なおさらだった。グリムはメジャー未経験であるため、ラウリーがまともに参照できるレポートがなく、どんな投球をするのか、目の前で見るまで知りようがなかった。「相手が何をしてくるのか、さっぱり分からない状態です」とラウリーは言う。つまり今回、彼にとっては、目隠しをして打席に立ったようなものだった。

第二球を投げる直前に、ますます投手に有利に働く出来事が起きた。捕手のマイク・ナポリが、ラウリーとほんの少しだけ距離を空けたのだ。外角寄りにかがむことで、捕手は球審を欺こうとした。ミットを構えたところに真っすぐ球が来れば、実際はボールなのに、ストライクと判定するかもしれなかった。バッテリーは、ストライクゾーンをわずかに広げる細工をしたわけだ。そして、作戦は成功した。

グリムは捕手が構えたところに投げた。外角低めだ。ラウリーはボールだろうと思ったが、球審のミラーはストライクを告げた。ラウリーには信じられなかった。体の向きを変え、鋭い目つきで不満を表した。ラウリーがストライク判定に抗議することはめったにないので、この無言の抗議は彼にとって、球審に面と向かって叫んだも同然だった。「明らかにボールだと思うときだけですよ」と、彼はわたしにこっそり教えてくれた。

ラウリーににらまれたビル・ミラーは、それぐらいでは動じないほどのキャリアの持ち主だった。野球の審判員という職業に、彼は生涯をささげてきた。既に中学生の頃には、将来を考え始めていた。高校に上がると、リトルリーグの審判を務めて小遣いを稼いだ。[4] 高校の審判をするために大学野球をやめ、さらにはできる限り早くマイナーリーグで働くことを目指して、審判員養成学校に通った。この試合が行われた二〇一二年の時点で、彼はメジャーリーグで一五年の経験を持ち、仕事を愛していた。投球を判定するのが好きであり、とりわけテキサスに行くのを楽しみにしていた。[5] テキサス・レンジャーズの控室の係員が必ず用意してくれる、山盛りのエビや牛の肩バラ肉《ブリスケット》やアップル・クリスプを、試合後に味わうのが幸せだった。クレームを受けることにも慣れていたので、仕事を嫌いになることはなかった。ストライクとボールの判定に対する文句は、メジャーの選手たちがベンチでヒマワリの種を食べるのと同じくらい、試合の一部だった。一般的に言って、投球を判定し、それへの非難に耐えることまでが球審という仕事の意義ではないかと思えることもある。自分のミスを認めなくては、いい審判にはなれないが、客観的に見てもミラーはいい審判だった。

ホームベースの後ろにいるミラーの存在が、打者のラウリーより投手のグリムに有利に働くことがもう一つあった。ミラーは、投手の味方だったのだ。[6] 球審たちの一試合当たりの平均と比べて、ミラーはストライクを四つほど多く宣告していた。実際、彼が認めるストライクゾーンは誰よりも広かった。「高め、低め、内角、外角、左打者、右打者——ほぼ全ての状況で、ミラーはストライクを多くコールしていた」と、野球専門のウェブサイト「ハードボール・タイムズ」のブログで検証されている。[7]

ミラーがメジャーリーグで働き始めた頃は、球審の良し悪しを知る明確な基準がなかった。ところが、ＰＩＴＣＨｆ／ｘ《ピッチエフエックス》というシステムがメジャーリーグに導入されると、状況が一変した。全球場に設置された高解像度カメラが、投球について知りたかったデータを事細かに記録するようになった。例えば、球速や軌道、そして何より、ボールが到達した位置だ。ミラーのような球審を時代遅れにする可能性を秘めた、新しいテクノロジーだった。ヒューマンエラーは避けられないという事情があったために、誤審は長らく野球の一部だった。だが、これからは違う。ミラーがマシンに居場所を奪われるのを阻止しているのは、この保守的なスポーツの惰性以外のなにものでもない。ただ、その一方で、審判員を統括する責任者たちは、ゾーン・エバリュエーションと呼ばれる評価手法を開発した。これは、ＰＩＴＣＨｆ／ｘのデータを絶対的な基準として、球審がどの程度正しかったか、あるいは誤ったかを評価するのが目的だった。この裏には、ロボットは決して間違わないという、不気味な含みがある。とはいえ、ロボットが実際にストライクとボールを判定するようになるまでは人間が引き続き行うだろう。ＰＩＴＣＨｆ／ｘの登場によって、投球がホームベースを通過したら、ストライクかボールかが瞬時に分かるようになった。インターネットさえあれば、ミラーたち専門家だけでなく、誰でも調べることができた。グリムがラウリーに投げた第二球は、球審の目には外角をかすめて通ったように映ったが、実際にはホームベースからごくわずかに外れており、それが天地の差を生んだ。

つまり、判定はストライクだったわけだが、本来はボールとされるべき球だったのだ。[8]打者のラウリーは正しく、球審のミラーは間違っていた。投手のグリムは、運が良かった。

ツーストライクを取ったグリムが捕手を見ると、小指を一本出していた。メジャーリーグからマイナーリーグ、そしてリトルリーグに至るまで、野球界の共通言語である小指のサインは、内角の速球を意味する。グリムはうなずいた。これでラウリーを打ち取ることができる、とバッテリーは思った。高解像度カメラは、一五〇キロの速球が内角ぎりぎりに決まる瞬間を撮影した。こうした投球のことを、厳密な野球用語では「汚い」と表現する。

もしロボットの球審であれば、ロボットにしか見えない三次元のストライクゾーン内に球が通過したことから、ロボットの論理に従って、今の汚い投球に対して三振を宣告していただろう。

ところがミラーはロボットではなく、正真正銘の人間だった。誰よりも広いストライクゾーンを持つ彼は、内角ぎりぎりの投球に「ボール」と告げた。

酔っ払ったファンが判定に罵声を浴びせる中で、それを理解するのはなかなか難しいが、実はメジャーの球審はとても優秀だ。彼らが下した判定の約八七パーセントは合っており、ストライクとボールが明白な投球を誤審することはめったにない[9]。そのときの成功率は九九パーセントだ。彼らを悩ませるのは、ストライクゾーンから数センチの範囲内にくる投球だ。最も優秀な球審であっても、際どい判定の正解率は六〇パーセントしかない。

だが、ラウリーへの第三球がボールと宣告された理由は、これだけではなかった。数年後、この対戦も含めた、五シーズン分の数百万もの投球を、経済学者のチームが分析した。彼らの関心は、イチかバチかの状況下で、意思決定のプロフェッショナルである球審はどのように行動するか、という点にあった。二球続けてストライクになった直後に、球審はどのような判定を下したのか、ということに研究チームは着目した。より具体的には、二連続のストライクは、三球目の判定に影響を与えたのか、という点が研究者の関心事だった。

完璧な世界であれば、影響など出ない。だがメジャーリーグは完璧ではない。二球連続でストライクを告げた後で、三球目もストライクを宣告する確率は、二・一ポイント下がることが明らかになったのだ。ミラーのストライクゾーンは、縮んだというわけだった。グリムが二球でツーストライクに追い込み、さらにストライクすれすれの球を投げたことが、かえってグリムに不利に働いた。

メジャーで最初の三振を取り損ねたグリムは、感情を表に出さなかった。口をすぼめ、捕手を見た。再び小指のサインだ。今度はうなずくまでもなかった。セットポジションに入り、内角の速球をもう一度投げた。その瞬間、一塁走者が二塁に向かった。捕手は矢のような送球で盗塁を阻み、これでツーアウトになった。グリムは再び息を吐いた。あと一球でこのイニングを終わらせることができる。

グリムは大きく振りかぶって、一五一キロの速球をど真ん中に投げ込んだ。これは大失敗だった。三振を免れたおかげで訪れたこのチャンスを、ラウリーは逃さなかった。フェンスのない高校で養った能力を生かすときだった。ラウリーはバットを振った。打ち返された球は高く舞い上がり、右中間に飛んでいった。グリムの母はぞっとして、口に手を当てた。球はまだ落ちない。グリムの妹は、打たれた瞬間に目を覆った。ようやく指の隙間からのぞくと、最悪の瞬間を目にした。球はフェンスを越えていた。

ラウリーの強烈な一振りは、ホームランとなった。

3　ギャンブラーの誤謬

本章に登場したジャスティン・グリム、ジェド・ラウリー、そして彫刻家のアラー・アルサファーには、一つの共通点がある。それぞれが遭遇した苦境は、カジノに行けば説明がつくのだ。カジノは、意思決定を研究するのに適している。なぜならそこでは、人々が誤った判断をするからだ。人が意図的に愚かな行動をするこの実験室は、心理学者が実験に望む管理が行き届いている。それに加えて、被験者である現実の人間が、実際のお金を賭けたくなる魅力が、カジノにはある。それゆえ、ルーレットが回るたびに、人間の行動について楽しい研究を行える要素が、カジノには全て備わっている。レイチェル・クロソンとジム・サンダーリという二人の学者が、カジノを研究対象に選んだ。

行動経済学者のクロソンは、金銭にまつわる意思決定に関心を寄せていた。さまざまな場面でお金の取り扱いを誤ることは、認知エラーと呼ばれ、結果としてカジノ産業を支えていた。サンダーリはそのエラーを、肌身で知っていた。経営科学を研究する以前は、株式仲買人をやっていたのだ。博士号取得のため大学に戻った彼は、アムノン・ラポポートというイスラエル出身の心理学者に師事した。ラポポートは、第3章に登場したエイモス・トヴェルスキーの大学時代のルームメイトであり親友だった。彼らはヘブライ大学心理学部に申し込むため、列に並んだときからの知り合いだった。

ラポポートは、映画『チャーリーとチョコレート工場』に登場する、チョコレートが満載の工場のように、素晴らしいアイデアの宝庫だった。サンダーリはそんな彼を尊敬し、崇拝した。教授と学生という関係以上に、二人は親しくなった。あるとき、サンダーリが大学の仲間とスカイダイビングに行く計画を立てていると、ラポポートも参加したいと言い出した。「その発言自体に驚きました。教授は重い心臓病を抱えていて、その学期は手術のために休んでいたからです。スカイダイビングをやっていいのか、不安でしたよ」とサンダーリは言う。結局ラポポートも参加することになり、サンダーリと、大学のスポーツ選手だった二人と同じ車に乗り込んだ。この二人はどうにか卒業できたほどの成績にもかかわらず、立派な金融機関に就職し、顧客の資金を運用する仕事をしていた。サンダーリは友人たちに、ラポポートの授業で読んだ論文のことを話した。それによると、ホットハンドは幻想らしいということを彼は教えた。これから高速道路に入るというときに、友人たちは、論文を書いたインテリをなじり始めた。こてんぱんにやられたラポポートは、思わず聞いてみた。「ホットハンドは存在しない、と君たちが納得できそうな証拠は、何かあるかな?」。サンダーリの友人二人は、存在しないという証拠がどれだけ集まったとしても、ホットハンドを信じ続けると思う、と断言した。「君たちは信じているわけだ。わたしは人の信仰を否定しないよ」とラポポートは言った。「信仰があれば、証拠なんてどうでもいいさ」。彼らは飛行機の格納庫に到着すると、免責同意書を渡された。ラポポートは息をのんだ。心臓発作に何度も苦しめられていた彼は、健康に関する質問を正直に答えられなかった。サンダーリを脇に連れ出し、尋ねた。

「どうすればいいかな?」

「もしスカイダイビングをやりたいなら、『はい』にチェックを入れて署名してください」とサンダーリは言った。

ラポポートは証拠を無視し、信仰に身をささげた。

サンダーリが、ギャンブルの研究に時間をかける価値があると考えた別の理由は、勤務先のネバダ大学リノ校の立地にあった。キャンパス周辺には、コーヒーショップと同じくらい、カジノがひしめいていた。こうしてクロソンとサンダーリは、ギャンブルにおける意思決定をテーマに、一連の論文に着手した。[10] 目を付けたのが、ハラーズ・カジノに置かれた、通常より進行が早いラピッド・ルーレットだった。「過去の全プレーヤーの賭け方を記録した用紙が、大量に残されていたのです。いつ、どのように賭けたかを知ることができました」とサンダーリは説明する。さらに、スロットマシンのメーカーに勤める彼の元教え子から電話があり、一七〇〇万回分もの、レバーを引いた記録の提供を受けた。「これは最高のゲームとは言えませんが、データは最高でした」とサンダーリは話した。しかし一番の大当たりだったのは、彼が受け持つ学生のうち、社会人を対象にしたＭＢＡコースに通う一人が、地元のカジノに勤務していたことだった。サンダーリは、一人の大学院生をカジノの現場に派遣して、ルーレットテーブルで行われる賭けを記録しようと考えている、とその学生に伝えた。ところが彼は、もっといいことをすると約束した。勤め先のカジノの天井に設置されている、防犯カメラのビデオテープを入手できるという。「わたしたちはすっかり興奮しました」とクロソンは語る。「大学院生たちは地下室にこもり、テープを一フレームずつ見て、賭けの結果を集計表に登録しました」。サンダーリとクロソンもまた、この宝の山に取り組んだ。一八時間にわたる、頭上から映した一台のルーレットテーブルの映像には、一三九人のギャンブラー、九〇四回のスピン〔ディーラーが円盤に球を投入すること〕、二万四一二一回の賭け《ベット》の様子が映っていた。

サンダーリとクロソンはまず、当たる確率が五分五分の賭けから調べた。赤色か黒色のどちらに、球が落ちるかを当てる賭け――基本的には、コイン投げの表裏を当てるのと同じだ。スピンの様子を、客が一回以上見てから賭けた回数は五三一回だった。同じ色が来る方に賭けた人（赤の次は赤）は五二パーセントで、違う色が来ると思った（赤の次は黒）のは四八パーセントだった。

それでは、同じ色が二回続いた後の賭けはどうかというと、比率が逆転した。三回目も同じ色が続くと予想した人は四九パーセントに下がり、違う色に賭けたのは五一パーセントだった。つまり、結果が変わると思った人の方が多かったのだ。順番に見ていこう。最初に赤に入った後に、四八パーセントの人は、次は黒に入ると予想した。ところが、また赤が続くと、五一パーセントの人は次に黒に賭けた。そして、前の結果と違う色に賭ける割合は上がっていった。赤が三回続いた場合、次に黒と予想した人は五二パーセント、四回連続だと五八パーセント、五回連続だと六五パーセントになり、六回連続だと八五パーセントもの人が、次は違う色が来ると考えた。「同じ色が続くよりも、続かない方に賭ける人が大幅に増えた」とサンダーリたちは述べている。(11)

ホットハンドを信じたことにより、当然の結果として起きるこの心理現象のことを、ギャンブラーの誤謬《ごびゅう》という。

賭けの参加者が、疑いを持たず、惜しみなくカジノにお金を投じ続けている限り、ギャンブラーの誤謬はその人の頭を支配し続ける。この誤謬を最初に明らかにしたのが、数学、統計学、物理学をはじめとする幅広い分野で活躍した、ピエール＝シモン・ラプラスというフランス人だった。ラプラスは、数百年前のカーネマンとトヴェルスキーのような存在だった。現代に生きていたら、ポッドキャストの配信に手を出していただろうし、ＴＥＤで講演して有名になっていたかもしれない。彼の運が悪ければ、学者や政治家が集まるダボス会議にも招かれたことだろう。そう思えるほどの人物だったラプラスが、わたしたちと同じ結論に達したのは一九世紀のことだった。一八一四年に出版され、大きな影響を与えた『確率の哲学的試論』の中で、彼はフランスの宝くじを例にギャンブラーの誤謬を説明している。[12] しばらく出ていない数字の方を好むことが、いかにばかげているかを指摘し、「過去は未来に対して、何ら影響を与えない」と述べた。これは特に、プレーヤーからお金を巻き上げるのが得意なカジノゲームに当てはまる――ルーレットはその一例だ。宝くじに翻弄《ほんろう》されるのと同じ理由で、カジノで同じ結果が続くと、人は過剰に反応してしまう。

ギャンブラーの誤謬は、ホットハンドの誤謬とは異なる。ステフィン・カリーが三本連続でシュートを決めると、観客は四本目も入ると期待する。これがホットハンドの誤謬だ。それに対して、ギャンブラーの誤謬にとらわれると、ルーレットで赤が三回連続で出た後に、次は黒が出ると考える。

大きな違いは、結果をどのように理解するかという点だ。人間が結果をコントロールできると思うか（バスケットボール）、コントロールできないと承知しているか（ルーレット）。思いがけず同じ色が続くと、そのうち帳尻が合うとプレーヤーは考え、違う色に賭ける。人は皆、「平均への回帰」――平均以上の結果が出ても、いずれ平均値に近づくこと――を、頭で理解しているからだ。だが、確率など関係ないと思っているときは話が別だ。シュートを四本連続で決めようとしているステフィン・カリーは、統計のルールを一時的に打ち負かしている、とわたしたちは思うのだ。なぜなら彼は今、絶好調だから、というわけだ。

わたしたちは、ギャンブラーの誤謬とホットハンドの誤謬を同時に信じることすらある。ピーター・

エイトンとイラン・フィッシャーは、この矛盾を説明する賢い方法を見つけた。[13] 彼らは、心理学部の学生を何名か講堂に集め、受ければ特別に単位がもらえるテストを三枚配った。テスト用紙には、@と#がごちゃ混ぜに並べられていた。まるで、スマホの操作を誤ってツイートしたかのように見えた。

理解不能に思える文字の並びを理解してもらうために、エイトンたちは、これらの記号は六つの実験結果を表したものだと説明した。バスケットボールのシュート、コイン投げ、サッカーのシュート、サイコロ投げ、テニスのサーブ、ルーレットの六種類だ。学生には、教授が実験を行ったと伝えたが、実際には何一つやっていなかった。用紙に書かれた列は、一一個の@と一〇個の#を用いて、コンピューターがランダムに並べたものだった。エイトンとフィッシャーは、嘘の実験を行うために、参加者である学生を二グループに分けた。人間がやる実験（バスケットボール、サッカー、テニス）と、全くの偶然による実験（コイン、サイコロ、そしてもちろんルーレット）だ。学生たちは、@と#が入れ替わる確率がそれぞれ異なる並びを、二八通り見た。その違いは一目瞭然だった。入れ替わりの少ない列と多い列は、次のようになった。

入れ替わりが少ない：@@@@@@@#@#####@

入れ替わりが多い：@###@@#@#@#@#@#@

そしてエイトンとフィッシャーは、一連の@と#が、成功か失敗（バスケットボールの場合）であり、赤か黒（ルーレットの場合）である可能性があると告げた。学生に与えられた情報は、以上でほぼ全てだ。各列が、どの実験結果を表しているかを探るのが、彼らに与えられた課題だった。平均点を超えた者に、単位が付与された。

このテストを行う何年も前から、エイトンはホットハンドとギャンブラーの誤謬を研究してきた。学者向けではなく、一般人が読むために彼が書いた初期の評論が、有名な科学雑誌に掲載されたこともある。エイトンが試みたのは、ギロビッチ、トヴェルスキー、バローネがバスケットボールについて述べた主張を、サッカーで検証することだった。イングランドのプレミアリーグで得点王に輝いた選手たちのゴールを調べた結果、彼も同じ結論に至った。『ホットフット』に対する信仰も誤りだ」と彼は述べた[14]。その後の騒ぎも、ギロビッチたちのときと同様だった。彼の母国であるイギリスで大騒動になり、ついにはラジオ番組に呼ばれて、ロン・アトキンソンと討論することになった。プロサッカークラブの監督を長年務め、ビッグ・ロンという愛称で知られる人物だ。果たしてフーリガンたちは、ホットハンドを信じていいのか。ビッグ・ロンはあら探しばかりした。「あなたは、ロッカールームに行ったことがないから分からないのでしょうね！　わたしはロッカールームにいたし、どんな雰囲気かもよく知っているんです」と彼は大声を上げた。ビッグ・ロンの怒りを買ったエイトンは、大喜びした。ギロビッチやトヴェルスキーがバスケットボール界から受けたのと同じ反発を、エイトンはサッカー界から食らったからだ。

学生に対して行った実験はエイトンにとって、彼のどの研究とも異なっていた。ホットハンドやギャンブラーの誤謬に関して、新たに興味深い発見ができるか、予測がつかなかったからだ。「実験をする前から、既に結果を確信している、あるいは確信めいたものを感じているので、わざわざ実験する理由があるのかと疑問に思うこともあります。でもこの実験では、見当もつきませんでした」とエイトンは語る。

「過去は未来に対して、何ら影響を与えない」と明言したラプラスなら、エイトンたちの実験結果に驚かないだろう。学生たちは、連続が多い列はバスケットボールのシュートであり、ランダムに見える列はルーレットだと考えた。つまり、@@@@@は人間の行動だが、@##@は単なる偶然だと彼らは解釈したのだ。人間がコントロールできていれば、学生たちはホットハンドを信じた。そして、人間がただ傍観している状態であれば、彼らはギャンブラーの誤謬を信じた。

ラスベガスのルーレットテーブルは、こうした傍観者たちを念頭において設計されている。回転盤のすぐ隣に置かれた電光掲示板には、スピンが終わるたびに、リアルタイムで結果が更新される。そこには赤黒の確率や数字の分布に加えて、最も重要である、直近の二〇回に出た数字が表示されている。全く意味を持たない、素晴らしいディスプレイだ。これ見よがしの情報が並んだ画面は、実はギャンブラーにとって、有名なベラッジオの噴水ショーを映す程度にしか役立たない。「結果が完全にランダムなゲームなら、過去に出た数字を表示する意味はありませんよね」とサンダーリは言う。「でもカジノ側は、客がその数字を重視することを知っているのです」

客が重視するわけは、そこに解読すべきパターンが潜んでいると考えるからだ。カジノは、ギャンブラーの誤謬を信じる人をターゲットにしている。このバイアスにとりつかれた人々に、後で後悔するような決断をさせるのに十分な情報を、カジノはいつでも提供している。ルーレット横の電光掲示板には、「有り金を全てください」と書かれているようなものだ。

さて、カジノを研究するクロソンとサンダーリは、次にこのような問いを立てた。ギャンブラーの誤謬にとらわれた人は、ホットハンドも信じているのだろうか？　答えは、「イエス」だった。賭けの最中にホットハンドをつかんだと感じた人は、ホットハンドが収まるまでルーレットテーブルから離れなかった。勝ち続けている間は、同じ飲み物を頼み、お決まりの動作をした。ステフィン・カリーがシュートを打ち続けるのと同じ理由で、彼らは全力で賭け続けた。なぜなら、好調が続いているからだ。

クロソンたちが、特定のカジノの特定のルーレットを調査した結果、負けた後にテーブルを離れた人は八割に上り、勝った後に自分の意志でゲームをやめた人は二割だけだった。勝った後にテーブルを離れる、または勝っているうちにやめる、というのは当たり前だと思うかもしれない。なにせこれはルーレットであり、いつかは負けるときがくるのだから。儲けが出たら、奮発してステーキを食べに行った方が賢い。恐らくあなたはそう考えるだろう。だが、実際には人間がそのように行動しないことを、カジノはよく知っている。

クロソンとサンダーリは、これ以外にもホットハンドの形跡を見つけた。確率が五分五分の賭けに勝ったギャンブラーは、より強気に賭けることが分かった。勝った次のスピンでは、彼らは一四個もの数字に賭けていた。

一方、運悪く負けたギャンブラーが次に賭けた数字は、九個に留まった。そして、三夜にわたるルーレット映像を見たクロソンたちは、最後に、とても面白い発見をした。彼らは、ルーレットのプレーヤーが、平均的に見てホットハンドとギャンブラーの誤謬を信じていることまでは解明していた。それでは、個々のプレーヤーに目を向けてみるとどうだろうか。クロソンたちの調査の結果、ギャンブラーの誤謬に従って賭けをする人は、ホットハンドの誤謬に従って賭ける人と同一であることが、明らかになった。つまり、（ギャンブラーの誤謬に陥って）黒が出た後に赤に賭ける人は、勝った後は（ホットハンドの誤謬を信じて）もっと強気に賭けるのだ。前述の、大学生を対象に実験を行ったエイトンとフィッシャーは、「人間は『絶好調』になることができるが、無生物の機械はそうなれない、と人々は信じているようだ」という結論を出した。[15] クロソンとサンダーリも、「信じているようだ」という点を強調する。「ルーレットのプレーヤーが何を考えていたか、実際には分かりません。わたしたちが分析したのは、彼らの行動のみです」とサンダーリは語る。カジノを実験室にした目的は、ここにあった。被験者の「わたしはこういう行動をするでしょう」といった発言ではなく、実際の行動を評価することが重要だった。

ところで、ギャンブラーの誤謬の原則が、ネオン輝くカジノ以外の領域にも及んでいるとしたら、どう思うだろうか。例えば、野球の球審にも当てはまったら？ さらには、球審よりも多くの利害が絡む仕事に従事する人々が、ギャンブラーの誤謬というバイアスに陥っているとしたら？

実はこのバイアスこそが、あのイラク人彫刻家が米国にとどまれるかどうかの鍵を握っていた。

4 難民ルーレット

「難民ルーレット」というのが、その論文のタイトルだった。米国の移民研究の中で、これほど包括的な調査をしたものは他にない。[16] 四〇万件以上の難民申請に基づいていて、さらにその中には、裁判官

――人の生死に関わる究極の決定を下す権限を持つ人々――が審査した事例も含まれていたからだ。これは強烈なインパクトを与える論文であり、執筆した法学者たちは、より多くの人に読んでもらうために目を引くタイトルを付けた。イラク人彫刻家のアラー・アルサファーのように、米国に庇護を求めた申請者を分析したところ、司法が本来の役割を果たしていないことを強烈に示す結果が導き出された。「難民申請者が米国で安全に暮らせるか、迫害の恐れがある国に強制送還されるかは、運に左右される部分が極めて大きい」と論文は断じた。[17]

そして、執筆者たちの主張は正しかった。それでも、実際にどの程度正しいのか、彼らには見当もつかなかった。

米国では、難民申請を出した瞬間にその結果を運に任せることになる、というのがこの論文の要旨だ。調査の結果、米国にとどまれる確率は、申請者ではどうにもならない環境によって変わることが判明した。そこには公平な司法など存在せず、実のところ同じ申請であっても容易に違う結果になりえた。例えば中国人の申請が通る確率は、アトランタでは七パーセントだが、オーランドでは七六パーセントに達した。ある移民裁判官が難民認定したのは六パーセントだったのに対し、同じ裁判所の別の裁判官は九一パーセントを認定した。マイアミ、ニューヨーク、ロサンゼルスといった都市部では、裁判官の三二パーセントが、平均の認定率から大きく外れていた。申請者にとって、こうした外れ値は例外ではなく、希望だった。

「裁判官によって、意思決定は大きく異なる。それどころか、移民当局や地域、控訴裁判所、年度によっても、ばらつきが大きい」と論文執筆者は述べた。[18]

心穏やかではいられないこの研究の中で、最も衝撃的な事実は、移民裁判官こそが何よりも重要な要素だということだ――難民申請者自身や出身国、申請者が米国に貢献できるスキルや、そもそもなぜ米国に逃れてきたのかという理由は二の次だった。どの裁判官に当たるかは、偶然の要素がかなり大きかった。たとえ申請者が優秀で、米国がその人のためにすること以上に、その人が米国に尽力する可能性があったとしても、寛大なオーランドの裁判官ではなく、審査が厳しいアトランタの裁判官がたまたま担当したというだけで、申請が却下されてもおかしくなかった。

これまで述べた「誰が」「どこで」といった要因以外にも、「いつ」という問題も絡んでくる。それによって、認定手続きは、申請者にとってさらに残酷なものになる。

米国に在住できるチャンスは、無作為に任命された裁判官が、全く関連のない申請を、直近に認定したかどうかにかかっていたのだ。こんな理不尽なことがあるだろうか。難民申請は、要するにカジノと変わりなかった。

経済学者たちが、球審の判定について分析したのを覚えているだろうか。二球連続でストライクと判定した後は、三球目をストライクと判定する確率が下がった、という論文だ。この学者がギャンブラーの誤謬の兆候を見つけたのは、球審だけではなかった。非常に重要な意思決定を下す移民裁判官についても、調査が行われた。

その研究対象になった一人が、ブルース・アインホルンという人物だ。彼は、移民裁判官になる前は司法省に勤め、米国の難民法の制定に尽力した。コロンビア大学の学生だった頃は、世間では公平と思われている判決を、裁判官がどういった心理で下すのかということに興味があった。「面白そうだと思ったのです。そう思わない裁判官もいますけどね」とアインホルンは言う。彼はラットを実験用の箱に入れ、行動を観察したこともあった。その結果、「ラットが気の毒になり、自分は箱の中のラットにはなりたくない、ということがわかった」そうだ。

二〇年にわたる移民裁判官の在職中、アインホルンはその意志を貫いた。彼は寛大な裁判官であり、難民申請の認定率は、同僚の裁判官よりも高かった。無条件で認めるわけではないが、認定数の方が多いことから、彼が否定から入る人物ではないことは明らかだった。「助けを差し伸べるより、拒む方が常に簡単です」と彼は言う。裁判官が申請を却下する動機が、驚くほどたくさんあるからだ。アインホルンのように多く認定する裁判官は、官僚組織の内部から非難を受ける覚悟でやっていた。「小心者と思われる可能性は十分あります。『誠実で、裁判官の自覚がある』と評価されるかわりにね」と彼は話す。

連邦裁判所判事という職権を与えられた人でさえも、似通った難民申請に対して、実にさまざまな結論を下すことがある。そのことを知った行動経済学者のケリー・シューは、彼らも認知バイアスに陥りやすいのではないかと考えた。そこで、移民裁判官に関するデータをある程度そろえた上で、同僚のトビアス・モスコウィッツとダニエル・チェンに話を持ち掛けた。ゲームの中だけでなく、実社会に利害関係を持つ人も、ギャンブラーの誤謬に影響されているのか、ということをシューは明らかにしようとした。申請の取扱件数が一定ではない中、裁判官は短時間で、できる限り多く終わらせるように指示されている。その結果として、難民認定制度の現場は、バイアスの温床《おんしょう》になっているのだ。

理屈の上では、一件の難民申請は、次の申請に何の影響もないはずだ。しかし困ったことに、法服をまとった人たちにはその理屈が通用しない。彼らはロボットではなく、メジャーリーグ球審のビル・ミラーと同じく、人間なのだ。

裁判官は、社会の中で複雑な立場にいる。わたしたちは彼らに、神のように振る舞う権限を与えている。秩序を支える、選ばれた者たちだ。ところが裁判官が、物事のバランスを取ることが仕事だと考えるようになると、おかしなことが起きる。シュートが連続で決まってほしいと願うバスケットボールファンとは、正反対の思考（ギャンブラーの誤謬）に陥るのだ。裁判官には本来、連続など気にせず、公平に判断する義務がある。しかし彼らは、その大前提をしばしば崩す。承認ないし却下がこんなに連続するはずがないと考え、その流れを断ち切ってしまうのだ。

シュー、チェン、モスコウィッツは、三五七人の移民裁判官が下した一五万件以上の判決を分析した。裁判官が難民認定した割合は、平均二九パーセントだった。そして裁判の順番を調べた結果、三人はその平均値が変動するタイミングを突きとめた。一つ前の裁判で認定した直後は、その次の申請を認定することが少なかったのだ。強烈な事実だった。つまり、庇護を必要とする外国人――厳しい困難に耐え、苦しみや逆境を何度も乗り越えてきた人たち――は、申請と全く無関係の理由によって、自動的に不利な立場に置かれていた。気がめいる事実は、これだけではなかった。裁判官が二件続けて承認した後に、その次の申請も承認する確率は、二件続けて却下したときに比べて五・五ポイント下がっていた。難民申請者の長所などお構いなしだった。移民裁判官は、球審や、酔っ払ったルーレットのプレーヤー並みに、ギャンブラーの誤謬に弱かった。アラー・アルサファーたちは、ルーレットの球のように、その身を運に任せるしかなかった。

「裁判官たちは、訴訟がランダムに割り当てられると分かっています。しかし『ランダム』と言われるとすぐに、わたしたちの頭の中には奇妙な考えが浮かびます」と、共同執筆者のモスコウィッツは語る。「一般的に、多くの人はランダムの意味をあまり理解していません。ランダムと言われて思い付くのは、一日に申請を六件担当するとしたら、三件は肯定し、残りの三件を否定するといった考え方です。三件続けて同じような案件が続き、その後に別のタイプの案件が三件続くことがあるとは、想定できないのです。交互に来るはずだと思い込んでいるわけですが、それは誤った認識です」

それでは、現行の仕組みをどのように改善すればいいのか。モスコウィッツは、裁判官を割り当てる方法を変えるだけでいいと提案する。彼の案は、難民申請者への聞き取りを二度行うというものだ。「一人の裁判官が下した判断を、別の裁判官が見直すのです。ただし、二人は別々の順番で申請を見るべきです」とモスコウィッツは言う。そうすることで、一人は直前のケースを承認したばかり、もう一人は却下したばかりだからというだけの理由で、同じ申請を見ているにも関わらず、まるで違う扱いをしてしまうという事態は避けられる。現在でも既に裁判官が大量の案件を抱えていることを考えると、仕事量が倍増することになるこのやり方は、最も実用的な解決方法とは言えない。ただ、まっとうなやり方ではある。

アイデアを気に入ったモスコウィッツは、実生活の行動を改めようと考えた。大学の助手が試験を採点する際、必ず二回行うことにし、その後にモスコウィッツが二回分の点数をならすことにした。しかし、ギャンブラーの誤謬を打ち破る方法をいろいろと考えた末に、この手法には欠陥があると気付いた。「ここにもバイアスが入り込む場合があります」と彼は言う。「優秀な答案が二つ連続すると、その次の答案の採点に影響する可能性があるのです」。そこでモスコウィッツは、自身の提案を徹底的に実行した。助手たちは今では、同じ答案の束を採点するときに、それぞれ異なる順番でやるようにしている。「この方がずっと公平ですし、バイアス抜きで成績をつけられます」

アラー・アルサファーには、そのような手厚い扱いは期待できなかった。彼の庇護を巡る複雑な計算式には、変数がいくつもあった——どんな裁判官が、どこで、いつアルサファーの前に現れるか。結論は、人間によるギャンブラーの誤謬の影響を受ける。だが、裁判官は、赤か黒に賭けるわけでも、ストライクとボールを判定するわけでもなく、アルサファーの生死を決める判断を任されていた。

5 難民申請の落とし穴(2)

アルサファーは、難民申請を出して間もなく、南カリフォルニアの高齢者向けコミュニティーに移り住んだ。アボカド通りから少し脇に入った所にある自宅のガレージを、窮屈なアトリエに改造し、制作に取り掛かった。

移住したことによって、創作意欲が湧き上がってきた。「抑えきれませんでした」と彼は言う。お金をかけずに自分の思いを表現できる手段は、絵画だった。《愛すべき踊り子たち》という連作には、一糸まとわぬ姿の豊満な女性たちが描かれている。「わたしの国で、こんな絵を描いたら殺されますね」。やりたいことが何でもできるようになった彼は、それまで許されなかったことに挑戦したかった。

暑さが厳しい夏の日の午後に、わたしはアルサファーに会いに行った。その頃の彼は、望みの薄い、ぼんやりとしたアメリカでの日々に慣れようとしていた。わたしは『サンディエゴ・ユニオン・トリビューン』紙の記事を読んでアルサファーのことを知り、こうして向かい合って座っていた。出迎えてくれた彼は、水と一緒にスターバックスのフラペチーノを二つ差し出して、バニラとモカ、どちらか好きな方を選ぶようにと言った。芸術家らしい、だぼだぼの黒のTシャツと黒のズボンを身にまとい、靴下の上からサンダルを履いていた。彼からはタバコのにおいがした。目の前のテーブルには、灰皿と、何本も転がっている鉛筆に加えて、サッカーの試合のハイライトを映すノートパソコンがあった。イーゼルを取りに立ち上がる必要もないほど、アトリエは狭かった。イラクにいた頃に作った作品が、至る所に置かれていた。引っ張り出してきた靴箱の中には、彼を取り上げた記事の切り抜きや、彼がデザインし、全国大会で優勝した郵便切手や、栄光に包まれていた頃に制作した彫刻の写真がしまい込まれていた。彼は本棚の端の分厚いバインダーをどかし、隠していた蒸留酒のウーゾとアラックすら見せてくれた。イスラム教徒のひそかな悪事を披露した彼は、得意げな表情だった。

アルサファーは一日の大半を、自宅とつながったこのアトリエで過ごした。彼は近くの大学内にある、きちんとした作業場を紹介されたが、ガソリン代がかかるため断った。友人が車で送迎すると言ってくれたが、それもやむなく辞退した。「わたしにはもったいないですよ。そういう場所は、もっと若い人のためのものです」と彼は言う。それに、自宅で制作するのは好きだった。バグダッドにいたときも、家で作業する方がはかどった。今でも作品のことを四六時中考えているので、すぐに取り掛かれるというのは彼にとって重要だった。仕事と生活のバランスなど、気にしていなかった。「それがわたしの人生です。仕事がなければ、生きている意味がありません」

しかし、彼の仕事と新たな生活には、問題が二つあった。まずは石だ。ブリック・アート・マテリアルズという画材専門のチェーン店に行ったものの、一番小さな石材ですら、彼の苦しい家計では手が出せなかった。そして二つ目の問題は、彫刻を絵画に切り替えても解決できなかった。

アルサファーが南カリフォルニアで暮らし始めてから既に数年がたっていたが、米国在住を許可されたと自信を持って言うことは、いまだにできなかった。彼が過去を捨てて新たな暮らしを始めた頃というのは、米国史において、本来であれば難民として同情を寄せられて当然の人々が、その出身地や宗教を理由に、不当に軽蔑される時期だった。アルサファーが過去をきっぱりと捨て去ることができなかったのは、第二の人生が米国の難民認定制度に振り回されていたからだった。

難民申請を正式に出す前から、書類の山との格闘は始まっていた。読み終えた時点で直ちに市民権を与えるべきだと思うほど、申請書には退屈な説明が延々と続く。こうした書類の目的は、その人が心から保護を必要としているかどうかを、吟味することにあった。アルサファーは、イラクに帰国したら命を落とす恐れがあると訴えた。さらには、〔難民条約が定義するように〕人種や宗教、国籍、政治的意見、そしてとりわけ彼の場合は、特定の社会的集団の構成員だったという理由によって、イラクに戻れば迫害を受けると証明しなければならなかった。彼の娘がイラクの自宅のガレージで発見した脅迫状を引き合いに出し、自分は芸術家であり、危険なので祖国には戻れないと説明した。

難民申請手続きの第二ステップは、国土安全保障省が管轄《かんかつ》する、庇護事務所の担当者とのインタビューだった。提出された全書類と申請者の顔を一致させるのも、この担当者の役割だ。アルサファーが最初にインタビューを受けたのは、申請から数カ月後のことだった。お役所仕事であることを考えると、早いように思えた。これはきっとうまくいく、と彼の家族は大喜びした。担当職員の部屋に入るとすぐに、アルサファーは庇護を求めている理由を洗いざらい伝えようとした。「わたしはここで何かしたいのです——米国のために」とイラク人彫刻家は言った。心温まる発言だが、申請にはほとんど影響しなかった。作品を作りたいという強い願望よりも、米国に残る動機が上回っていることを、当局に納得してもらわなければならなかった。この国にとどまるためには、自分にはそれ以外に選択肢がないことを、説得力を持って主張するしかなかった。恐怖におびえていることを証明しなければならなかった。その信ぴょう性を見極める責任を負う庇護事務所の職員は、アルサファーの過去をもっと深く知りたいと思い、サダム・フセインとの関係性を聞いた。

「わたしは貧乏人です」と答えたと、アルサファーは記憶している。「ただの芸術家です」

「サダム・フセインのために働いたのですか」

「はい」

「どんなお仕事を?」

「わたしは彫刻家です」とアルサファーは訴えた。

「イラクにいるとき、命の危険を感じたのですか」

「はい。わたしの国では、目が五つ必要です。一つ、二つ、三つ、四つ、五つです」。そう言いながら、アルサファーは左右と後ろを指さした。

「それでは、米国ではいくつ要るのですか」

「一つだけです」とアルサファーは答えた。

インタビューを終えた職員は、この申請を何通りにも処理することができた。その場で認定することもできたし、却下することもできた。あるいはアルサファーの申請を持ち越し、移民裁判所に判断を委ねることも可能だった。

わたしが彼とフラペチーノを飲んでいたのは、この面接から数年が過ぎ、彼が庇護事務所と最後に連絡を取ってからも数カ月がたった頃だった。米国の難民認定制度は危機的な状態だった。中米からの移民が国境に押し寄せ、庇護事務所と移民裁判所は処理が追い付かなくなっていた。たとえ申請の増加率が一〇〇から三〇〇パーセントぐらいであっても、制度は崩壊していただろう。ところがアルサファーが申請する何年も前から、その水準をはるかに超えていた。わずか五年の間に、一七五〇パーセントも増えたのだ。[19]米国の移民制度にとって、想像を絶する数字だった。こう考えてみよう。あなたは、一日にやるべき仕事をリスト化しているとする。忙しい日は仕事が一〇個あり、全てやり終えると気分がいい。しかし庇護制度が直面したのは、一〇個の仕事が一八五に増える事態だった。これではもはや一日のリストではなく、四六時中ぎっしりと予定が詰まった、一カ月のカレンダーだ。

アルサファーのように審査が保留になっている申請者は、この時点で三二万六六三人もいた。[20]NFLのスタジアムを四つも満員にできるほどの人数だ。移民裁判所は機能不全に陥り、未処理の案件は増え続けていた。その一方で、米政府は、「後入れ先出し」のアプローチを採用した。米国に到着したばかりの申請者から、まず取り掛かるということだ。行政機関は氷河のようにゆっくりと申請を処理していたため、いつまでたってもアルサファーの順番は回ってこなかった。国境に大挙して押し寄せる移民が優先され、彼のようにビザを既に保有し、有望な国民になりそうな難民申請者は放置されがちだった。

わたしが彼に会いに行った月に、米移民局が処理した申請数は約七〇〇〇件であり、何十万件が未処理だった。庇護事務所で、すぐに認定か却下が決まる場合もあるが、多くはインタビューを受けた後、移民裁判所に回される。そして、アルサファーのように苦難を強いられる。「寝ていても、起きていても、どちらにせよ死んでいるようなものです」と彼は言った。

彼の申請が何年も持ち越しになっている間、家族は地元の庇護事務所に定期的に電話をかけ、進捗を尋ねた。同じ答えが返ってくるたびに家族は心を痛めた。「保留、保留、保留です」と娘のズィーナは言う。苦しい日々が続く中で、ズィーナは、父にイラクの生活を捨てさせ、米国で新たな人生を歩むように頼んだのは正しい選択だったのだろうか、と悩んでいた。難民申請は、これほどまでに痛ましい事態を招く。芸術家であるという理由で殺されるかもしれない場所にいた方が、父は幸せだっただろう、と実の娘が思うのだ。「安全のために、父には米国に残ってほしかった。でも何年も待ち続けて、いまだに保留にされていることを思うと、わたしは後悔しています。そう言うと驚かれるでしょうね。父をここに留まらせたことは正しかったのか、わたしには分かりません。父はきっと、故郷が恋しいでしょうから」

人生を巡る大きな苦悩を忘れられるので、アルサファーは家の周りを散歩するのが好きだった。自宅の庭に米国の国旗を掲げる近所の住民に、彼は挨拶する。このコミュニティーで彼は人気者だ。ズィーナが訪れると、アルサファーの友人が駆け寄ってきて言葉を交わす。「たくさんの人に、父の才能を知ってもらいたいのです」とズィーナは語る。「才能ある人が評価されないのは、とても残念です。父が亡くなる前に、どうか認められてほしい」

娘にはもう一つ、父にかなえてほしいことがあった。

「芸術面でも生活面でも、父には自由にやってほしいと願っています。誰かの指図を受けるのではなく」

申請結果を待つ間、アルサファーには時間をつぶす方法が一つしかなかった。彼は作品を作り続けた。南カリフォルニアの町の真ん中に、巨大な彫刻を建てるのが今の夢だ。いつかは受け入れてくれるはずのこの国に、アルサファーは恩返しをしたかった。その作品は、彼の最高傑作になることだろう。小さいながらも、その模型は既に完成していた。それは、米国の地図と国旗を組み合わせた作品だった。そして二つをつないでいるのが、英語や、彼の故郷イラクの諸言語で書かれた、「自由」という言葉だった。それを実現できるのか、彼は今もなお確信を持てずにいる。

さて、ここまで多岐にわたる事例をご紹介してきた。アラー・アルサファーの不安や、ジェド・ラウリーの本塁打（本章）。ニック・ヘーゲンの大豊作や、デービッド・ブースが落札したバスケットボール規則集（第4章）。ロブ・ライナーの映画や、レベッカ・クラークのソナタ、そしてウィリアム・シェイクスピアの戯曲（第2章）。マーク・ターメルが作った大人気ゲームと、言うまでもない、ステフィン・カリーの華麗なシュート（第1章）。

いろいろな視点からホットハンドを見てきた。しかし、分からないことがまだ一つある。

ホットハンドに気付いたとき、わたしたちはそれを信じるべきなのか？

第6章　データによって明らかになった事実

1　ホロコーストからユダヤ人を救ったスウェーデンの英雄

中立国スウェーデンの大都市、ストックホルムは、第二次世界大戦のさなかにあって不思議な場所だった。ヨーロッパの戦場から近かったため、スパイと外交官にとって安全な隠れ場であったのと同時に、市民がほぼ普段通りの生活を送れるほどには、十分離れていた。ある海外特派員は次のように書き残している。「爆撃によってあちこちに穴が開いたイギリスを見てきた旅行者にとって、ストックホルムは天国のようだ[1]」。スウェーデン国民は、まだコンサートやオペラを鑑賞することができた。タキシードやロングドレスをまとい、舞踏会に出掛けた。そして、映画館も営業していた。

一九四二年の冬は厳しい寒さだった。その頃ストックホルムでは、『「ピンパーネル」スミス』という英国映画が人気を集めていた。命知らずの教授が、秘密裏に強制収容所の囚人を救出するというストーリーだ。政治色が強いため、当初スウェーデンでは上映禁止になったが、それで忘れ去られたわけではなかった。この検閲は逆効果を招き、見てみたいという声が高まった。英国大使館は要望に応えて上映会を開き、悪と戦う英雄を見守った観客の中に、ラウル・ワレンバーグという若者がいた。彼は、頭に浮かんだ考えにすっかり取りつかれた。

「僕もこういうことをやりたい」とワレンバーグは言った。(2)

だが彼は、「こういうこと」に手を出すべきではない人物だった。ワレンバーグ家は、スウェーデンにおけるロックフェラー家ともいうべき名門だった。「存在する――誰にも気付かれることなく」というのが家訓だった。だが、ラウルは一族の中で変わり者であり、不自由ない上流階級の暮らしになじめないでいた。彼の父は、母がラウルを身ごもっているときに亡くなった。その死に際に、会うことのかなわないわが子に対して、「優しく、善良で、控えめな子に育ってくれたら、これ以上の喜びはない」と願った。(3)ラウルは、父の期待通りに育った。決して控えめでなかったことを除いては。彼は幼少期から、父方の祖父から教育を受けた。スウェーデン大使を務める祖父は、世間を知ることと、他人の気持ちに共感することを重んじていた。その考えに基づき、ラウルを米国のミシガン大学へと送り出し、健全な環境の中で学ばせた。「祖国に根付いている我々が誰よりも優れているなどという自負は、打ち砕かなければならない」と、祖父はラウルに宛てた手紙の中で書いている。(4)さらに、「先駆者は、外国人の中にいながら、美徳を見つけ出すものだ」と付け加えた。

外国人の中で過ごしたワレンバーグは、理想主義と大きな野心を手にした。ずっと米国にいられるわけではないと分かっていたので、その雰囲気を思う存分味わった。彼にとって外国である米国を、気取らずに旅行した。とりわけヒッチハイクを好きになったが、見知らぬ人の車に乗せてもらうことは、決して一族の名声を汚す行為ではないと祖父に分かってもらうのには、苦労した。「ヒッチハイクは、交涉能力を磨き、機転を利かせるためのいい訓練になります」と彼は手紙に書いている。[5]「危険性については、少し誇張されて伝わっているようです」。だが、必ずしも誇張ではなかった。ある晩、ヒッチハイクでシカゴから戻る途中に、銃で脅迫されたことがあった。そんな状況下で、かつてなくゾクゾクしていることにワレンバーグ自身が驚いた。追い詰められているはずの相手が平然としているので、強盗のほうが面食らったほどだ。

ワレンバーグは知る由もなかったが、米国で彼は、後の仕事に役立つ貴重な訓練を積んでいた――それは祖父が想定していなかった、かなり危険な仕事だった。

大学で建築を学んだ後、ワレンバーグは世界を旅して、行く先々の文化に夢中になった。南アフリカや、後にイスラエル領になるパレスチナを歩き回って、土地への感覚を磨くと同時に、道中で出会ったユダヤ人たちに対して親しみを持つようになった。ワレンバーグは彼らを称賛するあまり、自身の祖先のことも自慢するようになった。母方の祖母のおじいさんが、ユダヤ人だったのだ。ラウル・ワレンバーグには、ユダヤ人の血が一六分の一流れていた。

外国で過ごす時間がますます増える中で、彼は、祖父が用意してくれた道には進みたくないと思い始めていた。スウェーデンの銀行家になるつもりはなかった。「椅子に座って人の頼みを断る」のは性に合わない、と彼は述べている。[6]彼にはもっと大きな抱負があった。一族の名声に頼らずに、功績を残したいと考えていた。そのためには明確な目的が必要だった。そしてその目的は、後に偶然見つかった。

ようやく母国に戻った彼は、ガチョウ肉を仕入れる仕事に就いた。入社してすぐにハンガリーのブダペストへ出張したが、気掛かりな知らせを持って帰国した。第一に、出張の理由である五〇トンのガチョウ肉を調達できなかったこと。第二に、それよりも重大なのは、ハンガリーが大変まずい状況に陥っているらしいということだった。ユダヤ人を気に掛ける人々から見れば、反ユダヤ主義が吹き荒れているのは明らかだった。その一人に、ノルベルト・マズアという名の毛皮商がいた。状況を懸念した彼は、一九四四年四月、スウェーデンのラビ〔ユダヤ教の宗教的指導者〕に手紙を送った。戦時中、ハンガリーからナチスの死の収容所に六〇万人以上が送られたうち、最初の強制移送が行われる一カ月前のことだ。「わたしたちは、ユダヤ人救出のためルーマニア／ハンガリーに行く意志を持った人物を、見つけなければなりません。高度な技能を持ち、人望があり、非ユダヤ人の人物を、です」とマズアは記した。(7)

マズアの言葉は、やがてワレンバーグの元に届いた。彼の祖父が施した教育は、図らずも全てこの任務のためとなった。ワレンバーグは英雄になるため、志願した。

米国に設立された戦争難民局が、ほぼ同時期に、五カ国の中立国の大使館に至急電報を送り、マズアの希望と同じような条件の人材はいないかと尋ねていた。米国はできる限り多く、かつ迅速に、外交官をハンガリーに派遣したかった。五カ国のうち、スウェーデンだけが協力を申し出た。適任のスウェーデン人が、一人だけいた。

一九四四年六月、連合軍がノルマンディー上陸作戦を開始した数日後に、ワレンバーグはスウェーデンの外交官に任命された。彼がスウェーデンの国益のためだけに働くわけではないことや、専門の外交官でないことなど、誰も気にしていなかった。

ワレンバーグがリュックサックにウインドブレーカーと寝袋、そして回転式拳銃を詰め込んだ時点で、彼のそれまでの人生は終わりを告げた。彼には時間がなかった。一刻も早くスウェーデンを出発したかったので、「日々、命が失われているのです」と上司に訴えた。(8) 同年七月、彼を乗せた列車がハンガリーのブダペストに到着すると、進行中の人道支援活動について、すぐに説明を受けた。

彼は、スウェーデン公使館がユダヤ人を迫害から守るために、公文書を配布していることを知った。それは、暫定的なスウェーデンのパスポートだった。ユダヤ人がこれを持っていれば、抑留《よくりゅう》や国外追放を免れることができ、ユダヤ人の証である黄色の星印を付けないことを許された。スウェーデンが発行する公式書類である以上、その所有者は中立国スウェーデンの国民だった。このパスポート配布は、多少はうまくいっていたが、危険にさらされている何十万ものユダヤ人のうち数百人にしか渡せておらず、到底十分ではなかった。ワレンバーグは「書類に関して、考えがある。恐らく今より効果的だと思う」と言った。(9)

彼はその身分証明書を、「保護証書《シュッツパス》」と呼んだ（もちろん、「パスポート」にあたるドイツ語は別にある）。彼が定めたルールは、この保護証書を持つ者なら誰でも、中立国であるスウェーデンが外交力を行使して保護する、というものだった。まず一五〇〇通発行し、次に二五〇〇通、さらには四五〇〇通まで増やした。それ以上は数えるのをやめた。(10)

保護証書は初め、それを持っていても怪しまれないような、確実にスウェーデンと関わりのあるハンガリー系ユダヤ人のみが対象だった。しかし闇市場ができるほど、すぐに需要が供給を上回った。この保護証書が優れていた点は二つある。一つには無償だったこと。そしてもう一つは、偽物の文書だったことだ。「スウェーデンの公式文書とうたわれているのに、国名すらスウェーデン語で書かれていなかった」と、ワレンバーグの伝記の著者、イングリッド・カールベリは述べている。[11] 法律的に公式な書類では全くなかった。本物を装い、それらしく見えるという意味で、保護証書はワレンバーグ自身に似ていた。誰もがこの案に賛同した。ワレンバーグの協力者たちは、ナチスがこのような偽物を信じるのに驚いたが、邪悪な理念に魅せられたナチスと戦うには、うってつけの手段だった。ナチスの多くが愚か者だったからだ。権力を感じさせる物を見せれば、彼らを簡単に欺くことができた。

間もなくワレンバーグは、保護証書の申請手順が煩雑すぎる、と言い放った。ナチスは残酷なまでに徹底的な殺人マシンだった。ナチスが大量殺害を加速させる中で、社交辞令を気にしている時間はなかった。それに、ワレンバーグは生粋《きっすい》の外交官ではないので、最初から気にもかけていなかった。彼は、たとえスウェーデンがどこにあるかも知らないユダヤ人であっても、保護証書を渡すように命じた。ワレンバーグは、昔から自分をよく分かっていた。「人の頼みを断る」以外のことをやれる能力が、彼には確実に備わっていた。「我々の扉の前まで来て、保護証書の申請ができる人に対して、これから先は常に承認するように」と、職員に伝えた。[12]

この決断を下したことで、ラウル・ワレンバーグは後年、人類史上最も偉大な英雄の一人に挙げられることになった。彼がわずか半年で成し遂げたことは、全くもって超人的だった。これほどの短期間に、彼ほど多くの人のために尽くした人物は他にいない。

そろそろ、あなたはこう思い始めるころだろう。「このワレンバーグの話は、ホットハンドと一体何の関係があるのか」と。それはもう少し後でご説明しよう。

今は、ワレンバーグの勇敢な行動の数々をご紹介し、驚嘆していただこう。ナチスがユダヤ人たちに向けて発砲する中、ワレンバーグは氷のように冷たい水に飛び込み、彼らを救った。また、設計上は五〇〇〇人が入る家々を借りあげ、そこに二万人を住まわせ、かくまった。[13] 武器も持たずに、収容所へ向かう列車からユダヤ人を降ろさせたこともあった。ワレンバーグは、それまでの幅広い経験を通じて磨いた才能と、ハンガリーに来て初めて気付いた能力の全てを活用した。毎日四時間しか寝ていなくても、疲れを見せなかった。[14] ハンガリー極右政権の外務大臣の妻と知り合いになれるほど、ワレンバーグは魅力的な人柄も備えていた。彼に説得されたその女性は、ある晩の夕食時に、夫に最後通告を出した。ワレンバーグの保護証書を認めないのなら、離婚すると告げたのだ。大臣は妻に向かって陶器を投げつけ、裏切り者とののしり部屋から出て行ったが、最後にはその要求をのんだ。[15]

一生をささげたとしても、一人の人間がこれほどのことをできるとは思えない。ワレンバーグは、これら全てを数カ月の間にやってのけた。彼は知恵を働かせ、一〇万人ものユダヤ人の命を救ったのだ。

彼の無謀ともいえる勇気は、宿敵との対面という信じがたい場面において、いかんなく発揮された。戦争終結間際、両者の対立が最も激しいさなかに、ワレンバーグは、ナチス側の責任者アドルフ・アイヒマンと夕食を共にした。アイヒマンは、ワレンバーグを片時も忘れたことはなかった。「あのユダヤの犬、ワレンバーグを撃ち殺せ」と言ったこともあった。[16] テーブルの一方には、後年、「悪の陳腐さ」の典型と評される男が座り、もう一方には善意の塊とも言える男が座った。

立場の違いは脇に置き、二人は食事を平らげ、ブランデーを飲んだ。その後リビングルームに移動して、コーヒーを飲むことになった。ワレンバーグがカーテンを開けて外を見ると、夜空が赤くなっていた。ブダペストに徐々に迫る、ソ連軍の砲火だった。ワレンバーグは、このタイミングで言うのが最適だと思い、アイヒマンに対して、ナチスは戦争に負けるだろうと告げた。「君の方が正しいだろうね」とアイヒマンが答えたので、部屋にいた者は驚いた。[17] しかし、自らが従ってきたナチスの大義を否定した直後に、アイヒマンは、ワレンバーグに不吉な忠告を与えた。「中立国の外交官といえども、不慮の事故は起こるものだよ」。その場が静まり返った。コーヒーのお代わりはもう要らなかった。ワレンバーグは、かつて米国で強盗に遭ったときのように、冷静を装うことができなかった。だがこうして脅迫を受けても、彼にできるのは、休みなく働き続けることだけだった。「もちろん、怖いと思うことも時にはある」と、彼は同僚に語った。[18]「でも、僕には選択の余地がない」

ソ連軍がブダペストを包囲したのは、食事会から数日後のことだった。ワレンバーグは、政治体制が変わる頃合いをうかがっていた。最悪の時が去ったら、ブダペストの復興に力を尽くしたいと思っていたのだ。この六カ月間にさまざまなことを成し遂げたように、復興にも貢献できるはずだった。一九四五年一月の早朝、ソ連軍の街頭パトロールの音で目を覚ましたワレンバーグは、自らが考えた今後の計画について、ソ連当局のトップと話がしたいと要求した。ハンガリーのデブレツェンにいるソ連邦元帥との面会のため、最低一週間は戻れないだろうと彼は見込んでいた。ブダペストのゲットーが解放された翌日の一月一七日、ワレンバーグは出発した。彼は疑念を振り払うことができなかった。案内役の士官を信用していいのか、次第に確信が持てなくなっていた。「僕はソ連の客人なのか、捕虜なのか分からない」という発言が残っている。[19]

ワレンバーグがもう一つ知らなかった事実がある。それは、ソ連軍がひそかに彼の逮捕状を出していたことだ。

彼を乗せた列車がブダペストを発車した後もなお、捕虜ではなく客人としての待遇であることを、ソ連は保証していた。ワレンバーグは最大限に警戒していたに違いないが、それと同じくらいソ連を信用していたのかもしれない。列車内では、書き始めたばかりのスパイ小説に取り組んで時間をつぶした。しかしモスクワに到着すると、彼はルビャンカ広場にある建物に連れて行かれた。そこは秘密警察の本部だった。ここにいるのは一晩だけだと、彼は思ったことだろう。

ラウル・ワレンバーグは建物に入り、それ以後、永遠に姿を消した。

2 バスケットボールのデータ革命前夜

本章のテーマは、もちろんラウル・ワレンバーグではなく、ホットハンドの真実を探求することだ。ホットハンドについて、わたしたちが知っていることや、知らないこと、そして知るべきなのに知らないことについて、賢明な結論を導き出した人たちが登場する。本章のもう一つのキーワードは、「データ」だ。その量よりも、質が重要になる。

第3章のカーネマンとトヴェルスキーのように、実にイスラエルらしい出会い方をした一組のイスラエル人たちがいる。その一人をガル・オズという。彼の知り合いの軍出身者が、とある教授の下で学んだ人と結婚した。そしてその教授と親しかったのが、ミッキー・タミールだった。二人が出会ったとき、タミールはオズより成功していた、というよりも、自身の専門領域において、タミールは誰よりも成功を収めていた。原子物理学者でありながら、ドローンに関する論文を発表したかと思うと、別の日には極秘文書の草稿を作っていた。何十年にもわたって、複数の研究センターや防衛関連企業に勤めたタミールは、心機一転を図り、何度も新事業を起こすシリアル・アントレプレナー（連続起業家）になった。起業は、恐らく彼の人生で最もイスラエル人らしい出来事だった。この国では、起業家の知り合いがいない人は、中東料理のフムスを食べたことがない人と同じだった。それくらい、起業するのが当たり前だったのだ。イスラエル国防軍所属の若いエンジニアだったオズと出会った頃、タミールは何社もの事業を成功させ、次の大きなアイデアを練っている最中だった。オズは、タミールの力になれると思った。両者とも、視覚知能という分野が専門だった。それに加えて二人は、人工衛星や航空画像から得た地図とデータを活用して、決断を下す方法を知っていた。さらに、周りの誰よりも先に、物事を理解できる点においても共通していた。しかし、専門分野が同じであることの真の強みは、オズが軍を辞めることが周囲に伝わると、すぐにタミールを紹介されたことだった。「イスラエルは小さい国なので、お互いをよく知っているんです」とオズは言う。

視覚知能という分野の革新的なテクノロジーを、心から必要としている産業に導入したい、とタミールは考えた。目を付けたのが、スポーツ業界だった。彼は、将来性が期待できるとオズを説得するまでもなかった。オズは、「わたしは技術的な視点から、スポーツを観察しました。そのテクノロジーは、もちろん多少の違いはありますが、わたしが軍で携わっていたことと多くの共通点がありました」と語った。彼らは、「ＳｐｏｒｔＶＵ（スポート・ビュー）」というシステムを開発し、スポーツの見方を一変させた。その誕生に関して、イスラエル独自のミサイル追跡技術を基にしていると今でも噂されることがある。実際には正しくないのだが、オズたちが通説を否定せずそのままにしている理由は、一つは会社に注目してもらうためだった。だが何よりも、ミサイル追跡技術とＳｐｏｒｔＶＵがやっていることにそれほど違いがなかったから、という理由が大きい。「ミサイルを追跡する方が、ボールを追いかけるよりずっと簡単です」とオズは言う。「ミサイルは予測がしやすいですから」

スポーツ界の最先端を走る企業が、ＳｐｏｒｔＶＵにいち早く興味を示した。それが、スポーツ・チーム・アナリシス・アンド・トラッキング・システムズ社、略してＳＴＡＴＳ社だった。同社の経営陣は、コート上の選手の動きをトラッキングする技術を、今後の事業の柱にしたいと考えていたが、自社で開発する人的資源がなかった。そのため、技術を外部から買わなければならなかった。そこで、ＳｐｏｒｔＶＵに巨額を投じる前に、開発元のタミールの会社についてもっと知っておくべきだと考えた。調査を任された社内チームの中に、ブライアン・コップという男がいた。

米国中西部に生まれ育ち、丸刈りが特徴のコップは、スポーツに関わる仕事をするのが初めてだった。銀行業務と未公開株取引に数年携わったのちに、ワレンバーグと同じく、人の頼みを断って給料をもらうのは嫌だと思うようになった。ビジネススクールに入り、卒業後は教育会社で戦略を立案する仕事をした。「選手の動きを追う前は、いろんなことをやりましたね」とコップは話す。彼のキャリアの次なる転機が、ＳＴＡＴＳ社に入社したことだった。イスラエルに行って、ミサイル追跡技術をスポーツに応用したらしいタミールとオズという二人組に会ってくるように、と上司に命じられたのは、まだ仕事に慣れていない頃だった。「それで向かったわけですが、事情を全くのみ込めていませんでした」

機内では、『アップル、グーグル、マイクロソフトはなぜ、イスラエル企業を欲しがるのか？』（宮本喜一訳、ダイヤモンド社）という本を読み、初めて訪れるイスラエルの起業家精神を学んだ。それでもなお、最新技術の拠点であるテルアビブに着陸したときは、これから会う人物が何者であり、なぜ彼らが重要なのか、よく分かっていなかった。二〇〇八年のことだ。彼が会社の方針を理解したのは、もっと後になってからだった。

「方針はシンプルでした。その技術を使って、今まで誰も見たことがないデータを集められるか、という一点のみです」

ミッキー・タミールとガル・オズは、コップにＳｐｏｒｔＶＵ社のオフィスを案内した。一部屋しかなかったので、すぐに見終わった。「社内にはほんの数人いるだけで、何やら面白そうなことをやっていましたね」とコップは言う。彼は、当時サッカーの試合をトラッキングしていただけのこの会社に、将来性があることがだんだんと分かってきた。ＳｐｏｒｔＶＵという社名からはとても想像できないが、彼らの技術は、プロスポーツを根本から変える可能性を秘めていた。未完成品だな、とコップは思った。しかし期待は大きいので、早く買うべきだと判断した。コップたちの報告を受け、ＳＴＡＴＳ社はＳｐｏｒｔＶＵ社を一八〇〇万ドルで買収した。利益を得たタミールは、次の大きなアイデアに着手した。オズの仕事は、ＳｐｏｒｔＶＵのシステムをつくり上げることだった。そしてコップの仕事は、サッカー以外のスポーツ業界に売り込むことだった。彼が最初に声を掛けると決めていたのが、バスケットボールだった。

バスケットボールがこれほど人気になった要因は、試合内容を数値化するのをとても難しくする要因にもなっていた。桁外れの運動神経の持ち主が、華麗な動きを繰り広げる競技だ。およそ四四〇平方メートルのコート内を、選手一〇人と革のボール一個がとどまることなく絡み合い、予測不能な動きをする様子を、数字に置き換えられる者は誰もいなかった。それを可能にするのが、イスラエルのミサイル追跡技術とよく似たテクノロジーを基に作られた、複雑なトラッキングシステムだ——これが、コップが二〇〇九年のNBAファイナル（決勝）に招かれ、リーグの幹部たちにプレゼンしたときの売り文句だった。彼はどのようにSportVUを紹介しようかと考えた末に、実際に機能を見てもらうことにした。SportVUのエンジニアは、ファイナルの舞台であるフロリダ州オーランドに飛び、コートの上部にカメラを複数台設置して、試合中の選手の動きを録画した。オーランド・マジックとロサンゼルス・レイカーズの試合が行われたのは火曜の夜。プレゼンは木曜午後だった。参加者に驚いてもらうために、エンジニアたちは徹夜で最適なプレーを探した。

そして選んだのが、第一クォーター序盤の、コート上で最も背の高い選手二人のプレーだった。レイカーズのセンター、アンドリュー・バイナムは素早いスピンムーブでフックシュートを狙った。守る相手チームのセンター、ドワイト・ハワードは急いで手を伸ばし、シュートを防いだ。審判はとっさに判断しなくてはいけなかった。ハワードのディフェンスは、反則にならないブロックなのか、それとも反則のゴールテンディングなのか？

判断の決め手となるのは、ハワードが手を出した時点で、バイナムが放ったボールは最高到達点を過ぎ、落下し始めていたのか、という点だった。これを瞬時に見極めるのは、ほぼ不可能だ。ミリメートル単位の差にもかかわらず、審判に与えられた時間は一瞬だったのだ。それに対しSTATS社のスタッフは、一日以上かけて、しっかりしたデータを見て客観的な判断を下すことができた。彼らが取り付けたカメラは、ボールの動きを常に追跡していた。その進路を正確に座標に示すことで、判定が正しかったのかどうか確認できるようになった。

目や直感、そしてパターン認識能力を駆使した判定力の鍛え方という点において、NBAファイナルを任される審判は業界でもトップレベルだ。彼ら以上の選択肢はなかった。しかしSportVUがあれば、今後は、審判が何年も経験を積み、それに基づいて推測しなくて済むようになる。頭の中のデータベースに蓄積した膨大な数の過去の似たようなプレーと比べながら、判定する必要もなくなる。しかも、瞬時に判定しなくていいのだ。じきに選手やチームがSportVUを使って戦略を立てるようになるだろうが、審判も何となく信じている勘や経験に頼るのではなく、データを基に判定を下せるようになる。これまでは、審判も人間である以上、どうしてもバイアスに影響される可能性があった。

ブライアン・コップはNBA幹部に向けて、今よりもいい方法があると提案するつもりだった。SportVUを使えば、これまで曖昧だった領域に、データに基づく実証主義を導入できます、と。だが果たして聞きに来る人がいるのか、コップには分からなかった。一人も集まらないのではと不安だったが、この機会のためにカーテンで仕切られた狭い廊下をのぞくと、ぎっしりと人が並んでいたので驚いた。招待されていないのに、ファイナルの試合を見るためではなくこのプレゼンを聞くためだけに、オーランドを訪れたチーム関係者もいた。テレビ画面に、バイナムとハワードの動きのリプレーが流れた。さらに、XYZの三次元の座標上に再現されたボールが、ゴールに向かって放物線を描く様子が表示された。SportVUは、映像の一フレームごとに床面からの距離を測ることで、ボールの高さを割り出した。ハワードがブロックしたとき、ボールは落下している最中であり、最高到達点は既に過ぎていた。つまり、審判は正しいジャッジをしたことになる。ハワードの反則（ゴールテンディング）で間違いなかったのだ。

それから数年のうちに、ＳｐｏｒｔＶＵは格段に進歩することになる。このときＮＢＡに披露した映像が極めて初歩的だったことに、コップは恥ずかしくなったほどだ。「わたしたちが見せたのは、ボールを打ち合うことしかできなかった、最初期のテレビゲームのようなものでした」とコップは語る。しかし、ＮＢＡで影響力を持つ参加者たちはすっかり仰天した。ＮＢＡはこの技術を取り入れるべきだ、と彼らは感じた。

しかしＳＴＡＴＳ社は、ＮＢＡにどういったサービスを提供し、何に対して請求するかについて、はっきり分かっていなかった。そしてＮＢＡの方も、どんなサービスを受けられ、何に金額を支払うのか、理解していなかった。そんな状況の中で、交渉は数カ月続いた。この時点では、ＳｐｏｒｔＶＵは現実に存在する製品というよりは、約束に近かった。「まだ形になっていない物の価値を、わたしたちは取り決めようとしていました」とコップは語る。交渉は大詰めを迎え、最後の協議のためにテレビ会議が開かれた。ＮＢＡ幹部の顔だけが画面に映し出されたとき、科学技術の手助けなどなくても、まずいことになっているとコップは察した。ＮＢＡ側の面々は、「本当に機能するか分からない何かに、大金を投じるべきではない」と誰かに諭されたかのような態度を、いきなり示したのだ。交渉は決裂した。ＳＴＡＴＳ社のＣＥＯは激怒した。「もう一度考え直して、折り返し連絡をください！」と彼は叫んだ。

カチッという音がした。

ＳＴＡＴＳ社が一方的に電話を切った音だ。

「すぐ連絡が来るさ」とＣＥＯは高をくくった。

「来るわけありませんよ！」コップは答えた。

ＮＢＡから返事はなかった。

高校と大学でバスケットボールをやり、このスポーツを愛していたコップは、このままＮＢＡの夢を諦めることができなかった。リーグがＳｐｏｒｔＶＵに懐疑的なのであれば、チームに直接働きかけようとコップは考えた。リーグから正式承認されていないスタートアップ企業と契約を結ぶことに、格別の喜びを感じる者がいるとしたら、マーク・キューバンをおいて他にいなかった。彼は一九九〇年代後半のＩＴバブルで大儲けし、ＮＢＡチームのダラス・マーベリックスを買収してオーナーになった人物だ。

チームをＮＢＡチャンピオンにすることに躍起になっていたキューバンは、効率を上げるためなら投資を惜しまなかった。湯水のごとくお金を使えるプロ野球チームと違い、プロバスケットボールチームは選手の年俸総額に上限があった。給料がほぼ同じなのであれば、それ以外の部分で優位に立つしかない。キューバンは、手つかずの部分に資金をつぎ込んだ。一流選手の気を引き、契約してもらおうと、遠征用の巨大な飛行機や最高のロッカールームを用意した。そうした投資の一つが、大量のデータを取り込める最新技術の、ＳｐｏｒｔＶＵだった。キューバンは、マーベリックスの各地の試合データを暗号化するためだけの作業者も雇ったほどだった。キューバンのダラス・マーベリックスと同じように、既存のやり方が通用しているとしても、もっと優れた別の方法があるはずだ、と考えるチームは他にもあった。ヒューストン・ロケッツは、同様のデータ分析をインドに外注していたが、手作業だった。毎試合、しかも全チームに対して行うことはできなかった。しかし、ＳｐｏｒｔＶＵなら可能だった。

米国の主要スポーツの中で、最初にＳｐｏｒｔＶＵを導入したのがマーベリックスだった。本拠地のアリーナに、六台の高解像度トラッキングカメラが設置された。そして二〇一一年のシーズンの大半を使って、コート上の全ての動きを捉え、数値化しようと試行錯誤した。「ありとあらゆるデータを使用した」とキューバンは言う。自前でデータ分析を行いながら、ＳｐｏｒｔＶＵのような外部の技術も取り入れた。勝利に貢献する可能性がわずかでもあるなら、どんなデータでもマーベリックスは関心を示した。そうした指標のいくつかは、大一番の試合で、型破りな戦術を採用するのに役立った。その年のＮＢＡファイナルに進んだマーベリックスは、相手チームのエースであるレブロン・ジェームズを抑えるには、ガードのＪ・Ｊ・バレアが最適だと判断した。バレアの身長は公称一八三センチだが、実際にはそれより低いと言われていた。しかし、リーグで最も背の低い選手は、大舞台でチームのためにしっかりと役割を果たした。コップのカメラをアリーナに設置して始まったマーベリックスのシーズンは、優勝という最高の形で終わった。

ＳｐｏｒｔＶＵはＮＢＡに浸透していった。マーベリックス以外には、ヒューストン・ロケッツ、ボストン・セルティックス、オクラホマシティ・サンダー、サンアントニオ・スパーズ、そして第1章にも登場したゴールデンステイト・ウォリアーズの五チームが導入した。後は、どれだけ費用をかけられるかという点が唯一の課題だった。各ＮＢＡチームの総年俸を勝利数で割ると、一勝あたり約二〇〇万ドルという計算になる。ＳｐｏｒｔＶＵは最低でも一勝するのに貢献するのは明らかだったので、このシステムの価値は、年間二〇〇万ドル以上あると見積もるべきだろう。しかしチームの予算は、実はチームの頭脳とは別物だった。選手に支払う給与とは、考え方が違うのだ。ＳｐｏｒｔＶＵは、いわばプリンターのインクカートリッジのような、事務用品に近かった。賢いチームは、ＳｐｏｒｔＶＵの三万ドルという価格は破格だと感じた。コストがあまりかからないこのツールは、試合から多くのデータを収集し、勝つか負けるかしかないフィールドで戦う高年俸の選手たちのプレーを変えるほどの力を持っていたからだ。

ところが、マーベリックスが優勝してすぐに、ＮＢＡはロックアウトに突入した。労使交渉がまとまらず、オーナー側が試合の開催や施設の利用を拒んだため、チームの業務が六カ月間止まった。最初のうちは、ブライアン・コップにとって喜ばしい展開が続いた。ＮＢＡの各チームが、こぞって彼の話に耳を貸すようになったからだ。彼がニューヨーク・ニックスを訪問した際、数人が参加してすぐに終わるだろうと思っていた。ところがニックスの全スタッフが聞きに来て、ミーティングは三時間続いた。「このときのロックアウトは、わたしたちにとって願ってもない出来事でしたね」と彼は言う。「データの使用をためらっていた人たちの意識を、変えるきっかけになりました。データに注目せざるを得なくなったのです」

しかし、会社の経営陣もＳｐｏｒｔＶＵに目を向けるようになったことで、コップは問題にぶつかった。ＳＴＡＴＳ社は一八〇〇万ドルの賭けに出て、事業を買収した。それから三年たったが、わずか数枚の三万ドルの小切手と一シーズン分のデータしか、目に見える成果がなかったのだ。

コップにとって、気がおかしくなりそうな時期だった。彼やスタッフは、ＳｐｏｒｔＶＵが持つ可能性のごく一部しか、まだ引き出せていないと感じていた。彼らは質問をしているだけであり、答えを待っている段階だった。コップの夢は、ＳｐｏｒｔＶＵのデータを徹底的に調べる専門チームを組んで、思いがけない発見を顧客にフィードバックすることだった。しかし彼はリアリストであり、会社の財政状態を表す貸借対照表を読むこともできた。ビジネススクールで教わるまでもなく、今の予算ではそんなチームを作る余裕がないことは分かっていたのだ。コップは悩んだ。初めてテルアビブに出張したときから、この製品には何かあると感じていた。スポーツの在り方を永遠に変えるかもしれない、重大な何かがあるはずだ、と。彼がその思いを叫んでも、決して夢物語ではなくなりつつあった。コップの目標は、バスケットボールから不確かな要素を一掃することだった。しかし今、彼自身が不確かな状況に追い込まれていた。

コップは知る由もなかったが、彼が夢見ていた分析マニアの集団は既に存在しており、しかもコップは一ドルも払う必要がなかった。その人たちはしっかりした職に就き、立派な肩書を持ち、信用できる所から収入を得ていた。そのため、ＳｐｏｒｔＶＵを使って金儲けをしようと考えたこともなかった。コップから提供されるデータはとても豊富だったので、彼らの方がお金を払いたいと思っていたかもしれない。その正体とは、大学教授だった。

輝かしい経歴を持つこの研究者たちが、ＳｐｏｒｔＶＵの救世主となった。彼らはプレゼンを聞かなくても、この技術の将来性を見抜くことができた。優秀な頭脳の中には、鋭い質問が詰まっていた。そして、バスケットボールに科学的手法を適用したくて仕方なかった彼らの多くは、既に仮説も立てていた。

大学教授たちが、「真実に違いない」と以前から考えている仮説がいくつかあった。しかし確信を持てずにいた。なぜなら、適切なデータがなかったからだ。

3　行方不明の英雄を探し出せ(1)　データを集める

第二次世界大戦の終結から一年以上たった頃、マイ・フォン・ダーデルは地獄のような日々を終わらせたいと願って、一通の手紙をしたためた。

「親愛なるルーズベルト夫人」とそこには書かれていた。[20]

タイプライターで打った、エレノア・ルーズベルト宛ての痛切な文章は、改まった前書きと嘆願から始まった。「困窮する者全てに対するあなたの思いやりと優しさを知り、勇気を振り絞ってこの手紙を書いています。わたしは、あなたもお聞きになったことがあるかもしれない、スウェーデン公使館書記ラウル・ワレンバーグの母です」

そしてこう続けた。「母であるわたしが実際に目にしたわけではありませんが、息子の同僚の方や、息子が救出した方々は、その驚異的な勇気と能力を覚えていらっしゃいます。ラウルは武器を所持した犯罪者たちと命がけの駆け引きを続け、危機に瀕《ひん》した何千もの無実の人々を救出したのです。ハンガリーにいたユダヤ人の多くが生き残れたのは、スウェーデン国王と米国大統領の代表として任務を遂行した、一人の努力によるところが大きいのです――それがわたしの息子です」

マイ・フォン・ダーデルが前米大統領夫人に働きかけた理由は、多くの人を救ったわが子が、今は誰かの助けを必要としていたからだった。モスクワのルビャンカ広場の秘密警察本部に足を踏み入れてから、ラウル・ワレンバーグは自由の身になっていなかった。彼がソ連に逮捕され、刑務所に送られた本当の理由は、現在も分かっていない。彼がたどった苦難の道を調べようとすると、納得のいく答えが決して出ない疑問に、頭を悩まされることになる。「ラウル・ワレンバーグの身に何が起きたのか」という謎だ。

エレノア・ルーズベルトに手紙を出した後、何年もたってから、ラウルの母は手紙をもう一通書いた。送り先は、有名なナチハンターであり、あのアイヒマンの逮捕に協力したサイモン・ウィーゼンタールだった。「何も分からないことほど、つらいものはありません」とラウルの母は書いた。[21]「息子がまだ生きていて、今も苦しんでいるかもしれない、それとも精神病院に入院しているのだろうか、あるいは刑務所で餓死寸前か、強制労働させられているのかもしれない、などと考えることは、息子が死んだという確実な情報を得るよりも、はるかに耐えがたいことです」

ワレンバーグの失踪を巡る情報は、嘘や矛盾や欺瞞《ぎまん》に満ちていた。彼の処遇に関するソ連の説明はつじつまが合わなかったため、事態はますます複雑になった。最初に、ソ連の役人は「ワレンバーグはソビエト国内で安全に暮らし、政府の保護下にある」と発言した。その次の機会には、ワレンバーグは殺害されたと答えた。その後、「ワレンバーグはソビエトにおらず、過去にいたこともない。その人物を知る者もいない」と伝えた。さらには、彼は心臓発作で死んだと述べたこともあった。最後には、彼は処刑されたと告げた。

そうした中でも、ユダヤ人を救った英雄として、ラウル・ワレンバーグの名前は母国スウェーデンに広まりつつあった。運命のいたずらに翻弄された彼は、ワレンバーグ家の名声をさらに高めた。だが、マービン・マキネンが彼の名を最初に聞いたとき、米国ではまだ無名だった。マキネンは、決して忘れられない状況下で、ワレンバーグの名を聞くことになる。

一九六〇年、医大に進もうとしていたマキネンは、その前に、一年間の予定で西ベルリンに留学することにした。[22] 翌六一年五月に、米国の情報部員二名が彼に接触し、スパイにならないかと話を持ち掛けてきた。マキネンは要請に応じ、一年という予定は延びた。彼は緑のフォルクスワーゲン・ビートルを借りると、旅行者としてソ連を目指した。ワレンバーグが外交官の肩書を得たように、マキネンも旅行者を装った。ソ連に向かいながら、各地の軍事施設を隠し撮りするのが任務だった。そして、ウクライナのキーウ〔キエフ〕市郊外で兵舎を撮っていたところを、スパイ容疑でKGB（ソ連国家保安委員会）に逮捕された。独房に三カ月監禁されたのち、軍事法廷で有罪を宣告された。懲役二年、強制労働収容所に六年という判決だった。医大に行くはずだったマキネンは、ソ連の刑務所に入ることになった。

彼はその後の二〇カ月間を、モスクワから車で数時間の場所にある、ウラジーミルという都市の刑務所で過ごした。ウラジーミル中央刑務所には悪名高い政治犯が収監され、想像がつくかもしれないが、過酷な環境が待ち受けていた。マキネンにとっての救いは、刑期満了まで耐えなくてよかったことだった。それは、彼がスパイ交換の対象になったからだ――ソ連で逮捕された米国人のスパイ二人と、米国で逮捕されたソ連人のスパイ二人が交換された。もう一人の米国人は、白髪の司祭だった。彼には一時、ローマ教皇庁から死亡宣告が出されていた。だが二人が帰国した際、司祭の方が元気そうに見えた。収監前、マキネンは体重が七〇キロあった。家に戻ってから一週間後に体重計に乗ったので、少しは体重が戻っているはずだった。それでも、数字を見てマキネンは驚いた。四八キロまで痩せ細っていた。

ウラジーミルの刑務所は言うまでもなく、囚人が容易に親交を結べるような場所ではなかった。簡単なコミュニケーションですら、囚人たちは機転を利かせる必要があった。彼らはコツコツと壁を叩いて情報を伝達する手段を生み出したり、メモを回したり、違う房へ移されるときに噂を教え合ったりした。こうした断片的な会話によって、貴重な機密情報を得ることもできた。マキネンが米国まで持ち帰れた数少ない情報も、そうやって入手した。それは、このウラジーミル中央刑務所のどこかに、スウェーデン出身の囚人がいるらしい、という噂だった。

「奇妙だなと思いました」と彼は語った。

スウェーデンは、戦後も中立を保っていた。その国民が、ソ連の刑務所に入れられているのは確かに奇妙だった。マキネンは米国務省に事情聴取された際に、「バンデンバーグ」という名のスウェーデンの囚人がいると伝えた。それから一年後に、彼はスウェーデン大使館に呼び出された。マキネンは困惑した。大使館とは、既に一度話していたからだ。なぜまた会うのだろうか。二度目の面談が終わり、別れの挨拶をしたときにようやく疑念が晴れ、手掛かりをつかむことができた。彼は外交官に、今晩、スウェーデン人の交換留学生とデートするのだと伝えた。事実だったが、わざわざそれを口に出した真意は別にあった。相手の反応を見たかったのだ。そして、望んでいた通りの答えを得た。「この件は誰にも話さないでください」と外交官が告げた一言が、マキネンの心に引っ掛かった。

「一体、何者だ?」と彼は思った。

外交官はそれ以上話したくなさそうだった。だが、何をした人物なのかとマキネンが尋ねると、ブダペストで逮捕されたことと、「ユダヤ人がナチスから逃げるのを手助けした」ことを教えてくれたと、マキネンは記憶している。

さらなる事実を知ったのは、一六年後のことだった。

マキネンは、シカゴ大学の生化学・分子生物学の教授になっていた。極限状態を生き抜いた男は、今では教授として学生からの尊敬を集めていた。一九八〇年のある晩、実験室で液体ヘリウムを使った分光学的研究を行い、夜遅くに帰宅した。午前三時だったが、神経が高ぶっていたので、オレンジジュースをグラスにつぎ、『ニューヨーク・タイムズ・マガジン』を持ってリビングに向かった。パラパラとページをめくっていると、ある記事が目にとまった。[23]「ホロコーストに立ち向かい、姿を消した英雄」というタイトルだった。読み始めた途端、ジュースでむせるところだった。

マキネンは二〇年近く、「バンデンバーグ」という名の囚人がいたと信じていたが、ようやく事情がつかめた。そして、スウェーデン大使館が彼の証言に興味を持った理由も分かった。マキネンの言ったことは、半分正しかったからだ。スウェーデン出身の囚人が一人いた。しかしその名前はバンデンバーグではなく、ワレンバーグだった。

マキネンは何度も口に出した。バンデンバーグ。ワレンバーグ。バンデンバーグ。ワレンバーグ。ロシア語に変換する過程で変わったに違いない――まずワレンバーグがバレンバーグと発音され、囚人が人づてに聞くうちに、徐々にバンデンバーグになっていったのだろう、と考えた。

翌朝、マキネンは記事に登場した一人に連絡を取った。スタンフォード線形加速器センターの窓口に電話をかけ、高エネルギー物理学者のギー・フォン・ダーデルにつないでもらうよう頼んだ。彼はマイ・フォン・ダーデルの息子であり、ラウルの異父弟だった。電話が転送され、マネキンは自己紹介した。二人が受話器を置いたのは三時間後だった。マキネンはこの日から、ワレンバーグの行方を捜索するチームの一員に加わった。死ぬまでワレンバーグを探し続けるつもりだった。

マキネンが気付いたのと同時期に、ワレンバーグの勇敢な行動が世間に知られるようになっていた。一九七〇年代後半には、ワレンバーグの家族は熱意を失いかけていた。何十年調査しても、彼を見つけられなかったのだ。マイ・フォン・ダーデルの孫娘は祖母に、なぜそこまで命がけでやるのかと聞いた。「人がある日ふっと消えてしまったことを、そう簡単には受け入れられないのよ」と、ワレンバーグの母は答えた[24]。

彼女と同じ思いを抱く人は増えていった。ソ連政府への圧力が高まり、ついに一九八九年、KGBはワレンバーグの家族をモスクワに招いて、逮捕時に彼が持っていた物を返却した。ルビャンカでの登録証、外交官用パスポート、カレンダー、住所録、タバコケース、そして約四五年前に所持していた現金だ。その後、ギー・フォン・ダーデルが組織した国際委員会に対して、ソ連は刑務所制度に関する資料を提供した。ソ連政府と無関係の組織にそういった情報が開示されるのは、初めてのことだった。文書のどこにもワレンバーグの名が載っていないことに委員会は失望したが、気を落としてはいなかった。グラスノスチ（情報公開）政策を進めるソ連が、協調姿勢を見せている、と感じたからだ。「ラウル・ワレンバーグの件の調査を妨げることは、歴史の間違った側に立つことを意味する」と、ソ連の大臣は国際委員会に語った[25]。

ソビエト政府の公式見解によると、ワレンバーグは毎日運動し、家族に心臓病を患った者もいなかったが、心臓発作により三四歳で急死した。しかしマキネンたちは、真実を知りたいという期待以外のものを、ようやく持ち始めていた。なおかつ、彼らには考えがあった。ウラジーミル中央刑務所にいた囚人約九〇〇〇人の登録証を、写真に収める許可を得たのだ。その書類には名前、生年月日、出生地、職業、国籍、市民権、犯罪歴、そして刑務所内のどこの房に収監されていたのか、ということが記録されていた。この登録証が、刑務所の運営を知る重要な手掛かりになった。ワレンバーグの消息を探った約半世紀の中で、最も有力なデータだった。

だが、マキネンたちはもっとデータが欲しかった。より多く、より優れたデータを求めていた。いいデータを集めることができれば、ワレンバーグがいたと思われるウラジーミル中央刑務所のデータベースを構築できる、とマキネンは考えた。彼はソ連に対して、一九四七年から七二年の間に、たとえ一日であっても収容されていた囚人の登録証を全てコピーさせるよう主張した。その情報があれば、長年の謎を解けるかもしれなかったのだ。「どんなことを実現できるか、理論上は分かっていました。でも、わたしにはその方法が思いつかなかったのです」とマキネンは言う。

彼では解析に必要なソフトウェアを作れないことを、ロシア側に知られるわけにはいかなかった。マキネンははったりをかけ、解析できると断言した。そのため、できる人を見つける必要に迫られた。コンピューターを使えて、最新のテクノロジーに詳しく、科学的方法を熟知し、大量のデータを楽に扱える人を求めていた。その全てに当てはまったのが、アリ・カプランだった。

カプランは、米国内でも有数のユダヤ人コミュニティーがある、ニュージャージー州ローレンスビルで育った。ニューヨーク市に近く、仕事がたくさんあり、ユダヤ人も多いことから、ホロコーストを生き延びた人々はこの地に定住した。カリフォルニア工科大学を卒業したカプランは、インターネット黎《れい》明《めい》期にシリコンバレーの企業で働いた後、湾岸戦争中は、国防総省の請負職員として機密情報を取り扱った。しかし、彼の本当の専門分野はスポーツだった。大学生の頃、彼は大学野球チームの入団テストを受けた。晴れて大学選手になり、ユニフォームを着てベンチ入りした。ただし、彼は四回打席に立つと、四回とも三振に終わるような選手だった。[26]

野球の才能に恵まれなかったことが、彼が野球チームのブレーンになるきっかけを作った。大学一年目が終わり、入団テストを受ける前、つまり三振を喫するようになるずっと前に、カプランはカリフォルニア工科大学の学生らしいことをした。研究助成金に申し込んだのだ。それは、「夏季学部生研究奨学金」を意味する英語の頭文字をとって、SURF《サーフ》賞と呼ばれていた。この賞は、ハードサイエンス（物理学、化学など）のために設けられ、波乗り《サーフ》よりも計算をして夏休みを過ごしたいという学生には、うってつけだった。カプランは、その奨学金を使ってメジャーリーグを研究した。大学で学んでいた数学は、当時プロスポーツに浸透し始めていた分析的思考と、うまく合致していた。彼は近くの図書館に行き、マイクロフィルムに記録されたボックススコアを詳しく調べたことで、リリーフピッチャーに関する総合的な系譜が出来上がった。統計をとったカプランは、よく議題に上がる一つの問題に対して、合理的な見解を示した。その問題とは、リリーフピッチャーの貢献度をどのように評価すればよいか、というものだった。

一九九〇年代初めの時点では、これは時代の先を行く研究だった。野球界では、セイバーメトリクスと呼ばれる、厳密な統計に基づいた分析手法が、ビル・ジェームズによって考案されているが、そのジェームズが、メジャーリーグのボストン・レッドソックスにコンサルタントとして招かれ、チームが八六年ぶりにワールドシリーズで優勝したのが二〇〇四年のことだ。カプランの研究は、それより一〇年以上も前に行われていた。九〇年代初頭のジェームズはというと、エイモス・トヴェルスキーなどの教授にファンレターを書いており[27]、プロ野球内部の人々は、無名の輩《やから》に脅されていると感じて、彼をのけ者にした。それに対して外部の人々は、彼の考えに興奮し、称賛していた。カプランは称賛する側だった。野球のデータ分析の先駆者であるジェームズは、自身がカプランに刺激を与えていることを知っていた。当時、彼はカプランの研究についてこう述べている。「統計をとる能力は、それを解明する能力をはるかに上回るようになった。コンピューターの登場によって、大量の数字を扱えるようになったからだ。しかし、わたしたちが数字の持つ意味を知ることができるのは、カプラン氏のような人たちの努力のおかげだ[28]」

だが野球界の中で、ある大物だけは、例外的にビル・ジェームズの分析に興味を持っていた。その理由の一つは、大学生のカプランが行った研究をよく知っていたからだ。イーライ・ジェイコブスは、かつてカプランの大学の評議員だった。ＳＵＲＦ賞の授賞式に出席したとき、部屋にいた裕福な評議員の誰よりも、彼は受賞者たちに関心を持った。メジャーリーグのリリーフピッチャーの歴史を調べたこの青年は、自分の仕事の役に立ってくれるかもしれない、とジェイコブスは考えた。その頃、メジャーリーグのボルティモア・オリオールズのオーナーに就任したばかりだった彼は、その場でカプランを採用した。

オリオールズで過ごした時間を通じて、カプランは情報を蓄積することの大切さを学んだ。職場には、彼よりはるかに稼ぐプロスポーツ選手や、彼より経験豊かな、白髪交じりの球団幹部がいた。情報は、カプランが彼らとやり取りするために必要な、唯一の手段だった。スカウトたちが作成した選手のレポートを保管している書類整理棚が、彼の持ち場となった。そして、彼はその棚の中身を、「データベース」という、いささか立派な名前の付いたものに作り替えた。情報が電子化されたことにより、チームに興味深い効果が表れた。スカウトがコンピューターに登録したレポートは読まれるようになり、これまで通り鉛筆で走り書きするスカウトは、それをねたむようになったのだ。後者のスカウトは、変わろうとしなかった。カプランをあからさまに見下すようなことはしないものの、この若者が変化をもたらしたことに不信感を抱いていた。選手の情報を集めるのがスカウトの仕事だが、決してカプランのためではないと彼らは考えていた。カプランは、無視されるのにも次第に慣れた。

その後、彼は、その技量を評価する人物を紹介された。カプランの母は、ブダペストでワレンバーグの秘書を務めた友人から、マービン・マキネンという教授がコンピューターの達人を探していると聞いた。「うちの息子ならできると思うわ！」と母は答えた。

マキネンのオフィスを訪れる前に、カプランはワレンバーグの話を聞いたことがあった。そして、あの分子生物学の教授は、ワレンバーグ捜索の現状を、二五歳の野球マニアに手短に説明した。カプランはぜひ力を貸したいと言い、マキネンはどんな力でも借りたかった。その頃マキネンは、一つの突破口を見つけていた。

ウラジーミル中央刑務所の所長が、一九四六年から刑務所内で働いていた老婦人がいると、マキネンに伝えていた。彼女はバルバラ・ラーリナという名で、十代のときから勤務した刑務所でインタビューを受けることを承諾してくれた。彼女は当初、マキネンを警戒していた。ソ連時代、職員は外部の人間に職務内容を明かすことを禁じられていたのだ。マキネンがラーリナに会う前に面会した元看守には、「刑務所について、口外は許されませんでした。今もお話しできません」と断られていた。だがラーリナとの面談は、関係者以外いない、刑務所の医務部長の部屋で行われた。彼女がためらっていると、医師は「知っていることを話してください」と諭した。彼女は囚人について話すことに慣れておらず、初対面のマキネンたちの前で、しかも昔の上司の許可を得て話すのはそうあることではなかった。言いたいことを何でも言っていいと分かり、ようやくラーリナは気分が落ち着いた。彼女が語り出した話は、驚きに満ちていた。

一九九三年一二月に行われたこのインタビューは、ラーリナの多岐にわたる業務の説明から始まった。房内の清掃や、ほとんど食べられたものではない少量の食事の配膳、そして病棟の設備の殺菌に従事していた。彼女は、目にした囚人の大部分を覚えていなかった。なぜなら仕事とあまり関係なかったから、というよりも、全く無関係だったからだ。それでも、外国人の囚人がいたのを記憶しているかと聞かれると、一人の男性を覚えていると答えた。本来何も覚えていなくても当然の彼女は、三階の独房に入っていた囚人のことをよく覚えていた。欧米人だったが、ドイツ人ではなかった。腕は細く、指は長かった。黒髪は薄くなっていた。そしてもう一つ記憶していることがあった。その囚人は、キリル・オスマクという囚人がいた房の向かい側に収監されていた、ということだ。

マキネンは、多くの囚人の中で、なぜこの人についてだけそんなに詳しく覚えているのかと聞いた。「その人は、あらゆることに対して、いつも不平をこぼしていたからです」とラーリナは答えた。(29)

彼が特にこだわったのがスープだった。配膳の順番が最後の方だったため、スープはいつも冷めていた。たとえ温かくても、しょせんは刑務所の食事だ。魚の骨が見えるほど薄いスープだった（「時には魚の目玉もね」と、同じ刑務所にいたことのあるマキネンは言った）。しょっちゅう文句を言っていたこの囚人は、冷めたスープには本当に我慢がならない様子だった。ついに看守長は根負けし、まずその囚人からスープをつぐように、ラーリナに指示した。一人のために、回る順番をすっかり変えなくてはならなかった。三階にいるこの囚人が最初ということは、重い鍋を階段で運び、それから一階に戻って、文句をつけない囚人たちにスープを配ることを意味した。

同席していたアリ・カプランは、ラーリナと縁もゆかりもなかった。だが、新聞配達をしていた少年時代に、夜明けとともに起きる女性がいて、その人が近所のどこよりも早く新聞を届けてほしいと言っていたことを思い出した。一〇代のカプランにとって、それは非常に面倒な頼み事だった。その女性の家は、カプランの配達ルートの最終地点だったので、頼みを聞くなら、彼は他の配達員より早く起きなければならなかったのだ。最後には、女性の粘り強さに負けた。カプランは、その過程で一つ学んだことがあった。「毎日毎日、数カ月も文句を聞かされれば、その人を忘れるわけがありません」。カプランが、エンプレス通り一八番地のクラビッツさんを決して忘れないように、バルバラ・ラーリナもまた、仕事の順番を変えさせた囚人のことをずっと覚えていた。

マキネンは妙だと思った。あの刑務所の看守たちが、囚人の願いを聞き入れるわけがなかった。普通の囚人がスープの温度にけちをつけても、無視されるだけだと彼は経験から知っていた。「黙れ！ここは刑務所だぞ」と看守から言われて当然だった。その囚人と同じようなことを口に出したら、懲罰房に入れられたはずだ——パンと水の配給は一日おきで、夜は毛布も与えられなかった。

囚人がやりたいようにできるのは、異例中の異例だった。それが許される理由が、あったに違いない。マキネンは探りを入れることにした。それぞれ容貌が全く違う一五人の男性の写真をラーリナに見せ、冷めたスープを嫌がった囚人に似ている人物がいるかを尋ねたのだ。

「この人です！」

そう言って彼女が指さしたのは、ラウル・ワレンバーグの写真だった。

マキネンが見せたのは、ワレンバーグと面識があり、彼をよく知る者でなければ分からないであろう、横顔の写真だった。その横顔こそ、温度がまちまちのスープを配りに来たラーリナが、ベッドに座るワレンバーグを見た角度だった。これは驚くべき証言だった。しかし、マキネンの反応を見ただけでは、そうと気付かなかったはずだ。彼は冷静さを保ち、インタビューを続けた。ポーカーフェイスを続けることは、彼にとって何より重要だった。なぜなら、ラーリナという目撃者が爆弾発言をしたからこそ、これほど有益な情報の取り扱いを間違ってはならない、とマキネンは肝に銘じたからだ。ラーリナには、彼が感心するようなことを言えば報酬をもらえる、と誤解してほしくなかった。

一年後、マキネンは再び彼女に会いに行った。ワレンバーグのことを、同じように記憶しているかを確かめるのが目的だった。スウェーデンの外交官がマキネンに対して用いた手法を、今度は彼がラーリナに試した。証人がどの程度知っているのかを評価するための、科学捜査でよく使われる方法だ。彼女は同じ話をし、同じ写真を選んだ。マキネンは、さらにもう一度会うことにし、彼女は全く同じ内容を伝えた。ラーリナが一度も話を脚色したり細部を変えたりしないことで、証言の信頼性が高まったとマキネンは感じた。容疑者の似顔絵を専門とする画家に、ワレンバーグが年を取ったらこうなるだろうと想定される顔を年代別にデジタルで描いてもらい、それをラーリナに見せたこともあった。彼女は、四〇代半ばの絵を見てうなずいた――それは、もしワレンバーグがそのとき健在なら、オスマクという囚人が死んだ頃だった。

これは思いがけない展開だった。オスマクが死亡したのは、一九六〇年五月。ソ連はその当時も、ワレンバーグは一九四七年に息を引き取ったと断言していた。いまや認めるしかなかった。誰かが嘘をついているのだ。マキネンは、それはラーリナではないと確信した。

彼女は、熱いスープを求めた囚人がラウル・ワレンバーグだったかもしれないとは、思いもしなかった。ワレンバーグのことすら知らなかった。刑務所で見た男性と、ホロコーストからユダヤ人を救った正義の士を結び付けることはできなかった。彼女には嘘をつく理由がなかった。正反対の証言をした方が、よっぽど彼女にとって得だっただろう。

マキネンを驚かせる興味深い証拠が、もう一つ、今度はラーリナほど信頼のおけない目撃者から飛び出した。ヨシフ・テレリャという名の元囚人だ。マキネンは彼に三回インタビューした。そのうち一回は、しっかり意思疎通を行うためにウクライナ語の通訳が参加した。そこまでしたのは、テレリャにはこれまで何度も、現実離れした話をする「前科」があったからだ。彼が言うには、一九七〇年のある晩、いつものように看守が房の扉を開け、テレリャと同房者に、廊下の突き当たりにあるトイレに行かせた。囚人が粗末なトイレに行けるのは、一度につき一組だけだったが、看守は常に細心の注意を払っているわけではなかった。テレリャのお気に入りの看守は特にずぼらで、間抜け《フール》というあだ名が付けられていた。「腹の中にガスがたまっていて、コメディのようにわざとらしい動きをしながら、しょっちゅう大きな屁をこいていたからです」と彼は語った。[30] その夜の当番だったフールは、規定より数秒早く、テレリャの房の扉を開けた。

その軽率な行動が生んだわずかな時間に、テレリャは、初老の囚人が二五番の房に戻っていくのを見た。初めて見る顔だった。外国人だな、と思った。彼は、この見知らぬ囚人の行方を把握しておこうとし、その囚人が一週間後に三三番の房に移ったとき、忘れないように頭にたたき込んだ。次にフールが巡回に来た際、テレリャは頼み事をした。二五番の房の棚を見たいという、フールのような看守しか聞き入れない内容だった。看守は許した。テレリャは中に入り、あの囚人に関する手掛かりを探した。すると、紫のインクで書かれた文字を見つけた。棚の裏側に記された、「ラウル　ワレンバーグ　スウェーデン」という三つの単語だった。

この話の裏付けをとるには、アリ・カプランと一緒にデータを調べるしかなかった。そしてワレンバーグ失踪の謎を解くためには、刑務所にも足を運ばなければならない。より良いデータはそこにあるからだ。

ラーリナに話を聞く前のことだ。マキネンにとっては、刑務所に行くことはつまり、人生で最悪の時期を過ごした場所に戻ることを意味した。一九九〇年に、釈放後初めてロシアの大地を踏んだとき、そのトラウマがよみがえり、彼は緊張した。「それ以降は胸にしまい込みました」と言う。「これをやり遂げると決心しました。トラウマにとらわれていたら、何一つ成果を得られなかったと思います」。カプランは、マキネンほどの重圧は感じていなかったが、調査に懸ける熱意は同じだった。「ワレンバーグに何が起きたかを突きとめるために、覚悟を決め、一心不乱に取り組みました」とカプランは語った。

この二人の米国人は毎朝、ホテルで朝食を共にし、非常に骨の折れる、滞在中の仕事のゴールについて話し合った。帰国するまでに達成できることは限られていたので、モスクワでの時間の使い方は重要だった。どれも持って帰れるような仕事ではなかった。彼らが必要とする文書や集計表、ノートパソコンは全てモスクワに保管されており、国外に持ち出すことができなかった。カプランは部屋でソフトウェアを開発し、テストした。マキネンは別の部屋で、登録証と、それをスキャンした画像を突き合わせて調べた。彼らがどこへ行くにも、監視役が二人同行した。「一人がわたしの左手を、もう一人が右手を見張っていましたね」とカプランは言う。

ワレンバーグを捜索する二人の「探偵」は、米国を発つ前に、データの宝庫へのアクセスを求めて交渉していた。一九九八年三月、彼らは一週間かけて、粗末な紙にコピーされた登録証をスキャンした。対象は、ワレンバーグの目撃情報がある一九四七年から七二年の間に、ウラジーミル刑務所に一日以上収監された全囚人だった。一九四七年は彼が死んだとされる年であり、一九七二年は、刑期が終わっただろうと思われる年だ。合計で八〇四九人に上った。次に、この囚人たちがどの房にいたか調べた。登録証には、囚人の移動履歴──いつ、どの房に移ったかが記録されていた。これは極めて重要な情報だった。カプランとマキネン、そして彼らのチームは登録証を転写し、貴重な情報を全てヒューレット・パッカード製のパソコンに取り込み、九万八〇三〇回の移動履歴のデータベースが出来上がった。まるでウラジーミル刑務所版のＳｐｏｒｔＶＵだ。

こうして、二五年分の総合的な記録を手に入れた。かつてカプランがメジャーリーグのチームでやったように、保管されていた紙の資料をデータベースに作り替えたことにより、誰がいつ、どの房に入っていたかを正確に把握できるようになった。

しかし、彼らはまだデータを信用していなかった。はるばるロシアまで来て、残念なミスや間違いがあっては元も子もない。調査の次のステップは、データベースに万全を期すことだった。ロシア人の手書きの文字に精通した専門家を雇い、登録証を念入りに調べてもらった。その専門家たちが一文字でも判別できなければ、専門家をもう一人呼び、決断を下した。ヒューマンエラーを避けるために、マキネンとカプランは途方もない労力を費やした。自分たち自身のバイアスを考慮に入れた上で、記録を残した看守たちの気持ちを探った。例えば、ある囚人が一九五〇年一月一日に違う房に移った記録があったとする。前日の大みそかにウオッカを飲み過ぎた影響はないか、という可能性について、マキネンたちは努力を惜しまず確認した。本当にこの日に移動したのか。五一年一月一日である可能性はないか。その答えを導くには、他のデータを参照するしかやりようがなかった。それが、彼らが大量のデータを精査する中で生み出した、品質管理方法だった。

「できる限り客観的な立場でいることが、我々にとって何よりも大事でした」とカプランは言う。「データをゆがめて解釈したくありませんでした。データに忠実であることを常に意識しました」

「とにかくチェックしていきましたね」とマキネンも語る。「科学では、実験をして結果を得ます。予想通りの結果かもしれないし、予想外の発見があるかもしれません。いずれにしても、実験手法を振り返り、点検することが大切です。アリとわたしは、そうやって作業を続けました」

「わたしたちはこれを暴くために」とカプランは言った──〝これ〟とは大陸をまたぐ巨大な陰謀のことだ──「バイアスを排除した科学的方法を用いたわけです」

囚人はもうこの世にいないので、データのチェックを頼めないが、そうする必要もなかった。マキネンが代わりに確認したからだ。彼は当時の刑務所の様子を、鮮明に覚えていた。忘れられるわけもなかった。何しろ彼はそこにいたので、データに頼らなくても囚人が房を移る頻度を知っていた（とはいえ、マキネンはいつも通り、きっちりと調べた）。カプランのパソコンに表示される囚人の一人一人を、マキネンは自分のことのように感じた。囚人たちの不平に共感することもできた。医務室の場所も、まずいスープの味も知っていた。なぜワレンバーグがスープに文句をつけたのか、マキネンは説明することができた。スープそのものはどうでもよかった。全ては、生き延びるためだったのだ。

「ワレンバーグは、人目を引こうとしたのだと思います。あらゆる人に覚えてもらうために」とマキネンは語る。「このまま忘れられてなるものか、という意思です」

そういう意味で、ワレンバーグは成功したといえる。マキネンとカプランは、彼を忘れさせてはいけないと命がけで行動した。当てのない探索のために（そもそも当てがあるのかも分からないまま）、年に何度もモスクワに飛び、一度につき数週間滞在することによって、ようやくデータの中の「ノイズ」に目を向けられるようになった。いよいよ、ラウル・ワレンバーグの身に何が起きたかを明らかにするときだった。

カプランたちが作成した八二種類のアルゴリズムのうちの一つが、ラーリナが温かいスープを運んだ房に、どの囚人がいたのかを特定しようとしていた。彼らは、興味深い答えが出る予感がしていたが、その通りになった。

見つかった事実は、彼らが真実であってほしいと何年も思っていたことだった。しかし、全ての作業を終えるまで、確信は持てなかった。まだ、適切なデータが不足していた。

4 『マネー・ボール』世代の登場

二〇一一年末にNBAのロックアウトが解除された晩、ブライアン・コップの電話は鳴りやまなかった。取引をようやく再開できるようになった各チームにとって、SportVUの購入は最優先事項の一つだった。コップが眠りにつくまでに、三〇チーム中一〇チームが契約を結び、各ホームアリーナにトラッキングカメラを設置することが決まった。いまや彼は、NBAチームを二つに分けることができた。SportVUがあるチームと、ないチームだ。それはすなわち、賢いチームと愚かなチームということだった。

両者の溝は深まる一方だったため、「愚かな」チームは別の方法で賢く見せようとした。二〇一三年冬に、マサチューセッツ工科大学（MIT）スローン・スポーツ・アナリティクス・カンファレンス〔スポーツに関する、世界最大級のカンファレンス〕に参加しなかったチームは、ロサンゼルス・レイカーズだけだった。とりあえずこれに参加しておけば、スポーツ産業の最先端に触れられるため、チームの賢さをアピールできるというわけだ。それに従えば、不参加のレイカーズは最も愚かなチームということになる。これは不可解かつ、意外な展開だった。まるでオタクが学校の人気者をいじめているような構図だった。

これ以上愚かに見られるのが嫌になったレイカーズは、ブライアン・コップを見つけると、トラッキングカメラについてもっと教えてほしいと頼んだ。ゼネラルマネージャー（GM）を訪ねたコップは、デスクに書類の山があるのに気付いた。何を読んでいるのか気になり、思わずのぞき込んだら、学術論文だった。「嘘だろ?」とコップは思った。といっても、NBAで最も華やかなチームの意思決定者が論文を読んでいることに驚いたわけではない。彼が驚いたのは、その書類の束が示す、奇妙で芝居がかった態度《ポーズ》だった。NBAのGMが、論文を読むふりをしているのだ。あたかも、そうやって仕事をするふりをしなければ、自分に価値がないとでも言いたげな様子だった。その論文が、大学生が講義の中で書いたものと知ったら、GMは即座にシュレッダーにかけていただろう。

レイカーズが毎年のように優勝争いをしていた二〇〇〇年代に、キャロリン・スタインはボストン郊外の高校に通っていた。彼女の学校では、理科の上級クラスに入るためには、年に一度の科学研究コンテストに参加するしか方法がなかった。この年のコンテストは、地球上で最も競争の激しい研究発表会だったかもしれない。なぜならスタインのクラスには、生物学者や化学者、物理学者の子供がいて、親の勤務先であるハーバード大学やMITの実験室を、長時間使うことができたからだ。そんな学生たちの研究は、月並みな噴火の様子を模型で再現するといったレベルを超えていた。「遺伝子の配列がどうとか、言っていましたね」と彼女は振り返る。

スタインの高校では、学者の家系に生まれる幸運に恵まれた学生はごく一部で、スタインもその一人だった。彼女の祖父はプリンストン大学の数学者で、一九四〇年代にヨーロッパから逃れてきた人物だった。祖父は米国に着いてから三週間のうちに、「棒を使った変な競技」——すなわち野球——にのめり込んだという。(31) そして彼女の父は、ハーバード大学経済学部の教授だった。スタインが大学生のときには、連邦準備制度理事会の理事も務めた。しかし今回に限っては、何の恩恵も期待できなかった。祖父も父も、遺伝子の配列は教えられなかった。その代わり、コンテストのルールを詳しく検討した父は、ただし書きの中に盲点があると気付いた。この科学研究では、厳密には、社会科学も許可されていたのだ。「データに取り組みなさい」と父は娘に告げた。

高校のバスケットボールチームのキャプテンだったスタインは、ＮＢＡに関する研究に全力を注ぐことにした。「このスポーツが好きだからというよりは、単にデータを集めやすかったからです」と彼女は言う。エクセルに数値を入力し、統計を未加工のデータの状態に戻した。その中から一例を挙げると、選手の体重、人種、ポジションを、リバウンド数やブロック数と比較した。スタインは、この研究プロジェクトを「白人男性はジャンプができない」と名付けた。「失格寸前でした」と彼女は話す。普段のスタインと違い、一計を講じた研究発表は、思いがけない物議を醸した。「わたしはいい子ぶって、数字に語らせるようにしました」

魅力的かつ話題性のある研究を完成させた高校生が、場所的にも近いハーバード大学に進んだとしても、大して驚きはなかった。スタインは大学寮に入るとすぐに、学生団体の紹介イベントに参加し、変わった名前のクラブに出合った。その名も、「ハーバード・スポーツ・アナリシス・コレクティブ（ＨＳＡＣ）」〔アナリシスは分析、コレクティブは共同体という意味〕。スタインは、スポーツよりも分析に興味をそそられた。クラブのミーティングに出席し、寮に戻って友人のジョン・エゼコウィッツに声を掛けた。彼も気に入ると思ったからだ。エゼコウィッツは、スポーツも分析も好きだった。一〇代にして、スクラブルという単語並べゲームの全米チャンピオンに輝き、副財務長官のために経済政策を考えた経験があった。子供の頃はテレビを禁じられていたが、唯一、スポーツ番組だけは許されていたので、少年時代はそれをひたすら見て育った。

スポーツを分析するクラブがハーバード内に誕生するきっかけを作ったのは、マイケル・ルイスの著書『マネー・ボール』だった。効率性が重視されるはずのメジャーリーグに潜む非効率をなくすために、データに頼ることにした、オークランド・アスレチックスというチームにまつわるノンフィクションだ。『マネー・ボール』が与えた影響は計り知れない。プロスポーツの歴史は、『マネー・ボール』以前と以後で区別される。その本の登場人物の一人が、カール・モリスというハーバードの統計学教授だった。学生たちがスポーツ・アナリティクスをクラブ活動でやりたいと考え、アドバイスを求めて訪ねてきたとき、モリスは彼らを励ました。お気に入りのチームをデータに変換する方法を、あれこれ議論するにあたって、学部長の許可は要らなかったが、ハーバードの学生団体として承認を受けておくと活動資金を得られる利点があった。「このクラブは、ビールをただで飲むための口実として作られたんです」とエゼコウィッツは語る。最終的には、大学側は資金を出すのをやめ、学生たちもビールを飲むのをやめた。

エゼコウィッツがクラブの部長に選ばれたのは、創立からまだ三年程度しかたっていない頃だった。彼らが集まる場所は、アフタヌーンティーでもできそうな、風格のある部屋だった。パステル色の壁紙が張られ、壁には真っ白い顔の老人の肖像画がたくさん飾られていた。エゼコウィッツは樫《かし》のテーブルの上座に着き、充血した目をした学生たちが彼を囲んだ。ここは、スポーツについて話し合うのが好きな変わり者が開催する、変わり者のための集会だった。今回集まった目的は、入ったばかりの人もいるので、皆の緊張をほぐすことだった。一般的な自己紹介に加えて——女性もいたが、大半は男性だった——、スポーツに関するお気に入りの本を挙げてもらった。唯一の難点は、『マネー・ボール』は除外するという点だった。

「映画版の脚本もだめ?」と誰かが声を上げた。(32)

わたしが二〇一一年に訪れたとき、クラブの最年少メンバーは、わたしより五歳ほど年下だった。それでも、樫のテーブルを見渡したわたしは、この学生たちとは世代が違うと感じた。わずか五年の間に、何かが世界をがらりと変えた。そのことを、わたしはこのとき初めて気付いた。『マネー・ボール』はその何年も前に出版されていたので、クラブの学生たちは、本を手元に置きながらスポーツを見てきた。芸術のために科学を利用するのは、極めてまっとうなことなのだと、この本は読者に自信を与えた。優秀な学生が、知性をスポーツのために使おうと思うのは当然のことだった。わたしが出会ったハーバードの学生たちは、『マネー・ボール』世代に属していた。統計に基づく信念はあり得るし、基づくべきだ、という『マネー・ボール』の考えは、若者のスポーツの見方を変えたわけではない。それこそが、最初から彼らの見方だったのだ。

この若者たちは、『マネー・ボール』を読むだけでなく、それを体に取り込み、そうやって過ごすうちに、内容がすっかり身に染み付いていた。この本の中に、金融業界に触れた一節がある。金融派生商品(デリバティブ)の歴史の真っただ中を説明しており、若い読者なら興奮したかもしれない。ルイスは次のように述べる。「このたぐいの計算が得意な人間は、ありきたりなトレーダーではない。高度な知識を持つ数学者、統計学者、科学者などだ。彼らはハーバード大学やスタンフォード大学やマサチューセッツ工科大学での研究を捨てて、ウォール街で巨富を得た。このような優秀なトレーダーが莫大な利益をつかんだことにより、ウォール街の文化は一変し、勘ではなく定量分析が重んじられるように

なった」（『マネー・ボール　完全版』中山宥訳、ハヤカワ・ノンフィクション文庫[33]）

デリバティブに手を出す絶好のチャンスが今も続いていれば、テーブルを囲んだハーバードの学生たちもまた、トレーダーになって、一財産を築く野心を持っていたことだろう。しかし、彼らは金融市場の非効率性に付け込む必要はなかった。新たな考え方を、未開拓のスポーツ分野に適用することができるからだ。途方もなく儲かる仕事ではないが、その分ずっと楽しいはずだった。彼らにはやる気と時間があり、そして今までにはなかった、データもそろっていた。興味を持ったことは、何でも調べられるようになった——たとえそれが、自分たちが生まれる前に死刑宣告を受けたアイデアであっても。定着した科学知識を疑うことも、可能になった。そう、エゼコウィッツたちは、まずホットハンドに目を向けたのである。

ホットハンド論文の特定の箇所に異議を唱えたのは、エゼコウィッツたちが最初ではなかった。第3章で紹介した、ギロビッチ、バローネ、トヴェルスキーの三名が執筆した論文は、一九八五年の発表直後から激しい批判にさらされた。彼らはある程度、そうなると分かっ
ていた上で発表した。一九八九年に、ギロビッチとトヴェルスキーはアメリカ統計学会の雑誌『チャンス』でさらなる説明を加えた。「バスケットボールの試合を見れば見るほど、〔選手が波に乗って〕シュートを連続で決めているように見える頻度は、多くなる」と、バスケットボールをたくさん見てきた二人は述べた[34]。それに対して、次の号では三人の統計学者が、共同で鋭い意見を寄せた。「ホットハンドは信じていい」というのが、その論文のタイトルだった。ところが彼らが提示した証拠には明らかな問題があったので、ギロビッチとトヴェルスキーは同じ号で反論した。雑誌の二二ページから三〇ページでは統計学者たちが、三一ページから

三四ページではギロビッチたちが意見をぶつけた。

ただ、ギロビッチとトヴェルスキーがその後何十年にもわたって批判の的になったことを思うと、二人がこのとき退けた反論は始まりにすぎなかった。後続の研究者たちは、バスケットボール以外も調べたいと考えた。野球、ボウリング、テニス、ゴルフ、バレーボール、ダーツ、ホースシューズ（馬蹄《ばてい》投げ）で見られる、ホットハンドの賛否について再検討した。しかし、さまざまなスポーツに手を広げるあまり、研究者はホットハンドを求めて、細かい部分を見て拡大解釈を繰り返していた可能性はある。

ただ、当時、最も説得力のあったいくつかのホットハンド研究の中では、ギロビッチ、バローネ、トヴェルスキーが発見したことはもちろん、その方法にも疑問は呈されていなかった。一方で、根強い批判もあった。それは、ギロビッチたちの研究は、ホットハンドを見つけるにはサンプル数が十分ではなく、統計学的手法も確立されていない。だからこそ、たとえホットハンドという現象が実在するとしても、その正体を暴こうとしたギロビッチたちにはホットハンドを見つけることができなかったのだ、というものだ。

こうした状況をふまえた上で、エゼコウィッツの話に戻ろう。大学一年の終わりまでに、彼はスポーツデータをあさり、ＨＳＡＣのブログに自身の考えを発表するようになっていた。プロスポーツチームが勝つための方策を載せた彼の投稿を、実際にチーム運営に携わる人も読んでいた。それを知ったのは、八月のある金曜の夜に、無我夢中でデータベースを調べたためにノートパソコンが停止したときだった。真夏にマラソンをした後のように、パソコンは熱くなり、くたびれて、今にも意識を失いそうだった。彼がブログを更新した八月の金曜の夜というのは、ウェブサイトの訪問者数を稼ぐにはひどいタイミングだった。二四時間以内に読んだ人はほとんどいなかった。だが、エゼコウィッツは一つだけ付いているコメントに目が留まった。それはマーベリックスのオーナー、マーク・キューバンからのものだった(35)。

ＮＢＡチームのオーナーから反応があったことが信じられず、彼は思わず目をこすったのと同時に、自分のやっていることは間違っていないと確信した。このスポーツ・アナリティクスというのは、やり続ける価値があるのかもしれないと彼は思った。大学のバスケットボールチームに志願して、データを取るのも一案だろう。報酬はもらえない上に、大したデータも集まらず、彼の意見は無視されるかもしれない。それでも！　選手のプレーに関する情報を蓄積すれば、もしかしたら、何かしらの形でいいアイデアを与えてくれる可能性はあった。そう考えるだけでも、エゼコウィッツは胸が高鳴った。

ある日、彼が計量経済学の授業を受けていると、携帯電話が鳴り、彼の構想は全て吹き飛ぶことになった。発信元の市外局番に心当たりはなかったが、電話に出ることにした。教授に断り、教室の外へと向かった。電話の主は、実際にチーム運営に携わる人物だった。ＮＢＡチームのフェニックス・サンズが、エゼコウィッツに連絡をしてきたのだ。

ブライアン・コップとの契約を済ませたサンズは、ＳｐｏｒｔＶＵを使用できるようになっていたが、アリーナに設置したカメラからじきに送られてくる情報をどのように生かしたらよいか、よく分かっていなかった。彼らは、データが十分にない状況には慣れていた。だがこれからは、大量のデータが手元にくるのだ。そこでサンズは、たまたま別のスポーツチームに勤めていたＨＳＡＣの元部長に連絡を取り、ＳｐｏｒｔＶＵのデータの整理を手伝える人を紹介してほしいと頼んだ。そこでエゼコウィッツの名前が出たというわけだった。チームの分析グループの統計コンサルタントが、選手たちより若く、まだ行動経済学概論を受講しているような大学生で、オフィスから数千キロ離れた大学寮から仕事をすることになっても、サンズは気にしなかった。

それから数年間は、夏休みに入るたびに、エゼコウィッツはサンズの選手やコーチや幹部たちの元に行った。彼らのディスカッションを盗み聞きするのが、夏休み限定の業務の中で、何よりの楽しみだった。あるときエゼコウィッツは、チームの面々が、あるトピックの細かい点について議論しているのを聞き、思わず口を挟まずにはいられなかった。議題は、エゼコウィッツが既に理解していると自負していた、ホットハンドだった。

経済学を専攻し、いわばバスケットボールを副専攻にしていた彼は、ギロビッチ、トヴェルスキー、バローネの古典的論文をもちろん読んでいた。ホットハンドは間違った考えだと判明した後も、人々はその間違いを信じているのだ、と彼は教わってきた。バスケットボールのプロと働くようになってしばらくたっていたが、ホットハンドに関して彼らが断固として主張を曲げないのには、少し驚いたという。エゼコウィッツはこう語る。「部屋には、元NBA選手や元大学選手だった人がたくさんいました。その人たちが全員、『ホットハンドは存在する』と口をそろえて言ったのです」。元選手たちは尊敬すべき人々であり、エゼコウィッツよりはるかにバスケットボールを知っていた。そんな職場の先輩に、自分のあがめる学者たちが一言で否定されても、腹が立たなかった。むしろ、興味が湧いたのだ。

「これは、学者と、伝統的な考えを持ち続ける人との対立を描いた、奇妙な物語です。学者が『あなた方のこの競技に関する知識は全くの間違いだ』と言えば、もう一方はそれを一蹴していました」とエゼコウィッツは話す。「でも学者の主張は、基本的に、自ら集めたデータに基づいています。より多くのデータを入手できるようになれば、絶対に正しいと思っていたことが覆る可能性はあります」

適切なデータを見つけることができれば、この議論を終わらせることができるとエゼコウィッツは考えた。そして、それを既に持っていることに気付いた。冬休みのある日の午後に、彼はノートパソコンを開き、友人のキャロリン・スタインにメールを送った。「試験がうまくいってる（いった）といいんだけど」と彼は書いた[36]。エゼコウィッツとスタインはその頃も同じ寮に住んでおり、同じ経済学の授業を受けていた。彼は、スタインに借りがあった。HSACというクラブの存在を教えてくれたのは、他ならぬスタインだったからだ。今こそ借りを返すときだった。

「既存のホットハンド研究には、不備があったと思う」と彼は続けた。「すごいことに、僕が持っているSportVUのデータを使えば、結果はどちらにせよ、論争にはっきりと決着をつけられると思うんだ。一緒にやってもらいたいんだけど、どうかな？」

5　行方不明の英雄を探し出せ(2)　データが導き出した答え

マービン・マキネンは、ラウル・ワレンバーグの行方や、がんの増殖に関わる分子を調べていないときは、余暇にスキーをやった。パウダースノーを滑り抜け、スキーの跡を残すのが快感だった。誰かが既に滑ったルートをわざわざ通ることはしなかった。手つかずの斜面を選び、独自のコースを開拓した。行ってはいけない場所をいつも探した。そこに良いことがあるからだ。

シカゴ大学のマキネンの教授室には、過去に行ったスキー旅行のポスターが貼られていた。これは、彼が他の生化学・分子生物学の教授とは違うことを示す、分かりやすい例の一つだった。『古典電気力学』『フーリエ変換赤外分光法』『電子スピン共鳴の理論的基礎』といった、使い古した教科書が並ぶ本棚の隅に、ソ連の囚人の登録証のコピーが入った箱が、ほこりをかぶって置かれていることには、よく見ないと気付かなかった。彼はもうすぐ八〇歳だというのに、ソ連の刑務所に収監されていた頃のことを詳細に覚えていた。ある日の午後、わたしはアリ・カプランと共に、マキネンの元を訪ねた。彼は、必須アミノ酸に関する小テストの用紙に手を伸ばした。そして白紙の裏面に、ウラジーミル刑務所の見取り図を描いた。

「テレリャはここにいました」と彼は説明した。

元囚人のヨシフ・テレリャの話では、フールというあだ名の看守がテレリャたちの二一番の房を早く開けたことで、先にトイレを済ませた非ロシア人の年長の欧米人が、二五番の房に戻っていく姿を一目見たという。この謎の欧米人は、棚に「ラウル　ワレンバーグ　スウェーデン」と記し、三三番の房に移された、という話も聞いた。マキネンは、まさにこの房に入っていた時期があった。予言者と自称する、怪しげなテレリャの証言を信用できないのは当然だった。だがそれも、カプランが作った総合的なデータベースを見るまでのことだった。マキネンには、テレリャを信じない理由がなくなった。「彼の証言は全くその通り、すなわち正確だと、データベースが証明したのです」とマキネンは言う。

データベースを基に、カプランとマキネンは、一九七〇年二月一日の刑務所の内部図を作った。テレリャは二一番の房におり、二五番は無人だった。だが二五番に囚人が入ると、通路の向こうの三三番が空になった。これはつまり、一人の囚人の痕跡を、当局が消し去ったことを意味した。この証拠だけでは不十分とでもいうように、三三番の房には一一七日間、誰も入っていなかったことも分かった。隔離されたこの棟では、房が五日連続で空いていたことが一回もないにもかかわらず、だ。マキネンたちが調査に使った、年季の入ったノートパソコンのキーボードを何回か叩くだけで、たちまちテレリャを信用できるようになった。データが彼の証言を裏付けた。三三番の房で、何か怪しいことが起きていた。ここだけが、他とは大きく異なっていたのだ。

もう一つ検証する価値があるのが、刑務所で働いていたバルバラ・ラーリナの記憶だった。彼女の話を聞いたことが、マキネンがロシアに刑務所の記録を要求するきっかけになった。「この女性は記憶違いをしているかもしれませんが、とにかく我々は調べなくてはなりませんでした」とマキネンは言う。カプランの想定以上に、確認には時間がかかった。シカゴにある自分のパソコンなら数分で終わる簡単な処理要求が、刑務所のパソコンでは一二時間もかかり、彼は気が狂いそうになった。刑務所を出る前にコードを入力し、翌朝までに処理が終わっていることを願った。あるときカプランは、刑務所に置いていた自分のノートパソコンが起動しないことに気付いた。一晩中、刑務所が停電していたのだ。その原因を特定するのに、法医学の知識は必要なかった。単に、建物地下の電線がかじられていたためだった。「ネズミでしょうね」と彼は言った。

電気が復旧し、データが無事であることを確認してから、マキネンたちは動作の遅いパソコンを操作し、一九六〇年五月一六日の刑務所の内部図を読み込んだ。ラーリナが覚えていた、オスマクという囚人が死んだ日だった。彼女によれば、オスマクの向かいの房の一つに、冷えたスープに文句を言い、彼女の脳裏に強く残った囚人がいた。もし記憶が間違っていれば、一目瞭然だった。ワレンバーグ以外の囚人がそこに入っていたはずだからだ。

一体、中には誰がいたのか。

「その房には誰もいませんでした」とカプランは言った。

オスマクが死んだ頃、彼の房の反対側にあった二つの房は、刑務所の記録を信じるならば、それぞれ二四三日間と二七四日間使われていなかった。マキネンとカプランは信じなかった。だが、信じないからといって、信ぴょう性に欠けるとは言い切れない。彼らは再び記録を参照し、それだけの期間、無人になる確率を調べた。二五年に及ぶ刑務所のデータの中で、無人の房は数千あった。しかしその大半は、短期の保守点検であり、囚人たちは二〜三日以内に戻されていた。この棟では、無人の房の最長期間は七日間だった。二五〇日間使われない確率は、一パーセントの一兆分の一未満だった。この結果もまた、他とは大きく異なっていた。

なぜそれほどの長期間、無人だったのか。この疑問に答えるため、マキネンたちは、ワレンバーグと似た経歴を持つ囚人を探した。一般の囚人であれば、たいていは一〇〇日おきに房を移っていた。それに比べると、囚人を特定できないあの二つの房が、これほど空いているのは異例だった。二〇〇から三〇〇日ごとに移動させられた囚人の一人は、ポーランド国境近くの元市長だった。実際はソ連が行ったにもかかわらず、ドイツによる犯行だとしてソ連が不当に非難した虐殺事件を、この人物は目撃していた。彼はソ連に信用されなかったため、懲役二五年の判決を受け、そのうちの最初の七年間は独房に監禁されていた。この移動パターンを知ったマキネンとカプランは、ソ連政府は他の囚人から隔離するために、一つの房での収監期間を長期化させたと推測した。そこまでやる必要のある経歴の持ち主が、もう一人いた。ラウル・ワレンバーグだ。二四三日または二七四日の間隔で移動させられた、名無しの囚人の存在が、マキネンとカプランが最も確信を持って言えることだった。ラーリナの証言が間違っている可能性は、ほとんどなかった。

こうして、素晴らしい瞬間が訪れた。マキネンとカプランは、嘘をついているデータから真実を引き出したのだ。公式記録から抹消されたワレンバーグを、彼らはとうとう見つけた。

わたしはこれまで何人もの学者にインタビューしてきた経験から、科学者に「何かに疑問を持つことはありますか」と聞くのは、間抜けだと思っていた。疑う対象は何でも構わなかった。どんなことであれ、科学者は当然、疑問を抱いている。それが科学者たるゆえんだからだ。概して、一流の科学者は疑問をたくさん持っている。

ところが今回の件に関しては、マキネンには疑う余地がなく、疑う理由もなかった。彼は証拠を集め、データを分析した。そして、すんなりと結論を出した。実際に何が起きたか、マキネンが真実を知ることはないだろう。だが、マキネンがこれまでに知り得たことを総合すると、死亡したとされる時期以降もラウル・ワレンバーグが生きていたと、彼は信じているのだろうか。

「みじんも疑っていません」とマキネンは答えた。

6　データが明らかにした、ホットハンドの新事実

ジョン・エゼコウィッツとキャロリン・スタインが、ホットハンドに関する独自の研究を進めていた

頃のことだ。ハーバード大学の元学長であるローレンス・サマーズが、同大学バスケットボールチームの休憩室を訪れ、即席の経済学講義を開いた。かつて米国の国家経済会議の委員長や、財務長官を歴任したこの学者は、下はハーフパンツ、上はホワイトハウスのイラスト入りのグレーのTシャツという格好で、三〇分にわたって話をした。選手たちがピザを平らげる中、サマーズが経済学者としての半生を振り返るという集まりだった。同席した『ニューヨーク・タイムズ・マガジン』の記者は、サマーズがキャリアを通じて得た貴重な教訓を、次のようにまとめた。「データを読み取り、そこから真実を見抜くことが大切なんだ」[37]

財務長官在任中は、ドル紙幣にサマーズの署名が入っていた。紙幣にその名を刻んだ彼は、この変わったセミナーで選手に質問した。「君たちのうち、ホットハンドを信じている人はどれくらいいるかな?」。全員が信じていることを示すように、うなずいた。これこそ、サマーズが望んでいた反応だった。正解を発表する前に、彼はたっぷり間を取ってじらした。

「答えはノーだ」とサマーズは口を開いた。「人間はランダムなデータに、パターンを当てはめてしまう」

しかし経済学の世界的権威といえども、同じキャンパスにいる二人の大学生が、ホットハンドの通説を見直している最中だったとは予測できなかっただろう。エゼコウィッツたちは、データを読み取り、そこから真実を見抜こうとしていた。ホットハンドは実在するのか、という問いに答えを出すのだ。

これまでエゼコウィッツとスタイン以前にホットハンドを探し回った研究者たちは、ほぼ全員がその研究には根本的な欠点があることを認めている。ホットハンドは誤りだと主張する研究は、シュートを打つチャンスが千差万別であることを、きちんと説明していなかった。「選手は、難易度の異なるさまざまなシュートを組み合わせて使う。一本一本のシュートは、その組み合わせの中からランダムに選択される」と、ギロビッチ、トヴェルスキー、バローネは述べている。[38] しかし、それは本当に正しいのだろうか。ホットハンドをつかんだ時点で、選手の動きは確実に変わるはずだ。絶好調のシューターは、より高いリスクを取ろうとする。そうした状況でのシュートは、必ずしもコイン投げと同じではなく、一つ前のシュートの結果に左右されることもありそうだ。マディソン・スクエア・ガーデンでの、ステフィン・カリーの超人的なプレーを思い出してほしい。あのプレーを見ても、バスケットボールのシュートはどれも同じ〔ランダムである〕と思うのは、マイケル・ジョーダンと同姓同名ならダンクができると言っているようなものだ。ギロビッチたちの研究は、その誤った論理に従ってしまった。だが、仕方なかった。彼らは十分なデータを持っていなかったからだ。

エゼコウィッツたちが大学生になった時期に、ようやくホットハンドなどのテーマを高度に調べることが可能になった。つまり、全ての変数を制御し、シュートの難易度を正確に数値化することが、ついにできるようになったのだ。それを実現させたのが、非常にマニアックな特徴を持つＳｐｏｒｔＶＵだった。シュート一本に始まり、何本でも調べられる。さらに言えば、シーズン中に放たれた全てのシュートについて、同じように分析可能だった。

行動経済学入門の講義を受けていた頃、エゼコウィッツとスタインは、ホットハンドの複雑さについて議論を重ねた。彼らは、ギロビッチたちの論文が発表されて以降、定説となったこの研究を精査した人はいたのだろうかと疑問に思った。選手が絶好調だと感じているとき、普段の限界を超えて、より難度の高いシュートを打つはずだ、と二人は意見が一致した。ところがあの論文は、こうした行動の変化を考慮していなかった。エゼコウィッツが共同研究の相手にスタインを選んだとき、それまで誰もできなかったことをやるというアイデアを、彼女は気に入った。エゼコウィッツと一緒に研究したいと思う学生がスタイン以外にもいるほど、彼は優秀だったのだ。NBA関係者の中で、誰よりも鋭い質問をSportVU担当のブライアン・コップにぶつけたのが、大学寮にいながらフェニックス・サンズの統計コンサルタントを務めたエゼコウィッツだった。彼が、ホットハンドに関する総合的な研究を行いたいとコップに伝えたところ、概要を聞いたコップは迷うことなく、SportVUのデータベースへのアクセス権をエゼコウィッツたちに与えた。「欲しがる研究者があまりいなかったと知り、そんなばかなと思いました。あれほど豊富なデータはありませんからね」とエゼコウィッツは言う。

さっそく次の学期中、エゼコウィッツたちは数百時間を費やしてデータの解析に励んだ。まず彼らは、データをきれいにすることから始めた。SportVUのデータは豊富だが、乱雑でもあったので、そのままの状態では分析が進まなかった。同じようにアクセスを許可された一人が、偶然にも、ハーバード大学の中庭を挟んで反対側にいた。それはカーク・ゴールズベリーという教授で、地図作成の教育を受けた経歴を持っていた。彼がパソコン用の巨大なモニターにSportVUのファイルを初めて表示したとき、思わず圧倒された。「画面いっぱいに小数点と数字が広がり、その間にXMLタグが何百と挟まっていた」と彼は記した。[39]「わたしが見た中で『最も大きな』データであることは、瞬時に分かった。画面を埋め尽くすデータが、一試合の一つのクォーターの、わずか数秒間しか示していないと知ったときの驚きを、わたしは決して忘れないだろう」。驚嘆すると同時に焦ったのは、エゼコウィッツたちも同じだった。データが一部でも破損したら、誤った結論を導き出すことになる。マキネンとカプランなら、その気持ちを分かってくれただろう。

エゼコウィッツ、スタイン、そして同じくハーバードの学生で、コンピューター科学のエキスパートであるアンドリュー・ボスコフスキーの三人がデータの整理を終える頃には、NBAを変革しつつあった数字に関して、彼らはほぼ全てのNBAチームよりもよく理解していた。なぜなら、ギロビッチたちが論文を書いた時代には想像すらできず、夢にも思わないほど細かいデータを、この三人の大学生は手にしていたからだ。

バスケットコートを二フィート〔約六一センチ〕四方に区切り、そこに八万三〇〇〇本のシュートを登録し終えると、〔二〇一二〜二〇一三シーズンの〕NBAの全試合のシュートを、一本残らず調べられるようになった。誰がどこから打ち、そのとき誰がディフェンスし、他の選手がどこにいたか知ることができる。ボールがシューターの手から離れた瞬間を、〇・〇四秒単位で調べることも可能だ。そのシュートがどれくらい難しかったかも把握できる。さらには、それがゴールに入る確率も分かる。要は、探し求めていた問いに答えが出せるかもしれないということだ。ここまで詳細に分析できることについて、エゼコウィッツとスタインは「なぜこんなことが可能なのか」と心から思った。「長い間、こういった分析は実現不可能でした。試合の映像を何時間も見て、各シュートの難しさを推測するしか方法がなかったのです。そんなこと、できるわけがありませんでしたよ」。それが、今ではできるようになった。

ホットハンドを初めて取り上げた画期的な論文の著者であるギロビッチたちは、ほんのわずかなシュート数しか調べなかった。そのデータの質も、あまり良くなかった。彼らはレイアップとスリーポイントシュートを同じものとして扱ったが、この二つは、カバとハムスターぐらい違う。さらには、成功と失敗という観点からしかシュートを評価しなかった。この成功／失敗の分け方を、エゼコウィッツ、スタイン、ボスコフスキーは「単純な熱気《ヒート》」と名付けた。しかしホットハンドを厳密に調べるには、これだけでは不十分だった。彼らは「単純な熱気」に対しての「複雑な熱気」を測る方法が必要だったのだが、そんなものは存在しなかった。三人は自ら考案するしかなかった。

彼らはあらゆるシュートを知り尽くしているので――シュートを打った選手、その位置、シュートの難易度、ディフェンダーの位置――、シュートが入る可能性を数字に置き換えることができた。彼らはそれを、「期待シュート率」と呼んだ。彼らが生み出したこの計算式自体が有益な結論だったため、じきにＮＢＡチームが使うようになった。この学期中に学生が手掛けた研究の中で、これほど立派な成果を挙げたものはなかっただろう。

しかしエゼコウィッツとスタインにとって、その計算式は目的を達成する手段にすぎなかった。計算して出た数字は、「複雑な熱気」を算出するために必要だったのだ。「複雑な熱気」とは、実際のシュート確率と、期待されるシュート確率との差であると、彼らは定義した。例えばステフィン・カリーは、レイアップを五本連続で決めるよりも、スリーを五本連続で決めたときの方が明らかに波に乗っているが、そういったことは「複雑な熱気」でしか調べられなかった。エゼコウィッツとスタインは、史上初めて、選手がどの程度好調であるかを解明した。そこまで研究を進めても、彼らは究極の目的を忘れることはなかった。「どのような問いを立てるか、時間をかけて考える必要がありました」とエゼコウィッツは言う。

これは決して些末なことではなかった。いい問いがあるからこそ、いい答えが生まれる。彼らはまず、二つの問題を設定した。一つは、「バスケットボール選手は、誰かがホットハンドを持っていると気付いたときに、プレーを変えるのか」。そしてもう一つは、「もしそのプレーの変化を読み取ることができたら、ホットハンドは姿を現すのか」。

そして三番目の問いは、彼らがはっきりと口に出せない内容だった。「ホットハンドについてこれまで習ってきたことが、もし間違いだとしたら？」

同じような疑問を、『マネー・ボール』世代である彼らより年長の、大先輩たちも持っていたことだろう。実際、その一人が声を上げた。ビル・ジェームズは、メジャーリーグのボストン・レッドソックスの一員として、チームが意思決定を下す様子を垣間見た。その経験がきっかけとなり、ジェームズはスポーツのメカニズムにますます興味を持った。二〇〇四年のワールドシリーズでレッドソックスが優勝した直後に、彼は『ベースボール・リサーチ・ジャーナル』に、「霧を見くびる」と題するエッセーを寄せた。「もしこのジャーナルが科学誌であり、わたしが研究者だったら、今回の文章のタイトルを次のように表現するだろう。『統計的に不安定なプラットフォームの変数を扱う際に、一時的な現象と持続的な現象を区別することの問題点』。しかしわたしは誰かにこれを読んでほしかったのだ」とジェームズは述べた。[40] 彼の願いはかなったが、それはタイトルのおかげではなく、内容が面白かったからだ。「セイバーメトリクスを用いて導き出したさまざまな結論は、実は事実無根だったかもしれない、とわたしは思うようになった」と、セイバーメトリクスの提唱者であるジェームズは書いた。

これを読んだ信奉者たちは面食らった。ジェームズは続けて、自身が代表といっても過言ではない統計という世界で発見された、重要な真理の数々に疑問を呈したのだ。嘘だったと言っているわけではなかった。彼の意図は、セイバーメトリクスが明らかにした真理が、本当に正しいのか分からなくなった、ということだった。ビル・ジェームズほどの名声を得た人物が、既に科学がその欺瞞を暴いたはずの通説に対して柔軟な態度を取る事態は、フェミニストのベティ・フリーダンが自身の女性蔑視を公表することぐらい、誰も予想していないことだった。しかし別の言い方をすれば、これこそがビル・ジェームズらしさだった。スポーツ界の従来の常識に挑んだ男は今、方向を転換し、かつての反主流派であり新たな常識になりつつあるセイバーメトリクスの考えに、戦いを挑んでいた。以下に示す、スポーツ界で最も有名な通説に関するジェームズの文章を読むと、彼が執筆しながら楽しそうに笑う声が聞こえてくるようだ。

「ホットハンド現象を肯定するにしても、否定するにしても、説得力のある議論をした者は一人もいなかった」と述べ、こう続けた。[41]

> ホットハンド反対論者の主張——わたしから見れば、主張のようなもの——によると、ホットハンドの証拠がないことが、何よりの証拠だという。ホットハンドの存在を示す明確な証拠がないのは、そもそもホットハンドなどないからだ、というわけだ。わたしは、その説には異を唱える。今までの反対論者の議論は、「ホットハンドが実在するなら、検知できるはずだ」という仮定に基づいており、彼らは事実をそろえて証明したわけではない。ホットハンドが実在するのか、わたしには分からないが、この仮定は誤りだと思う。

そしてジェームズは、学術的な野球専門誌の熱心な読者に向かって、戦場を思い浮かべてほしいと呼びかけた。あなたは、部隊の安全を守る見張り番を任されている。その晩は霧が濃く、遠くまで見通したいが何も見えない。一番明るい懐中電灯を取り出し、地平線に向けてかざす。それでも全く見えない。辺り一面、霧が漂っているだけだ。あなたは上官に、「敵軍はいません」と報告する。

　本当にそうだろうか？

　証拠の欠如と、欠如していることの証拠は違う。ギロビッチとトヴェルスキーたちの論文は、「ホットハンドは存在しない」と主張したように思われているが、実際には、ホットハンドの証拠がないと述べたのだった。彼らは見つけ出そうとしたが、霧に覆われていた。「もう一度見てみよう」とビル・ジェームズは提案する。(42)「霧の存在をもう少し認めようではないか。そして、大事なことを見落としていないと、過信しないようにしよう」

　ジョン・エゼコウィッツとキャロリン・スタインは、ＳｐｏｒｔＶＵのデータという強い光を放つ懐中電灯で、霧の向こうを照らした。すると、突如として霧が薄らいでいき、ホットハンドの輪郭がぼんやりと見えるようになった。

　彼らは最初の質問、「選手は、誰かがホットハンドを持っていると気付いた後にプレーを変えるのか」について、既に答えを知っていた。問題は、「霧」に光を当てたときに、プレーの変化をデータで捉えられるかという点だったが、ついにエゼコウィッツたちは発見した。好調の波に乗っているのを感じ取った選手は、ゴールから一〜三メートル離れた場所からでもシュートするようになった。それに対してディフェンスの選手も、相手が好調だと感づくと、数センチ近づいて守ることが分かった。ホットハンドを持った選手は、シュートを多く打つ傾向が強くなり、決めるのが難しいシュートも試みるようになった。選手は無作為にシュートを選択するというギロビッチたちの仮定は、もっともらしく思えるが誤りだった。シュートは、一本一本が独立しているのではなく、それぞれのシュートには相互関係があると判明した。これが、ホットハンドによって選手のプレーが変わることを示した、最初の証拠だった。

そこまで立証した上で、エゼコウィッツとスタインはいいところに目をつけた。プレーの変化によって、ホットハンドの存在が見つけにくくなった可能性はないだろうか。

そこから先は、彼らが考え出した「複雑な熱気」が役立つときだった。ホットハンドに関して、シュートを何本連続で決めたかは重要ではなかった。少なくとも、最重要ではない。本数よりも信頼できるホットハンドの測定基準は、選手が期待をどれだけ上回ったかということだ。エゼコウィッツがスタインにＳｐｏｒｔＶＵのデータを使った共同研究を提案するメールを送った頃から、二人はある仮説を立てていた。シュートの難易度を設定し、全体を把握することができれば、ホットハンドが姿を現すのではないか、というのが彼らの予想だった。

こうして、苦労して計算を繰り返し、シュートは無作為に選択されたのではないと分かったところで、彼らは次の段階に自信を持って進み、そして驚くべき結論に達した。ホットハンドというものが、確かに存在すると判明したのだ。選手が試合中に四本打ったシュートのうち、一本が入ると、シュート成功率が一・二パーセント上昇し、四本のうち二本決めた選手は、二・四パーセント上昇することを彼らは発見した[43]。わずかな数字ではあるが、この影響力は大きかった。つまり、二〜三本連続で成功した選手にとって、その次のシュートが入る確率は、下がりもせず、現状維持でもない。むしろ、より難易度の高いシュートを狙うようになることを考慮すると、確率が上がっているといえる。『NBAジャム』の実況が叫ぶように、選手は「ヒートアップしてきた」のちに、「絶好調」の状態へと変貌を遂げていたのだ。

研究結果は控えめではあったが、その意義は非常に大きかった。エゼコウィッツとスタインは、有名なホットハンドの誤謬こそが誤りであることを示す、最良の証拠をつかんだ。ソビエト政府のように、何者かが意図的に真実をぼかすことは時に起こる。しかし、データが不十分という理由で、真実が見えなくなることもあるのだ。まるで霧が視界をさえぎるように。

「少なくとも我々の研究結果は、『ホットハンドは誤りである』という、極めて多くの人が持っている共通認識に対して、疑問を投げかけることができた」と、エゼコウィッツ、スタイン、ボスコフスキーは論文で述べた[44]。「次に大学教授がハーバードの男子バスケットボールチームを相手に演説をすることがあったとしても、ホットハンドが直ちに否定されることはないだろう」

彼らはこの研究を、MITスローン・スポーツ・アナリティクス・カンファレンスの場で発表した。すると、その日のうちにスタイン宛てに一通のメールが届いた。その人物は、スタインたちの論文を読み終えると、すぐにiPadから短いメールを送っていた。送信者は名乗る必要がなかった。「見事な研究だ」とローレンス・サマーズは書いた[45]。元財務長官の経済学者にして、かつて選手たちの前でホットハンドを否定した彼だ。「おめでとう。共著者の二人にも、そう伝えてほしい」。さらにサマーズは、今後の研究の道筋についても、自ら提案した。「広い視点で考えると、これは、人の能力の変化に関わる問題だ。わたしは他の日に比べて頭がさえわたっていると感じる日がある。これは錯覚だろうか?」

実に優れたこの研究に、最も感銘を受けなかったのは、当のエゼコウィッツとスタインだった。いい科学者がそうであるように、二人とも研究結果に懐疑的だった。自身の研究といえども、常に疑いを持っていた。そして、成果を大げさに述べるのではなく、常に慎重さを心掛けた。質問してきた人には、自分たちがより多くの、質の高いデータを欲していることや、今回は意図的に控えめな結論を提示したことを丁寧に伝えた。明らかになったホットハンドの効果は、小さな炎のようなものであり、『NBAジャム』でマーク・ターメルが表現したような、激しい炎ではなかった。ただ、一人の選手がホットハンドを得たときに、周りの選手も含めてプレーが変わると実際に確認できたことに、エゼコウィッツたちは満足した。ホットハンドを信じる選手たちは、その通りにプレーしていた。この大学生たちの研究に対して、ベテランの心理学者であり、あのホットハンドの論文を書いたトーマス・ギロビッチは、「わたしが知る限り、ホットハンドを肯定する者が提示した中で、最も興味深いデータだ」と言った。老練の経済学者ローレンス・サマーズも、「優れたデータと、優れた統計技術を用いれば、わたしたちはこの世界をもっと深く知ることができる」とコメントした。ギロビッチやサマーズのような高名な学者までもが議論に加わったことを、エゼコウィッツとスタインはいまだに信じられずにいた。

「今後の人生で、あれほど注目を浴びるような研究は、もうできないと思います」とスタインは話す。

「その予想が外れることを祈りますけどね」とエゼコウィッツは言う。

「でも、きっと予想通りになります」とスタインは答えた。「わたしの研究者としてのキャリアの中で、あれほどシンプルかつ、多くの人が関心を寄せるアイデアをこの先思い付けるか、自信がありません」

エゼコウィッツとスタインは、教えられた通りのことをやった。偶然にも、マービン・マキネンとアリ・カプランも、同じやり方を採用した。この二組は、データを読み込み、その中に潜む新事実を突きとめた。彼らの決め手は、より良いデータを持っていたことだった。それによって、今まで誰も知らなかったことが明るみに出た。ジョン・エゼコウィッツとキャロリン・スタインが集めた、より良いデータは、「わたしたちはホットハンドを信じてもいいかもしれない」ということを示していた。

第7章　意外な真実

1　ゴッホの絵

美しい絵だった。フィンセント・ファン・ゴッホがフランス・モンマジュール修道院の夕暮れを描いた作品を、クリスチャン・マスタッドは気に入り、購入した。後になってから、彼はこの絵に問題があると気付く。それからは、絵の存在が悩みの種になった。

マスタッドはノルウェー企業の御曹司だった。(1)彼の会社は、クリップからファスナー、釣り針から蹄《てい》鉄《てつ》用のくぎに至るまで、ありとあらゆる物を作っていた。そして、マーガリンの製造も得意だった。彼を知る上で、マーガリンは見落とせない点だ。もう一つ、このノルウェー経済界の大物について忘れてはならないのは、熱心な美術品収集家だったことだ。二〇世紀に生きたコレクターは、セザンヌ、ゴーギャン、ルノワール、ドガ、ムンク、そしてゴッホの作品を集めるのが定番だった。

マスタッドの相談役となったのが、オスロ国立美術館館長のイェンス・ティースだった。この《モンマジュールの夕暮れ》をよく知る、信頼できる人物だった。マスタッドには、彼のような専門家が必要だった。ヨーロッパでは当時、贋作《がんさく》がはびこっていたので、神経質なコレクターは、もっともらしい説明をする人に喜んですがったことだろう。しかし専門家といえども、ゴッホの真作を見抜くのと同じくらい、贋作に欺《あざむ》かれることも多かった。時には、芸術と無関係の理由でだまされることもあった。それでもマスタッドは、信頼するティースの助言に従って、この美しいゴッホの絵をコレクションに加えた。

それからしばらくして、コレクターなら体験したくない、不愉快な出来事が起きてしまう。

マスタッドが貴重な作品を手に入れたことを後悔するきっかけを作ったのは、天敵の訪問だった。商売敵であり、個人的にもライバルだったオーギュスト・ペルランを、マスタッドはさまざまな点でねたんでいたが、一番の理由は彼の見事なコレクションだった。(2) ペルランは、セザンヌの作品を数えきれないほど所有しており、マネの作品もかなり持っていた。そして、ゴッホの絵もそれなりにあった。ペルランの方が芸術に詳しいことは、お互い意識していたに違いない。ノルウェーの領事としてパリにいたペルランは、支援した芸術家たちと同じ空気を吸っていた。彼らのちょっとしたゴシップも知っていたし、ゴッホの贋作が出回っていることも耳に入っていたはずだ。

だがマスタッドが嫉妬を燃やしたのは、ペルランのコレクションや、豊富な芸術の知識に対してだけではなかった。ペルランがいかにして財産を築いたか、というのも問題だった。彼がセザンヌやマネやゴッホの作品を購入できたのは、製造業を始めとする複合企業のオーナーとして、成功を収めたからだった。その社名をアストラ・マーガリンといった。彼もまた、マーガリン業界の大物だった。

マスタッドの会社はノルウェーに本拠を置き、フランスに販路を広げようとしていた。フランスが拠点のペルランの会社は、ノルウェー進出を目論んでいた。ゴッホ作品の真贋が極めて不確かだった時代に、マーガリンで財を成した二人がゴッホの絵を持っていたのは、なかなか興味深い話だった。両者とも、バターの偽物ともいえるマーガリンで稼いだ金で、ゴッホの絵を手に入れた。

マスタッド宅を訪れ、彼が手に入れた《モンマジュールの夕暮れ》という美しい絵を見せられたペルランは、ライバルに対して、だまされてしまいましたね、と告げた。ペルランは一目見ただけで、これがよくできた贋作だと判断した。彼によれば、この作品はバターではなくマーガリンだった。

屈辱を味わったマスタッドは、絵を屋根裏にしまい込んだ。そして半世紀あまりの間、絵はそこに放置された。信頼していた人物のお墨付きがあることなど、もはやマスタッドにはどうでもよかった。別の専門家の意見を聞こうとも思わなかった。ペルランに一蹴され、激怒したマスタッドは、それまでと同じように鑑賞することができなかった。作品はすっかり台無しにされた。

それから数十年間、彼は自宅の壁に、ムンクやセザンヌやドガの絵を飾った。リビングルームは、ソファの置かれた美術館のようだった。所有するゴッホの絵を誇らしげに飾ることもあったが、《モンマジュールの夕暮れ》は例外だった。マーガリンと同列に扱われた絵は、マスタッドが亡くなるまで屋根裏に封印された。

クリスチャン・マスタッドは恥ずかしさのあまり、この絵について自分が勘違いをしているということを知らないまま、この世を去った。実はこの絵は本物だったのだ。

2　21世紀のホットハンド研究

ジョシュア・ミラーは少年の頃、サンフランシスコ郊外に住んでいた。町の中心部に行く際は、地下鉄を使っていた。ある日、彼はチャイナタウンの新聞売り場で安物の爆竹を買い、それをかばんにぎっしり詰めて電車に乗って帰った。ある物を吹き飛ばしたいと思っていたのだ。近くのバスケットボールコートに行き、誰も見ていないことを確かめてから、ミニカーに爆竹を突っ込んだ。そして導火線に火を付けると、全速力でできるだけ遠くまで逃げた。爆発によってミニカーが粉々になったとき、彼は丘の木の陰からその様子を見ていた。少年にとって、これほどすごい光景を目の当たりにしたのは初めてだった。

第1章に登場したマーク・ターメルのように、ミラーも火が大好きだった。彼はさまざまなやり方で火を付けて楽しんだ。キャンプでマシュマロを焼いたり、打ち上げ花火で遊んだりした。うっかり木を燃やしたのは、わずか五歳のときだった。いつも純粋な気持ちから始めるのだが、事態が手に負えなくなることもしばしばだった。

「最初はただ物に火を付けるだけなんです」とミラーは言う。「それが、想像以上に事が大きくなってしまう」

かつてミニカーを木っ端みじんにした少年は、爆竹を家に置いて、トーマス・ギロビッチの母校であるカリフォルニア大学サンタバーバラ校に入学した。そして経済学入門の講義で、アダム・サンフルホと知り合った。この授業が、二人を知的冒険へと向かわせる引き金となり、ひいてはホットハンドを探求することにつながった。

彼らには共通点が多かった。どちらも北カリフォルニア出身であり、経済学と数学を専攻し、大学院に進んだ。ミラーはミネソタ大学、サンフルホはカリフォルニア大学サンディエゴ校だ。ところが大学院修了の時期が二〇〇八年のリーマンショック直後だったため、彼らは不況のどん底で社会に出ることになった。経済学教授を目指す者にとって、実に時期が悪かった。この一〇〇年間で、最悪のタイミングだったかもしれない。ふさわしい仕事を求めて、二人は米国を離れなくてはならなかった。スペイン出身の父を持つサンフルホは、子供の頃、夏休みを父の故郷で過ごした。彼は以前から、もっとスペインで過ごしたいと思っていたので、世界的な金融危機はいい口実になった。彼はスペインのアリカンテ大学に仕事を得て、海岸沿いの町に引っ越した。ミラーは、イタリアのミランにいたが、サンフルホのアパートを訪ね、そのまま居着いた。こうして、大学の最初の講義で出会ってから一〇年後に、ミラーとサンフルホは同じ分野で似たような仕事に就いた。二人は時折カリフォルニアに戻り、ミラーの祖父がマリン郡に所有する、眺めのいい小屋で休暇を過ごした。彼らは朝食を取ると、アイデアを話し合い、その後それぞれのプロジェクトに取り組み、昼食時にまた集まり、ディスカッションしてから再び各自で研究し、夕食に集まってワインを飲んで、さらに意見をぶつけた。この日課がとても自然だったので、まるで彼らの体内時計が整い、共同で研究するよう促しているかのようだった。

「俺たちは何をやってるんだ？」とついにサンフルホは言った。「一緒にやろうじゃないか」

それにはまず、何に取り組むべきかを決めないといけなかった。さんざん議論するうちに、二人ともホットハンド研究に首を突っ込んでいたことを知ると、人に知られたくない秘密をどちらともなく打ち明けた。既存の研究結果について、大きな疑問を抱いていたのだ。サンフルホは、「ホットハンドを信じるよ」と二〇一〇年三月にミラーに送ったメールの中で書いている。自信は選手のパフォーマンスに影響しない、という議論を彼は信じていなかった。ミラーも同意した。二人は、直感も似ていることが分かった。彼らはかつてないほど自由だった。彼らを心から必要としている場所は、この小屋以外にどこにもなかった。「そろそろ、アイデアについて話すだけの時期は終わりにしよう」とミラーは言った。

こうして彼らは、行き詰まりを見せていたホットハンド研究を再び始めることにした。サンフルホは、スペインのセミプロのバスケットボールチームを間接的に知っていることを思い出し、力を貸してくれるかもしれないと考えた。そのチームは、どちらかというとアマチュア寄りだった。バスケットボール強豪国のスペインには、五部制のリーグがあった。一部リーグはヨーロッパの中で最も競争が激しく、才能のある選手はNBA入りするほどレベルが高いが、二部以降はがくっと質が下がった。三部リーグの選手は、仕事をして金を稼いでいた。四部リーグともなると、米国の学校内で組んだ即席チームにも負けるかもしれない。サンフルホたちが頼りにした知人は、一番下の五部リーグのチームにシュート実験への協力を要請してくれそうな人にツテがあった。

しかし、選手の優劣は彼らの実験とは無関係だった。ホットハンドを見つけるには、制御された環境下でシュートの実験を行うことが何より重要であり、理想の条件だと彼らは考えた。実際の試合だと余計な情報が混じり、ホットハンドの兆しを見落としてしまう。選手のパフォーマンスを下げる不確定要素——波に乗った選手に対して、周囲の選手が自然と反応することによって、ホットハンドの出現が分からなくなる——を取り除くには、実験しかないというのが彼らの判断だった。この不確定要素については、第6章でジョン・エゼコウィッツとキャロリン・スタインが光を当てた。すなわち、シュートの難易度や選手の質、ディフェンスの作戦、観客がどよめいたときの試合のスコアなどだ。サンフルホとミラーの実験は、無観客で行われた。彼らはベタンソスというスペインの小さな古都に行き、選手八人にシュートを三〇〇本ずつ打ってもらった。その際、シュート成功率が約五割の位置から動かないようにした。六カ月後に、同じ選手たちに対して同じ実験をもう一度繰り返した。

ギロビッチ、バローネ、トヴェルスキーのシュート実験と似ているが、方法に関して言えば、決定的に異なる点がいくつかあった。まず、シュート数が多いことだ。ギロビッチたちの一〇〇本に対して、三〇〇本打った。次に、ゴールから同じ距離の複数箇所でシュートするのではなく、同じ場所からシュートし続けたこと。もう一点は、選手はシュート前に結果を予想してから打つのではなく、ただ黙々と打ち続けたことだ。サンフルホとミラーは、これ以外のデータも入手することにし、ギロビッチたちの実験のシュート結果を調べた。それに加えて、別のシュートの実験を行った心理学者の一人が、結果が記録されたパンチカード〔穴を開けて情報を記録する、紙のカード〕をまだ持っていることを突きとめた。[3] より多くのサンプルと強力な統計能力があれば、鋭い考察ができると彼らは期待した。

過去の実験はどれも精巧さに欠けていたために、ホットハンドの効果を測定するのが難しかった。それはまるで、体重計でコーヒー豆を量ろうとするようなものだ。サンフルホとミラーは、スペインのセミプロ選手が無人のアリーナでシュートする映像を見ているうちに、選手がいつ絶好調になり、その状態がいつ終わるかを見分けられるようになった。しかし、彼らの感覚よりも、数字で示すことが何よりも重要だった。やがて、数学によって、その感覚は正しいことが判明した。何名かの選手がホットハンドを持っていたことを、数学が明らかにしたのだ。
「この発見が妄想だとは思いたくないな」と、ミラーはサンフルホにメールした。「人は認知的錯覚に陥りやすいけれど、それだけでは説明がつかない」とサンフルホは返信した。「ホットハンドが出現するパターンはきっとある。僕らは、そのパターンを誇張しているのかもしれない。でも、確実に存在する。僕らの研究によって、『パターン知覚は全て錯覚である』と捉えられている今よりも、認知プロセスの理解が深まると思う」

一年かけて書き上げた論文を発表すると、さまざまな反応が寄せられた(4)。フランスのトゥールーズで開かれた会議でサンフルホが講演したとき、ミラーも聴衆の中にいた。カリフォルニア工科大学の行動経済学者が、彼らの優れた統計技術に敬意を表した後で、論文の細かい点に興味を示した。この学者は、論文の脚注七二についていくつも質問した。しかし、次のような反応が返ってきたことでサンフルホとミラーはひどく失望した。一人の経済学者が、いかにも年配の研究者らしい内容の、ぶっきらぼうなメールを送ってきたのだ。「わたしの経験上、論文のアブストラクト（概要）で誇張が少ないほど、結果に説得力が増す。その経験則に基づくと、概要を読んだだけで、君たちの結果はよろしくないと見当がつく。次回は、深呼吸してからアブストラクトを書くことを勧める」

サンフルホとミラーは深呼吸し、丁重に受け止めようと思ったが無理だった。この学者は、論文の核心には興味がなかった。スペインの二流選手と行った実験結果がどうであれ、彼は決してホットハンドを認めようとしなかった。「君たちの実験では、一部の選手がホットハンドを手にしたそうだが――それがどうしたというのか」とメールには書かれていた。最も権威のある雑誌のために本論文を査読した学者も、「選手がシュートを打つときに実際にホットハンドを得たかどうかは、はっきり言ってどうでもいい」と述べ、同じ評価を下した。つまりサンフルホとミラーは、実際にはパターンがないものにパターンを見つけるという人間の心理を探ることが、ホットハンド研究の本質である、と宣告されたに等しかった。たとえ、パターンが本当に存在するとしても、わたしたちが信じているほどの実体はない。「これが、ホットハンドの誤謬の裏にある本質だ」と査読者はコメントした。

サンフルホとミラーは落胆したが、このままホットハンドを見捨てるのは嫌だった。あきらめるにしても、もう一人、専門家の意見を聞いてからにしたかった。アンドリュー・ゲルマンは、コロンビア大学教授の立派な統計学者だが、その一方で、「統計モデリング、因果推論、社会科学」というブログも書いていた。幅広い話題を取り上げ、とても変わった内容なのに、どういうわけか大人気だった。当然、ホットハンドの研究史にも精通していた。ゲルマンは一九八五年の史上初のホットハンド論文を気に入るあまり、査読を受ける前の論文のコピーを、オフィスの書類棚に保管していた。「この論文が発表されるとすぐに、わたしたちは『ホットハンドは存在しない。人々が間違っているのだ』と確信しました」とゲルマンは話す。

統計学を知らない者は論文の主張に驚いたかもしれないが、ゲルマンは違った。彼がホットハンドを教える際、クラスを二グループに分けるのを好んだ。第一グループの学生は、コイン投げを一〇〇回やり、結果を記録した。第二グループは、コイン投げを一〇〇回やったかのように、表と裏を並べた。ゲルマンが教室を出ている間に、両グループは次頁の表のような結果を——話を簡単にするために、一〇〇回ではなく二〇回分にする——黒板に書いた。それを見たゲルマンは、どちらが実際のコイン投げの

第一グループ	第二グループ
22111222112212222122	21222121221122212122
22122212221222222222	11121221122211112122
22112212121122221111	21112122211222112122

結果かを当てられる、と宣言した。〔コインの表を「1」、裏を「2」と表記する〕

ゲルマンは数秒間、二つを見比べ、悩むふりをしてから学生たちをあっと言わせた。「第一グループが本物の結果で、第二グループが偽物だ」。統計学者版の、帽子からウサギを出す手品のようだった。なぜゲルマンは分かったのか。

「偽物のように見えるのが、本当のコイン投げの結果です。そして本物らしく見えるのが、偽物の結果ですね」と彼は話す。

これに似た話は既に紹介した〔第3章冒頭、スポティファイのシャッフル再生〕。ランダムなコイン投げでは同じ面が連続することがある、と教えるのがゲルマンの狙いだった。第一グループのように、裏（2）が九回連続で出るなんておかしい、と普通は考える。だが、起こり得るのだ。それを認めない人たちを、ゲルマンは笑い飛ばした。

「そうした人は、現実に対処できていないのです」

ミラーは勇気を出して、論文を添付したメールを、彼にとって理想の読者であるゲルマンに送った。論文は、ゲルマンが理解する「現実」に挑んだ。「我々は新たな実験を行い、ホットハンド現象が実際に個々の選手の身に起きうることを、明らかにしました」とミラーは書いた。「同時に、ギロビッチ、バローネ、トヴェルスキーの実験データの中にも、ホットハンドの証拠を見つけました」

統計学に関するブログの執筆者にとって、行動経済学の古典的な研究結果を疑う無名の論文は、かわいいネコの動画と同じぐらい魅力的だった。ゲルマンは、メールを受け取ったその日のうちにミラーとサンフルホに返信した。優れた論文だとミラーは感じた。つまらないどころか、大したものだと認めたほどだった。しかし、小さく、控えめで、存在しないも同然のホットハンドは、彼らが追い求めていたものとは違っていた。

そんなこと誰も気にしないさ、とゲルマンは思った。

ミラーとサンフルホは、面白い論文ができたと自負していた。それでも、彼らはホットハンド研究をやめて、スペインの海で遊ぶこともできた。別の研究に取り掛かり、ホットハンドをきっぱり忘れても、彼らに文句を言う人はいなかっただろう。だが、二人にはまだ心残りがあった。彼らは、数値では示せない、非科学的な理由で、この研究は未完成だと感じていた。提示された証拠を無視しようとする経済学者たちの反発に、二人は驚いた。それと同時に、ホットハンドは実在すると、かつてないほど強く確信していた。彼らはあきらめないと決心し、研究を続けた。経済学の一流の学術誌から否定されたのにはこたえたが、いったん白紙に戻して考え直してみたところ、何人かの教授から親切なアドバイスをもらったことを思い出した。その提案とは、試合とは別の場面でホットハンドを探したらどうか、というものであり、具体的にはＮＢＡのオールスターウィークエンドに開催されるスリーポイント・コンテストのことだった。

リーグを代表するシューターが年に一度集まり、一分間の制限時間内に、スリーポイントライン外側の五カ所からシュートを五本ずつ打ち、合計点数を競い合う。経済学者の立場から見ると、これはただのスリーポイント・コンテストではなかった。厳格に管理された現地実験であり、しかも被験者は世界最高峰の選手たちだ――スペイン五部リーグのセミプロとは全く違う。ホットハンドの実験場として、申し分なかった。

この時点で、ミラーとサンフルホがホットハンドに取り組み始めてから約二年が経過していた。しかし、本物の科学とは時間がかかるものだ。さらに時間がかかることは間違いなかった。納得いく調査をするためには、全てのスリーポイント・コンテストのシュート結果をコードに変換する以外なかった。大半の映像はユーチューブで見つかったが、ないものは、ビデオに録画していたスイス人にお金を払って提供してもらった。根気の要るデータ収集作業が終わったのは、二〇一五年のコンテストでステフィン・カリーが（もちろん）優勝した、数日後のことだった。ミラーたちは、実に五〇〇〇本以上のシュートを調べたのだ。

最初に二人が分析したのは、スリーポイントの名手ではあるが、調子の波にひどく左右されることで知られるクレイグ・ホッジスだった。彼はスリーを打つためにＮＢＡに入ったようなものだった。当時はホッジスのようなスペシャリストがそれほど多くない時代だったので、彼はコンテスト開始から八年連続で出場した。まず一九九〇年に初優勝を飾った。翌九一年は、一九本連続で成功して再び優勝。そして九二年も優勝し、コンテスト三連覇を達成した。彼がこのコンテストに不可欠な存在だったことは、一九九三年はＮＢＡでプレーしていなかったにもかかわらず、コンテストに呼ばれたことからも分かる。ホッジス抜きでやるのは考えられなかったのだ。

その伝説的な記録は、ミラーとサンフルホのデータベースの中で、最も貢献に期待できるサンプルだった。映像を見返した彼らは、ホッジスがホットハンドを得たと信じて疑わなかったので、もし数字がそれを証明できなければ「死んだときに、体の大部分を臓器提供してもいいよ」とサンフルホが言うほどだった。

　ところが、証明できなかったのだ。

　ミラーとサンフルホは、ギロビッチらの基準を使って迅速な分析を行った。このバージョンの数学だと、ホッジスはホットハンドを持っていなかった。彼らは再び映像をチェックし、困惑して頭をかいた。さっぱり理解できなかった。画面上で繰り広げられる現実と、計算が一致していなかった。ホッジスが絶好調じゃないということが、あり得るのだろうか。

「僕らの頭がおかしくなっているか、統計がおかしいかのどちらかだ」とサンフルホは考えた。

　彼らの頭脳は問題なかった。実は統計に関して、丸見えの箇所に、おかしな点がずっと隠れていた。それは、気付きにくいが、決定的なバイアスだった。それを見つけた者はまだいなかった。クレイグ・ホッジスの力を借りて、ミラーとサンフルホはこの特殊な事実に向き合い、ずっと見過ごされてきた点を明らかにした。彼らは、屋根裏に眠るゴッホの絵を見つけたようなものだった。

　これまでの常識を覆すときが近づいていた。

3 《モンマジュールの夕暮れ》の100年間

　一八八八年の冬、フィンセント・ファン・ゴッホは寒空の中、荷物を抱えてパリ発の夜行列車に乗り込み、南仏のアルルを目指した。ゴッホがアルルで過ごした一五カ月は、旺盛な創作力が発揮され、彼の生涯で最も密度の濃い時期になった。「彼の一〇年間の創作活動の中で、絶頂であり、ピークであり、全盛期である」と、ゴッホ研究者の一人は表現した。[5] ホットハンドの法則を調べたダーシュン・ワンなら（第2章参照）、「ゴッホのホットハンド期」と呼ぶだろう。

創作意欲に満ちたゴッホの作品は、後に世界中の美術館に収蔵されることになった。アルルでは三〇〇点以上の油彩画や水彩画やスケッチを描き、《夜のカフェ》や《ローヌ川の星月夜》などの傑作が生まれた。そのどれもが、今では南仏の豪邸が買えるような金額で取引されているのは言うまでもない。しかし彼のアルル時代は、ヒマワリや星明かりだけではなかった。精神を病み、耳を切り落とす事件も起こした。それでも、ゴッホを世界的な画家にしたのはアルルだった。

そもそも彼がこの場所を選んだのは、ワニが砂漠に向かうようなものだった。彼が求めていたのは、平穏で静かな場所と、暖かい気候だった。ところがゴッホが到着した二月末のアルルは、ひどく寒くふぶいていた。インスピレーションを得る題材はなかった。創作に適さない環境にいら立ち、行き詰まりを感じたゴッホはある日、気分転換のためハイキングに出掛けた。丘の頂上に立つと、眼下に広がる景色に見とれた。これこそ彼が描きたかった風景だったが、天気に恵まれなかった。また来ようと心に留めたゴッホは、弟のテオに次のような手紙を送った。「とにかくずいぶん美しいものを見た……柊《ひいらぎ》、松、灰色のオリーヴが生えた丘の上にある修道院の廃墟。いずれ近いうちにそれと取組んでみたい」（『ゴッホの手紙（中）』硲伊之助訳、岩波文庫、以下同書より引用[6]）

そして春が訪れ、気候が良くなった。それから夏が来た。七月初旬の午後、ゴッホは夕暮れ時を狙って散策に出た。キャンバスを持参し、テオに説明した場所に戻ってきた。荒廃したモンマジュール修道院を見下ろせる丘だ。

「曲りくねったとても小さな槲《かし》の木と交叉した石の多い荒地にいた、遠くに麦の斜面があって丘の上には廃墟があった」と、訪れた翌日にテオに宛てて書いている。(7)

これ以上は望めないほどモンチセリ風に浪漫的だった。太陽は灌木の上や地面に真黄色の光を注ぎ、これはまさしく黄金の雨だった。すべての線は美しく全体が魅力的な気品をもっていた。突如として騎士と貴婦人が鷹狩りから戻ってくるのに出会っても、また南仏の老いた吟遊詩人の唄声が聞こえてきても不思議とはおもえないほどだった。地面は紫のようで、遠くは青かった。

ゴッホはそう書き記しただけでなく、絵に残してくれたので、わたしたちもこの光景を想像することができる。何も描かれていなかったキャンバスは、激しい筆づかいによって、白、緑、青、黄、赤の色彩で埋め尽くされた。しかし翌朝、彼はテオに手紙を書こうと腰を下ろし、絵を見返したところ、気に入らなかった。「やりたいと思ったよりも遥かに出来が悪かった」とゴッホは書いた。期待通りの絵を描けなかったというこの事実は、絵そのものよりも彼の熱意の大きさを物語っている。しかし、作品の出来が彼の理想に届かなかったのは、この頃までだったのではないか。程なく、自信作が次々と生まれるようになった——後世に残る傑作が。だが、この絵はまだその水準に達していなかったのだ。大きな飛躍を遂げる前、ゴッホは自作の多くに対してきまりの悪い思いをしていた。恥ずかしさのあまり、彼は作品をいくつも打ち捨てたが、どうしたわけか《モンマジュールの夕暮れ》は取っておいた。約一カ月後、すっかり調子の出てきたゴッホは、三六点の油彩画を包み、パリから来た友人に託した。「その中にはがっかりするほど不満なものもたくさんあるのだが、それでも実際の主題《モチーフ》の美しさはなんとか君にも想像できると思うから、敢えて届けることにする」と、テオに伝えた。(8) がっかりさせられた《モンマジュールの夕暮れ》を、ゴッホが見ることは二度となかった。

絵は無事にパリに届けられた。そして、ゴッホが自分で売り込む以上の結果になった。彼の死後、この絵は他の作品と同等に扱われたのだ。習作ではなく、れっきとしたゴッホ作品の一つとして。

ゴッホが死んだために突如として貴重になった作品群を、彼の家族と友人たちは突きとめる責任があった。作品目録を作ろうと最初に試みたのが、テオの妻の兄である、アンドリース・ボンゲルだった。彼の努力は「ボンゲル・リスト」として実を結び、当時見つけることのできた全三六四作品に番号を振った。例えば《ゴッホの椅子》は九九番で、《ひまわり》は一一九番だった。だが一八〇番に登録された作品は、それらの名画と比べて有名でもなければ、一目見て分かるものでもなかった。その作品は、フランス語で《アルルの夕暮れ》というタイトルが付けられた。

ボンゲルがキャンバスの裏に「一八〇」と書いたとき、それがのちのち役立つとは思いもしなかっただろう。そして彼の妹（テオの妻）が、オランダのアムステルダムで開かれる展覧会のために貸し出した頃には、《アルルの夕暮れ》という題名では呼ばれなくなっていた。その次は芸術家協会の手に渡り、真夏に描かれたにもかかわらず、《秋の風景》と改名された。さらに、《ちぎれ雲と木々の群れ》という作品名でフランスの画商に売却されると、ゴッホ家の所蔵記録から姿を消した。一八九〇年にゴッホが亡くなってから、約二〇年後のことだった。こうしてこの絵は、独り歩きを始めた。

一九〇八年に売却されると、次に世間に登場したのは一九七〇年だった。この絵が姿を消した理由を知るのは、一人だけだった。マーガリンで財を成したノルウェー人の、クリスチャン・マスタッドだ。

しかしマスタッドは、この絵の所在について説明できる状態ではなかった。なぜならゴッホと同様、彼も既にこの世にいなかったからだ。屋根裏に長年放置されている間に、本物は偽物に変わっていた。一八八八年七月四日の日没に、アルルをハイキングして生まれた作品は、パリに戻り、ボンゲルに登録され、ヨーロッパ中を回って、フランスの画商に売られた——こうした経緯は、全て歴史から消えた。事実は作り話になった。

一九七〇年にマスタッドが亡くなると、相続人はコレクションの鑑定を依頼した。ある著名な画商はオーギュスト・ペルランの見立てを支持し、このゴッホの絵は贋作だと告げた。再び鑑定が行われたのは、一九九一年のことだった。所有者であるマスタッド家は、確信を持って真贋を見極めることができるはずの人々に、絵を送った。ゴッホ美術館の学芸員だ。彼らは隅々までキャンバスを調べ、同じ結論を出した。「お問い合わせいただいた絵画はゴッホの真作ではないと、わたしたちは考えています」という返事だった。嘘が、事実として認定された。

ペルランがマスタッドの家を訪問し、絵をあざ笑ったのは一九一〇年のことだ。二〇一一年時点で、偽物と言われてから一〇〇年が過ぎていた。ゴッホ美術館は、贋作と鑑定した一九九一年から二〇年の間に、進歩を遂げた。マスタッド家が接触した当時、二〇点もの絵が盗まれるという、ゴッホ作品の盗難事件の中でも最も大胆な犯行に、同美術館は遭遇していた。一時間以内に見つかったものの、その影響は何年も尾を引き、美術館の専門家たちは打ちのめされていた。彼らは、ゴッホの真作を守ることに注力したため、本物の可能性があるというだけの作品の追求には、時間を割くことができなかったのだ。

一人の主任学芸員がゴッホ美術館のアーカイブを調べ始めた頃、彼らは以前より柔軟になっていた。ゴッホ研究に一生をささげてきたルイ・ファン・ティルボルフは、あの絵の鑑定後に明らかになった大量の資料を、正当に評価することができた。彼の世代の研究者は、先人たちと比べてゴッホのことをさらに深く知っていた。理由は二つある。一つには、より良いデータがそろっていること。もう一つは、先入観にとらわれないよう努めてきたことだ。

ファン・ティルボルフは、作品の信ぴょう性という難問を解くスペシャリストだった。いわば、マーガリンとバターを見分けるのが仕事なのだから、先入観を捨てられずにいたらミスにつながりかねない。彼は、既に答えの出ている案件を、進んでほじくり返すような人物だった。彼には、描かれてから一世紀以上たった絵を、異なる視点から眺める必要があった。そして、誰かが真贋を見分けたからといっても、それが必ずしも正しいとは限らないということを、肝に銘じなければならなかった。

あるとき彼がアーカイブを調査していると、一枚の絵を撮影した古い写真が、ふと目に留まった。ここ三〇年近くにわたってゴッホ美術館に勤めていたが、その絵を見た覚えがなかった。彼は美しいと思った。

ゴッホ美術館は、ゴッホ作と思われる絵を募ることはしていなかった。もしやっていたら、屋根裏で見つかった絵はゴッホの真作だと言い張る人が殺到していただろう。美術館は、偽物と見なされた絵が実は本物である可能性は、ほとんどないことをよく知っていた。やるだけ無駄なのだ。「わたしたちは絵を追い求めることはしません」と、ファン・ティルボルフの同僚のタイオ・メーデンドルプは言う。「絵の所有者が、わたしたちの元に自らやって来ますからね」。だが、古ぼけた写真に映る一枚の絵は、ゴッホの真作である可能性を秘めていた。この美しい作品についてもう一度問い合わせが来るようなことがあれば、そのときは直感に従ってしっかりと見直そう、とファン・ティルボルフは心に決めた。

4 ホットハンド研究の盲点

アダム・サンフルホを待つ間、ジョシュア・ミラーはバーで退屈していた。スマートフォンはバッテリーが切れていたので、代わりにポケットからコインを取り出して指ではじいた。

表側が出た。

またコインを投げる。

表。

さらにもう一度。

裏。

投げ続けるうちに、データに裏打ちされたことしか信じない真面目な経済学者である彼は、ナプキンをつかみ、バーテンダーからペンを借りて、表が出た後の結果をメモするようになった。サンフルホがかなり遅れてから現れるまでに、ミラーは一〇〇回もコイン投げをしていた。二人は興味をそそられた。サンフルホはスマートフォンを取り出し、彼らはコイン投げを一万回繰り返した。ビールを頼み、ナプキンの結果を読み上げ、スマートフォンをチェックし、コインの表――表が出た後に、続けて表が出るか――に注目した。二人は、ランダム性に対する直感に惑わされていることを知り、ショックを受けた。

と同じではないことに気付いたのだ。[9]ちなみにこのエピソードはたとえ話であり、彼らは実際にはこんなことはしていない。

数学にまつわるこのバイアスを彼らが最初に見つけたのは、コイン投げをしたときでも、複雑な統計学の式をバーのナプキンに書いたときでもなかった。そのとき、彼らは別々の場所にいた。ミラーはイタリア、サンフルホはスペインから、スカイプを使ってビデオ通話しながら、クレイグ・ホッジスがNBAのスリーポイント・コンテストに出場したときの映像を見ていた。過去の研究を基に行った統計分析では、ホッジスはホットハンドを持っていないという結論だった。しかしミラーとサンフルホの目には、そう映らなかった。サンフルホは、「僕らはホッジスのシュートをきちんと見た。あれが何だったか、よく知っている」と言った。

そうした反骨心は科学者にとって必要なものだ。「万が一の話だが、他のみんなが間違っているのではないか。ひょっとしたら、自分たちの方が正しいのではないか」と二人は思った。ギロビッチやトヴェルスキーたちの論文が波乱を呼んだのも、ほぼ同じ理由だった。ある日突然、誰もが正しいと思っていることが誤りだったと証明されたからこそ、『ニューヨークタイムズ』紙はトヴェルスキーの明快な談話まで付けて、論文の内容を記事にしたのだった。

「ランダム性を学べる唯一の方法は、バスケットボールをやりながら、コイン投げをすることだろう」と、トヴェルスキーはその談話を締めくくった。[10]

ミラーとサンフルホは、先人の言うことを真に受けてコインを投げた。だが、ミラーたちの画期的な

コインを三回投げた結果	表が出た後にコインを投げた回数（A）	表が出た後に、表が続けて出た回数（B）	B/A	表が連続した確率
裏・裏・裏	0	0	—	—
裏・裏・表	0	0	—	—
裏・表・裏	1	0	0/1	0%
表・裏・裏	1	0	0/1	0%
裏・表・表	1	1	1/1	100%
表・裏・表	1	0	0/1	0%
表・表・裏	2	1	1/2	50%
表・表・表	2	2	2/2	100%

発見を理解するのに、何百回も投げ続ける必要はない。三回やるだけで十分だ。彼らの発見の背後にある数学的な理屈は、単純化するとバーのナプキンに書ききれる程度の内容だ。以下は、コインを三回投げたときの全ての結果だ。

裏・裏・裏
裏・裏・表
裏・表・裏
表・裏・裏
裏・表・表
表・裏・表
表・表・裏
表・表・表

このうち、表が連続して出た結果に注目してみる。一度表が出た時点で、次に表が続く確率はどのくらいだろうか。五〇パーセントではないかと普通は考える――コインを一回投げたときの確率だ。だが、実際の結果をまとめると、上の表のようになる。

「表が連続した確率」の平均を出すため、「表が出た後にコインを投げたことが一度でもあるパターン」における確率を合計し、六で割る。つまり二五〇パーセントを六で割ると、予想していた五〇パーセントではなく、四二パーセントという答えが出る。こうしてミラーとサンフルホは、成功率〔コイン投げでいうと、表のあとにもう一度表が出る確率〕が、表か裏かという五分五分の確率よりも低くなることを明らかにした。言い換えると、このコイン投げのように短い、有限の並びの中で、無作為に表か裏かを選ぶ場合、表が連続する確率は、五〇パーセントというよりも四〇パーセントに近い。そのことに気付いたサンフルホとミラーは、目を疑った。バイアスにかかっていたのは、彼らの脳ではなく、統計そのものだった。彼らは、今後のキャリアがすっかり変わるこの発見に対して確信を持てなかったので、何度も何度もチェックした。

「わたしたちの中で、最も知的興奮を味わった瞬間です」とサンフルホは言った。「もしかしたら、一生に一度の体験かもしれません」

驚きで開いた口をようやく閉じると、ミラーとサンフルホはこの発見の重要性を理解した。わたしは、彼らがアイビーリーグの蒸し暑い教室で、難解な分野が専門の学者たちに対して研究結果を発表する様子を、何度も見てきた。学術誌の査読者が付けた注釈も読んだ。さらには、ミラーたちを論破したくてたまらない意地悪な人々が、延々と続けるツイートも読んだ。こういった反応は、いつでも現れるものだ。最初は誰も信じなかったことを、後に誰もが信じるようになる。その意味で、この新たな大発見をしたミラーたちの論文と、ギロビッチたちの論文は、主張こそ正反対だが共通点が多かった。経済学者のジャスティン・ウォルファースは、「ミラーたちのこの腹立たしくも素晴らしい論文は、確率に対する直感を信用してはいけないと、教えてくれる」とツイートした。腹を立てるのも、素晴らしいと認めるのも、どちらも同じ理由――直感を当てにしてはならないと、ミラーとサンフルホが示したから――であり、その二つの反応が起きるのが、この論文の何よりの長所だった。

コイン投げに関する独自の発見を手にした彼らは、ホットハンドを最初に取り上げた論文に改めて目を向けた。発表以来、この論文は激しい批判にさらされてきたが、そうした罵声の多くは雑音にすぎなかった。論文が抱える大きな誤りは、ミラーとサンフルホがクレイグ・ホッジスに混乱させられるまで、誰も気付かなかったのだ。

ミラーたちが指摘する以前の議論では、選手が連続してシュートを成功させても、失敗しても、シュート成功率は変わらないとされていた。つまり、成功率が五〇パーセントの選手が、波に乗っているときも五〇パーセントの確率でシュートを決めている場合、これはホットハンドが偽りであることを示す証拠として、考えられていた。しかし実際には、ホットハンドが存在すること
の証拠だったのだ。長年誰も見抜けないほど、微妙な違いだった。『データを正しく見るための数学的思考』（松浦俊輔訳、日経BP）という著書もある有名な数学者、ジョーダン・エレンバーグは、オンラインマガジンの『スレート』で次のように述べた。「彼ら（ミラーとサンフルホ）は、全く新しい発見をした――ギロビッチ、トヴェルスキー、バローネの研究が犯した、重大な数学的誤りだ。ギロビッチらの論文を読んだ数学者たちは、わたしを含め、その誤りを三〇年間見落としていた」(11)

ミラーとサンフルホがコイン投げを通じて明らかにしたことの中で、最も印象的なのは、ホットハンドに関するこれまでの全ての論文に、統計的なバイアスがかかっていたという点だ。シュート成功率が

五〇パーセントの選手が「波に乗っている」と感じるとき、本来なら五〇パーセント以下の確率に落ちるはずであるというのが、驚きの真実だった。なぜならシュート数が有限の場合、あるシュートが入った時点で次のシュートが入る確率は、三枚のコイン投げの結果が示すように、五〇パーセントを下回るからだ。成功率五〇パーセントの選手が、それを維持しながらシュートを決めているということは、確率を上回っていることを意味する。絶好調になっていないのではなく、確実に選手は絶好調になっていたのだ。ホットハンドの誤謬こそが、誤りだった。

彼らがこのバイアスを説明できるようになると、ホッジスは確かにホットハンドを持っていたことが分かった。さらに、ギロビッチたちの論文のデータも新たな統計式で見直したところ、選手が好調だと感じたときにシュートを多く決める傾向が見られた。具体的には、一二パーセントも上昇した。それぐらい大したことないと思うかもしれないので、こう言い換えよう。平均的なNBA選手と、ステフィン・カリーのシュート成功率の差が、一二パーセントだ。

ミラーとサンフルホは心から驚いた。「ホットハンドの証拠はない」と報告した論文の中に、実は確かな証拠があったのだ。彼らは、何十年も存在してきた共通認識を覆せば、何が起きるか分かっていた。これほど大きな発見をすると、発見した当人にも答えられない質問が出てくる。なぜ誰も気付かなかったのか。今後、ホットハンドをどのように考えればいいのか。「こうした質問に対して、わたしたちは答えを持っていません」とサンフルホは言う。「我々が言いたいのは、人間は愚かではない、ということです。ホットハンドの存在を信じた人たちは、正しかったのです」

二〇一五年四月、ホットハンドに関する最初の論文を発表し、さまざまな反応にショックを受けていた頃、サンフルホはパリに向かい、ミラーはレンタカーの中で彼の到着を待っていた。トゥールーズで開かれる会議に参加するためだ。車で会場に行くまでの数日間、名所を回って楽しむつもりだったが、彼らは美しい景色を堪能できなかった。それよりもっと気になることがあったからだ。やりたいのはただ一つ、ホットハンドについて話し合うことであり、それより重要なものはなかった。かつてエイモス・トヴェルスキーとダニエル・カーネマンが研究室に閉じこもって研究に没頭したように、ミラーとサンフルホも、その場の空気が全てアイデアで満たされたかのような状態で意見を交換し合うのが、楽しくて仕方なかった。

「せっかくフランスの田舎にいるのに、ホットハンドに夢中になるあまり、部屋の中で一日中議論していましたよ」とサンフルホは言う。

彼らは無理やり宿泊先を離れて、ハイキングをしたり、城をいくつか見たり、エスカルゴやフォアグラを食べたりする時間も取った。だがそれ以外は、部屋で仕事に取り組んだ。彼らは、世界中の誰よりも先に事実を知る幸運に恵まれている、と感じていた。

「わたしたちが間違っている可能性はあるか？　ない、と思いました」とサンフルホは語った。「謙虚に、その可能性はゼロではないと言うべきかとも思いましたが、それでも何も間違っていませんでした」

ホットハンドの新事実を、彼らの元に置いておくだけではもはや不十分だった。一九八五年に最初の論文が発表され、ホットハンド研究が始まってから三〇年の間に、人々の意見は変化してきた。今度はミラーとサンフルホが、ギロビッチやバローネやトヴェルスキーと同じように、困難な道のりを歩む番だった。二人は、自分たちの考えが正しく、多くの人が誤った認識を持っていると納得させなければならなかった。彼らの主張は、数学的に証明が可能だった。真実がいつか必ず勝利を収めて、この研究もやがて認められるとミラーたちは信じていたが、そこまで長くは待てなかった。

オータンという古都の、丘の中腹にあるテラスで、ミラーとサンフルホは今後の方針を決めた。眼下に見える大聖堂は、ローマ帝国の時代から幾度となく繰り返されてきた戦争の目撃者だった。ブルゴーニュ地方のこの片田舎の町には、中世の時代にイスラム王朝の侵攻を食い止め、「野蛮人」を退けたという歴史があった。そんな土地で、母国で仕事を得られなかったほど学界の底辺にいる、無名の若手経済学者の二人がたくらんだのは、行動経済学の古典的研究について、これまで皆が考えてきたことが全て誤っていると、世間に広めることだった。

「議論には勝てます。わたしたちの課題はただ、その戦い方を見つけることです」とミラーは話す。

彼らがオータンを離れる頃には、論文執筆をどのように分担し、各自が何を調べるかについての計画が出来上がっており、この研究はうまくいくと確信していた。フランスの丘から、先行きをはっきり見通すことができた。ミラーたちが最初にやらなければならないのは、米国に帰国したある人物に連絡することだった。

5　ついにゴッホの真作と認められる

それでもなお、美しい絵だ。パソコンに表示されたエックス線画像を見て、男はそう感じた。

ドン・ジョンソンは美術史家ではなかった[12]。米国のライス大学で、電気工学とコンピューターエンジニアリングの教授を務めていた。彼は美術を好み、研究室からほど近いヒューストン美術館を愛していたが、アムステルダムのゴッホ美術館の専門家のように、訓練を受けたプロではなかった。だが縁あって、ジョンソンはゴッホ美術館と仕事をするようになった。疑問の余地がある絵を調べる際、美術館は彼の力を借りた。

ジョンソンは、クリスチャン・マスタッドとオーギュスト・ペルランのやりとりを知らなかったし、この絵がライス大学の工学研究所に持ち込まれ、そのエックス線画像が彼のコンピューターで検査をされるに至るまでの、複雑な経緯も聞かされていなかった。「ゴッホ美術館は何も教えてくれませんでしたね」とジョンソンは言う。それが重要だった。先入観を排除し、客観的に絵を観察する必要があったからだ。

ジョンソンの仕事は、絵を数えることだった[13]。厳密に言えば、キャンバスの生地の糸が、どういったパターンで織られているかを特定することだった。彼の専門分野は信号処理だが、それがデータから意味を引き出す技術のことだとすら知らない人たちが、彼の意見を重視していた。スーパーコンピューターにエックス線画像を読み込ませることで、その絵がどんなロールキャンバス〔画布をロール状に巻いたもの〕を使っているかが分かった。

「ほとんどの画家にとって、それはあまり有益な情報ではありません。なぜなら、彼らは同じロールキャンバスを使って絵を描くからです。それでは、どんな画家が画布をロール状で買うのでしょうか」とジョンソンは言う。「ゴッホもその一人だったと分かったのです」

ゴッホはアルルに着くと、ロールキャンバスに向かい、創作に取り組んだ。パリにいる弟が送ったもので、ゴッホは作品がある程度たまると、パリに送り返した――中には納得いかない作品がいくつかあったとしても。結果として、真偽を問われている絵の信ぴょう性を判断する際に、それが非常に役立つことになった。もし一九世紀に活動した有名画家の作品を選べと言われた場合、ゴッホが創造力のピークを迎えた一八八八年の作品から始めるのが賢明だろう。ジョンソンのパソコンに新しく作られた作品ファイルは、偶然にもその時期に描かれたものと判明した。

通常であれば、ジョンソンはエックス線画像を分析し、この絵のキャンバスの糸の数を、それ以前に調べたデータベースに登録されている約四五〇作品の糸の数と比較した上で、類似しているか確認し、ゴッホ美術館に結果を報告する。全ての作業は三〇分程度で完了する。その後、彼がその絵について聞くことは二度とない。天才が描いた絵の中身を見るという行為に対する目新しさは、既に失われていた。ジョンソンはたとえどの美術館に入っても、スマートフォンを取り出し、壁に掛けられたゴッホの絵とこれまでに調査したゴッホ作品のスプレッドシートを照合することができただろう。「覚えきれないぐらい、たくさん調べましたね」と彼は言う。そのせいで、工学の原理を美術史に応用してゴッホの絵を検証することは、彼の日常になっていた。ドン・ジョンソンは、それがどれほどすごいことかを考えもせずに、日頃から分析を行っていた。

だが、今回は違った。当たりを引いたのだ。この見知らぬ絵のエックス線画像は、ゴッホの《岩とオークの木》に間接的に一致した。

おいおい、こいつはおかしいぞ、とジョンソンは思った。

一致したのが《岩とオークの木》なのは、何もおかしくなかった。この絵もまた、一八八八年七月のモンマジュールを描いている。弟のテオが受け取り、額縁に入れた。ゴッホの死後、アンドリース・ボンゲルは一七五番の作品番号を付けた。どちらも風景と制作時期がほぼ同じであり、番号も近いこと（《アルルの夕暮れ》と名付けられた作品は一八〇番）を、ジョンソンのパソコンは示していた。この点に関しても、何も不思議はない。ジョンソンがおかしいと感じたのは、《岩とオークの木》をその目で見たことがあったからだった。

ライス大学で教えるようになった彼が知る限り、ヒューストン美術館の一番の目玉は、一八八八年夏のアルルを描いたゴッホの絵だった。作成したスプレッドシートを見て、作品名を思い出すまでもなかった。《岩とオークの木》だ。

屋根裏で見つかった絵は、大学の通りの先にある美術館の絵と、どうやら同じロールキャンバスらしかった。

興奮したジョンソンは、ゴッホ美術館に宛てた報告の中で、いつもの冷静な分析に加えて、この驚くべき偶然を伝える義務があると感じた。

二〇一二年六月一九日

E1657の糸の数を数えています。報告書は間もなく完成しますが、少し作業が遅れています。ここで、大事なお知らせがあります。

織り方は一致しませんでした。しかしキャンバスは、既に下塗りされている「典型的な」アルルのロールキャンバスの外観です。キャンバスを固定した際にできた、強いゆがみが片側に見られます。また、縦糸を補修した跡も一カ所あります。織り方は一致しないものの、アルル時代の別の絵（F466）と糸の数が一致しています。（数が一致するということは、この二枚の絵のキャンバスが極めて似ていることを意味しますが、必ずしも同じロール／一巻きではないということです。）

ここまでは、ごく標準的な報告書の体裁だった。しかしドン・ジョンソンは今回、これまでのレポートには決して書かなかった、驚きを込めた一文をメールに付け加えた。

作品F466は、ここヒューストンにあります！

彼は送信ボタンを押すと、いつも通り仕事をこなした。ゴッホ美術館から返事をもらいたいという気持ちにならなかったのは、彼にとっていいことだった。同美術館のタイオ・メーデンドルプのような研究者が一仕事を終えるには、相当な時間がかかるからだ。

メーデンドルプは、自身の職業人生のハイライトとなる一連の出来事が起こるまで、この絵の存在を知らなかった。それは、同僚のルイ・ファン・ティルボルフが、美術館のアーカイブから一枚の写真を偶然見つけたことから始まった。数世紀を経て数百万ドルの価値を持つようになった絵にはありがちなことだが、この絵に次にどんなことが起きたかについては、いまだ秘密のベールに包まれている。美術館が唯一明らかにしているのは、まず彼らが待ち望んでいた連絡が、絵の所有者の友人からあったこと。その人物は偶然にもアルル出身で、描かれた風景に見覚えがあったこと。さらにはゴッホの手紙にも詳しく、一八八八年七月四日の、夕暮れの散策の記述を知っていたことだ。こうしてゴッホ美術館の研究者たちは、この絵を改めて真剣に調査することになった。

彼らは最初に、絵そのものを調べた。(14) 疑わしきは罰せずの観点から見直すと、一九九一年に鑑定したときに、見落としたことがあると気付いた。そして技術研究を行うことで、ゴッホがアルルで使用した絵の具と同じものが使われていると確認できた。(15) さらに、色合いは一八八八年夏のゴッホの特徴と一致し、筆遣いが風によって乱れていることも分かった。こうした手掛かりは、さらに深く調べる動機になった。彼らはアルルに行き、日没の景色を見た。そしてゴッホ美術館の研究者であれば既に暗唱できるほど熟読している、一〇〇〇通近くあるゴッホの手紙を再点検した。同美術館が、手紙を注釈付きでオンラインに公開していることが、ばらばらの点と点を線で結びやすくした。そして、一八八八年七月五日にゴッホが弟に宛てて書いた文章の中に、この絵に関する記述を見つけた。

もちろん、研究者たちはその手紙を以前にも読んでいた。だが、何を探しているのかまだ分かっていなかった。専門家といえども、目の前の情報に気付かないことはある。

実は、七月五日の手紙に登場する絵は、これまで全く別の絵のことだと考えられてきた。後で振り返ってみると、それは途方もない見当違いだった。別の絵には、修道院の廃墟が描かれていなかったのだ。手紙につづられた「麦の斜面」も、「曲りくねったとても小さな槲《かし》の木」も、太陽の「真黄色の光」もなかった。研究者たちは、実際にはないにもかかわらず、あると思い込んでいた。彼らが想定していたのは、ライス大学のドン・ジョンソンになじみの深い――そして、彼が鑑定した例の絵と同じ材質のキャンバスロールを使っている――ヒューストン美術館所蔵の《岩とオークの木》だった。だが、どうやら大きな誤解をしていたらしいことが分かってきた。

次に目を向けたのが、ボンゲルが作った作品一覧だった。一世紀前に包括的にまとめられた全三六四点のうち、現時点でも特定されていない作品はごくわずかしかなかった。その中で最も疑わしいのが一八〇番だったのだ。

「絵の裏に何か書かれているか？」と、メーデンドルプはファン・ティルボルフに聞いた。

彼らはこの絵に関する、最初の報告書を読んだ。確かに何かが記されていた。それは、自分たちの見立てが正しいと信じるためには、確認しなければならないものだった。そして彼らが絵を裏返すと、そこには色落ちしていないインクで書かれた、「一八〇」という三桁の数字があった。

気が変になって幻覚を見ていないだろうかと思い、彼らはもう一度ボンゲルの一覧を見た。やはり、「一八〇《アルルの夕暮れ》」だった。世界的なゴッホ研究者でなくても、裏に同じ番号が書かれたこの絵が、アルルの夕暮れを描いているのは一目瞭然だった。

「全てのつじつまが合いました」とメーデンドルプは言う。「『そういうことだったのか！』と何度も口に出しましたね」

途方もない出来事を信じるには、それこそ途方もない証拠を集める必要がある。だが、この絵がゴッホの真作であることを示す証拠が、少しずつ増えていることは無視できなかった。「恐らく初めてノルウェー人のプライベートコレクションになったゴッホの絵画が、これほど長期間、いかなる文献にも記載されてこなかったことは、いまだに不可解である」と、メーデンドルプ、ファン・ティルボルフ、オダ・ファン・マーネンの三人は後に書いた。[16]

しかし、そうだろうか。彼らが考える以上に、実は分かりやすい話なのかもしれない。あまりにも長い間、人々はこのゴッホの絵に対して、誤った見方をしてきた。オーギュスト・ペルランは嫉妬に駆られ、これは偽物だとライバルに告げた。言われたクリスチャン・マスタッドは、自信をなくし、絵を屋根裏に押し込んだ。画商や鑑定家や美術史家は、定説を信じた。だがもし、彼らがゼロから考え始めていたらどうなっていただろうか。先入観にとらわれることは、なかっただろう。専門家たちは、目の前の絵の中にずっと真実があったことに、もっと早く気付いたかもしれない。

二〇一三年九月の月曜日、目を覚ましたドン・ジョンソンは受信トレイをチェックした。《岩とオークの木》と類縁関係にあると思われる絵を分析してから、一年以上が過ぎていた。スパムメールに紛れて、午前三時五五分に受信したメールに目が留まった。途端に眠気が吹き飛んだ。「ゴッホの新発見作品」という件名のメールを送信したのは、ゴッホ美術館の友人だった。[17] 内容は、《モンマジュールの夕暮れ》と呼ばれる新発見の絵が近々公表されることを、ジョンソンに知らせるものだった。

屋根裏のゴッホの絵は本物だった。一度は偽物とされたが、再び本物と認められたのだ。

6 「ホットハンドは存在します」

二〇一五年七月の朝。共同研究者のアダム・サンフルホとフランスのオータンを旅してから数カ月が過ぎた頃、ジョシュア・ミラーは重要なメールをある人物に送った。

ミラーはマイクロソフト社の研究部門にプレゼンをするため、ニューヨークに向かっているところだった。彼は、ニューヨーク在住の一人の有名人が、ホットハンドの最新研究に興味があるかもしれないと考えた。そこで、統計学者のアンドリュー・ゲルマンに再び連絡を取ったわけだった。ゲルマンは、ある事柄についてたとえ世界中が間違っていたらしいと判明しても、取り乱すような人ではなかった。むしろ、間違った理由や、その経緯について興味を示すだろう。「理論に穴や矛盾や例外を見つけたとき、言い訳しようとするのではなく、大いに悩むべきです」と彼は言う。そういった不安を抱え込む能力が、誠実な科学者の証しだ。研究者は、自分の考えに絶えず疑問を持たなければならない、とゲルマンは信じている。考えを改めることに柔軟であるべきだ、というのが彼の信念だ。

ゲルマンは、ミラーとサンフルホの新たな論文を読み、彼自身もとらわれていた、統計にまつわるバイアスを理解した。そして信念に従って、ホットハンドに関する見解を改めた。「言われてみれば、誰が見ても明白なことですが、わたしは考えたことがありませんでした」と彼は言う。

間違っている可能性があることを調べるとき、人は大きな喜びを感じる。論文を読んだ翌日、ゲルマンはミラーを研究室に招いた。その際、彼らの主張を確かめるために打ち込んだ、単純なコードをパソコン画面に表示した。それを見たミラーはにっこり笑い、「誰も信じてくれませんでした」と言った。

だが、コンピューターは信じた。ミラーを信じても何の不利益もないコンピューターは、ひたすら正しく計算した。ミラーとサンフルホはもちろん、正しいと知っていた。ゲルマンは、その確証をミラーに持って帰ってもらいたいと思っていた。ミラーが研究室に姿を見せたとき、ゲルマンは、反発を受けるであろう彼らの研究への支持を表明するブログの文章を、完成させるところだった。

かつてエイモス・トヴェルスキーとダニエル・カーネマンの論文を掲載した、最も権威ある経済学の雑誌にミラーとサンフルホの論文が載ってから、もう何年もたっていた。その間に彼らは、学術論文を無料で投稿できるウェブサイトに執筆中の論文を公開し、アイデアをひたすら洗練させていった。このウェブサイトを使うことで、学者は、自分の考えをその都度検証することができ、さらには、通常であれば遅い出版スピードを速めることが可能になった。以前では考えられない状況だった。計算し、論文を正しいと証明することなら、ゲルマンのパソコンが既に行っている。しかし著名な学者が集まり、論文を審査した上で承認するには、何年もかかる。それを待つかわりに、論文をウェブに公開することで、誰でもミラーとサンフルホの計算を知ることができるようになった。そして、ゲルマンがブログの「投稿」ボタンを押した後は、論文の読者がさらに増えた。「ちょっと聞いてほしい。ホットハンドは実在した！」と題するブログで、彼は「エイプリルフールの嘘じゃない。わたしは真剣だ」と書いた。[18] ゲルマンが、ミラーたちにとっての査読者だった。

次に起きたことは、まさにインターネットらしい出来事だった。ゲルマンが投稿するとすぐに、彼のブログは大騒ぎになったのだ。腹を立てた無数の心理学者、経済学者、統計学者たちは、対話の礼儀作法を無視してコメントを書き込んだ。ミラーとサンフルホは何時間もかけて、もぐらたたきのように返信した。敵意に満ちたコメントに彼らが返事をするたびに、それに対する反論が書かれた。もしかしたら、「子犬を道徳的に嫌悪すべきだ」と主張する理解不能な論文の方が、好意的な反応をもらえたかもしれない。ゲルマンはというと、コメント欄が戦場と化したことを大いに楽しんだ。「単なる数学の話なのに、多くの人が激怒するのです」とゲルマンは言う。

注目を集めた彼らの論文の唯一の問題は、まだどの学術誌にも掲載されていないということだった。つまり、経済学界から見れば、ミラーたちはまだ部外者であり、その論文は正式に認められていなかったのだ。そのため二人は、論文を携えてあちこちの大学を訪れ、ゲルマン以外の学者を納得させる必要があった。イェール大学では、参加者がサモサ〔インド料理の軽食〕をつまむ中で、ミラーたちはホットハンド研究の変遷《へんせん》を発表した（「ホットハンドは存在し、その影響は大きいにもかかわらず、過小評価されています」）。ニューヨーク大学では、参加者はサンドイッチを食べながら彼らの話を聞いた（「ホットハンドは迷信でも、認知的錯覚でもありません」）。こうしてミラーとサンフルホは、さまざまな大学への「ワールドツアー」を続けた。ボブ・ワードロップという名の統計学者はあるとき、ミラーがウィスコンシン大学に来ることを知った。

定年を迎え、名誉教授になっていたワードロップは、一九九〇年代に、ギロビッチたちの統計手法に疑問を呈し、彼らの主張に反対する論文を二本書いた。ワードロップの研究は無視されたわけではなかった。ホットハンドに関わった者なら誰でもそうであるように、その論文は彼にとって、最も多くの議論を呼んだという。だが、学者同士の内乱を起こすまでには至らなかった。ワードロップにとっては、ホットハンドは誤りだという考えほど、腹立たしいものはなかった。そのいら立ちは、学者たちが世間をどのように見ているかということに対する、彼の基本的なスタンスを表していた。『世間はばかであり、我々は彼らをあざ笑うべきだ』と学者は考えている」とワードロップは語る。「学者としてやっていくための確実な方法は、世間がいかに愚かであるかを、論文に書くことです」。ホットハンドは存在しないと結論づける論文をいくつか読んだとき、彼はそう感じた。肉体労働者の家庭に育ち、大学の学費をデトロイトの自動車工場で働くことでまかなった経験が、彼の職業観を形成した。「質問者（学者）と、その問いに答える人（一般人）は、違う見方をしているかもしれない、ということを理解しなくてはなりません。学者が持っているデータは、実は普通とは違う可能性があるからです」とワードロップは言う。

プロの職業人の見解は、決して誇張があってはいけないが、人々に十分理解されているわけでもない。ワードロップは自身の経験から、そう考えるようになった。彼は、他の学者が考えるほど、世間の人々は愚かではないと思っていた。ホットハンド研究の歴史に、自分がそこまで影響を与えられなかったことについて、ワードロップは気持ちの整理がついた状態で、ウィスコンシン大学でミラーの説明を聞いた。ミラーは統計のバイアスを丁寧に説明し、ホットハンド信仰は妥当だと論じた。「彼は極めて重大な誤りを発見しました。気恥ずかしいですが、統計学者のわたしが気付くべきでした」とワードロップは言う。かつて彼は、ホットハンドは時折起きるだけの現象であるにもかかわらず、万能であるかのようにもてはやされ過ぎている、と指摘した。しかし、統計に関するこのバイアスは常に存在し、懐疑的な統計学者ですら見落としてきたのだ。「彼らが、ホットハンド研究の問題点を突きとめたのです」とワードロップは語る。「わたしも素直な心で真面目にやってきましたが、力が及びませんでしたね」

ミラーの「ワールドツアー」の最後は、コロンビア大学への再訪問だった。どんよりと曇った春の日の、殺風景な講堂が会場だった。年度末の時期だった。告知が少なかったためか、室内はがらんとしていた。ミラーは、たった一二人の聴衆に向けて話をした。

しかし、人数よりも誰が参加しているかが重要だった。講堂には、そうそうたる知識人が集まっていた。部屋の隅には、あのアンドリュー・ゲルマンがいた。ミラーとサンフルホの知名度を上げるきっかけをつくった彼は、二人に広告料を請求してもいいくらいだった。ゲルマンの少し後ろには、ベストセラー作家のナシーム・ニコラス・タレブが座っていた。彼にはランダム性と確率を扱った著書があり、ホットハンドもよく知っていた。そして最前列の中央には、参加者の中で最も非の打ちどころのない経歴を持つ、年配の白髪の男性がいた。上品なスーツと黒のトレンチコートに身を包んだその姿は、人目を引いた。彼が誰か知らなくても、威厳を備えた大物であり、そんな人物がぼろぼろの部屋にいること自体が何らかの意味があることに、気付くはずだった。ジョシュア・ミラーはもちろん知っていた。ミラーはこれから、ダニエル・カーネマンの目の前で講演を行うのだ。

ミラーは緊張するそぶりを見せなかったが、内心は浮足立っていた。真剣に聞く参加者たちに向けて、ホットハンドを明確に定義し、これまでのホットハンド研究の歴史をたどってから、ミラーたちが発見したバイアスを説明した。講演中、カーネマンは微動だにしなかった。一時間後、平日の午前中に講堂に集まった全員が同意できる見解を述べ、ミラーが締めくくると、拍手が湧き起こった。「ホットハンドには、これからも、新たな謎が常に浮かび上がることでしょう」

勇気のある人が数名、手を挙げて質問した。だが慎重な人たちは、まだ口を閉ざしていた。この場がホットハンドの裁判に変わり、判決が下される前に、陪審員たちはカーネマンの意見を聞きたかった。カーネマンを知らなかった大学院生時代のギロビッチが、現在の彼を見たら、入学初日に一緒に写真を撮ってもらうことをお願いしただろう。カーネマンは、エイモス・トヴェルスキーと共に組み立てたアイデアの数々と、ノーベル経済学賞受賞につながった過去の論文を用いて、一般読者向けの本を出していた。研究の集大成である『ファスト&スロー　あなたの意思はどのように決まるか？』（村井章子訳、ハヤカワ・ノンフィクション文庫）は大ベストセラーになった。カーネマンの存在によって、誰もが萎縮しているように見えた。彼が信じないものを自分は信じている、と公にすることは避けたかった。

カーネマンは、たまたまこの教室に入り、ミラーのホットハンドについての話を聞いたわけではなかった。ミラーとサンフルホの研究のことは既に知っていた。また、統計学者のヨセフ・リノットと、心理学者のマヤ・バーヒレルという二人のイスラエル人研究者が、ミラーたちを支持する意見を共同で書いたことも、カーネマンは把握していた。その批評には、ミラーたちが「正当かつ、これまで見落とされてきた批判を引き起こした」と述べ、「ホットハンドの議論が今後も続くことを断言する」と書かれていた。[19]今まさに、その議論が始まろうとしていた。カーネマンが手を挙げると、部屋の空気が変わった。

「いくつか質問が」と彼は言った。

それから、トヴェルスキーが残した計り知れない功績をたたえ、ランダムなものを見て法則性を見いだす人間の、根本的な性質を強調した。ミラーとサンフルホにとっては、何度も聞いてきた内容だった。だが、カーネマンが次に述べたのは、思いも寄らない、しかし二人が何年も待ち望んでいた内容だった。

「はっきり言って、トヴェルスキーたちは間違っていたと思います。彼らの実験はバイアスがかかっていました。ホットハンドは存在します」とカーネマンは言った。

そして、こう続けた。「彼らがその誤りに気付かなかったのは不運なことでした。ですが、その主張は今でも有効です。人間はパターンがないものの中に、パターンを見つけるのです」

この短いやりとりに、ホットハンドを巡る一部始終が込められていた。いいアイデアは、批判を招くものだ。今回は、心理学の知見に恩義があり、統計についての洞察力を持つミラーとサンフルホという二人の経済学者が、トヴェルスキーたちへの批判を表明したわけだった。ミラーとサンフルホは、心理学、統計学、経済学という三つの学問を通じて、一つのアイデアに新しい命を吹き込んだ。

講堂に集まった数人に限らず、ホットハンドの認識を改めるであろう人は、まだ大勢いた。ミラーたちは、疑い深い人々を納得させるのが非常にうまく、説得力のある議論を展開していた。そのため、難解な経済理論を載せる一流の論文誌『エコノメトリカ』の編集者が、彼らの意見に同意するまで大して時間はかからなかった。そして二〇一八年一一月号に、ついに一本の論文が掲載された。「ホットハンドの誤謬に衝撃? 少数の法則の真実」と題する論文の著者は、ジョシュア・B・ミラーとアダム・サンフルホだった。

これほど長い間、多くの人々がホットハンドを誤解していたということは、同じように間違っていることが他にもあるのではないか、と思っても不思議はない。専門家といえども、時には知識に惑わされる。だがその一方で、物事を正しく見抜く人もいるだろう。ゴッホの真作だと判断したマスタッドの相談役イェンス・ティースや、ホットハンドをつかんだと主張するステフィン・カリーの言葉に耳を傾ける価値は、きっとある。

二〇一六年四月のある晩、偶然にもお互いサンフランシスコ・ベイエリアにいたことから、わたしはミラーをゴールデンステイト・ウォリアーズの試合に誘った。理由はいろいろあったが、何よりも、ミラーたちの研究対象を目の前で見られる、絶好の機会だと思ったからだ。この時期にサンフランシスコにいたのは、幸運なことだった。この年のシーズン、ウォリアーズは毎晩のようにＮＢＡの数々の記録を塗り替え、史上最強のチームと言ってよかった。わたしたちが見に行ったのは、ウォリアーズがＮＢＡのシーズン最多勝記録を更新する一週間前のことだった。なぜそれほど強かったのか。それは、カリーがマディソン・スクエア・ガーデンで大活躍した日から、チームが彼に対し、シュートを打ち続ける権限を与えたからだ。アリーナの二階席の最後列で、わたしはミラーと合流した。屋根に手が届きそうなほど、コートから離れていた。わたしたちの眼下で、試合が始まった。

その日、カリーは本調子ではなかった。試合開始から八本連続でシュートを外した。レイアップもスリーポイントシュートも決まらなかった。カリーが、恐らくキャリア最高の個人成績を残したシーズンに、よりによってわたしたちは、彼が最も不調な試合を選んだようだった。史上最高のシューターは、前半にシュートを一本も入れられなかった。

しかし第三クォーターが始まり、天井に近い席からミラーがシュートを狙った方が入るのではないかと思い始めた瞬間に、カリーはついに目覚めたように見えた。彼はスリーを放ち、決めた——その日最初の成功だった。そして両腕を伸ばし、手のひらを上に向けて、堂々とした足取りでベンチのチームメートの元に戻った。まるで、「さあ、これからだ」と言っているかのようだった。こうしたカリーの様子を過去にも見たことがあった対戦チームは、たまらずタイムアウトを取った。カリーにもう一本シュートを許して、彼に自信を与えることだけは何としても避けたかった。だが、もう遅かった。

シュートを阻もうと大男が向かってきたが、カリーは二本目を決めた。そしてディフェンダーが彼に密着マークし、視界が手でふさがれてゴールが見えない中で、三本目を入れた。さらに、ディフェンダーから離れ、わずかな隙をついて放ったシュートも入った。バスケットボール選手が、誰も試みようとすら思わなかったようなシュートだった。ボールがまだ宙にある瞬間から、彼はゴールと反対方向に向かい始めていた。未来がはっきりと見えたのだろう。このシュートも決まると彼は分かっていた。当然だった。ステフィン・カリーはホットハンドを手にしたのだ。

ミラーは驚きのあまり大声で笑いだし、ビールをこぼしそうになった。「今の見ましたか！」と彼は叫んだ。彼の目には、存在しないとされてきた何かが、はっきりと見えていた。素晴らしい眺めだった。

エピローグ

「トーマス・ギロビッチです」とギロビッチは言った。

「マットです」これから実験対象になる男性が返した。

「初めまして！」

どんよりとした秋の日に、わたしはコーネル大学内の、広々としたギロビッチの研究室にいた。机の後ろの巨大な本棚には、社会心理学の教科書や、幸福に関する自著に交じって、バスケットボールが一個置かれていた。このスポーツの考案者、ジェームズ・ネイスミスが使ったものかと思うほど古ぼけているが、そこまでの歴史はない。このボールは思い出の品だった。ギロビッチはそれを使って、一九八〇年代にホットハンドの実験を行った。彼にとって転機になった論文を発表してから、三〇年以上がたっていた。その間に、ホットハンドに対する人々の認識が大きく変わったことで、ギロビッチは刺激を受けていた。わたしが大学を訪れたのもそのためだった。彼が新たなシュート実験を始めるというので、見学に訪れていたのだ。

気温がぐっと下がったこの日、ギロビッチは落ち葉を踏みながら大学の体育館へと向かった。暖かい故郷の西海岸を離れ、一度も戻らなかった彼にとって、慣れるのに少し時間がかかったのがこの気候だった。東海岸にやって来たばかりの頃は、カリフォルニアを恋しく思うときもあった。例えば、野菜は大問題だった。ニューヨーク州北部の、春と秋が冬のように感じられるこの土地の農産物に、彼はがっかりした。しかし、状況は変わるものだ。「今はウェグマンズ〔米国のスーパーマーケット〕がありますから」。そして状況が変化したからこそ、この日ギロビッチはわたしを招いてくれたのだった。

彼はコーネル大学に長年勤め、その実力によって名声を確立していた。かつて彼が大学院生の頃に崇拝した、スタンフォード大学の教授たちと同年代になっており、その証拠に白髪がだいぶ交じるようになっていた。また、彼の師と同じように、人当たりが良かった。ギロビッチは、メールの結びの言葉に「ではまた《チアーズ》」というカジュアルな表現を使うような人物であり、知り合いが通りかかったらキーボードを打つ手を止めて、カップを持ち上げて挨拶しそうな雰囲気を持っていた。恩師との共通点はもう一つあった。研究室の近くにある大学のバスケットコートに、頻繁に顔を出していたことだ。昼休みは、試合に明け暮れた。プレーをやめたのはつい最近だった。バスケットボールを引退してからは、愛するボストン・セルティックスの試合を見ることに、多くの時間を費やすようになった。ギロビッチがバローネとトヴェルスキーとともに書いたホットハンドの論文に異議を唱えたレッド・アワーバックが、かつて率いたチームだ。

人の判断と意思決定に関する研究を続けてきた彼が、即席でチームを組んで試合することについて持論を持っていたとしても、驚くにはあたらないだろう。彼によれば、パスを出すのがとびきりうまい人がいると、最高の試合になるという。「コーネルでは、二五年にわたって、素晴らしい試合が昼休みに繰り広げられていました」と彼は語る。だがギロビッチが競技をやめる頃には、最高の試合をつくり上げる人たちがいなくなってから、もう何年もたっていた。けがをしたり、大学を去ったりしたためだ。次第に、パスにあまりこだわりを持たない人たちがプレーするようになった。ここでも、状況は変わったのだ。「もちろんいい試合もありましたが、やめる数年前から、以前ほど楽しめなくなっていたんです」と彼は言う。持論が通用しなくなっていた。「まあ、普通に考えれば、白髪の男にはパスを出したくないでしょうけどね」

ところが、白髪の男が体育館にいると、人から尊敬されるという利点もある。シュートの実験を行う日、ギロビッチが体育館に入ると、ウィリーという名の、研究助手を務める大学生が待っていた。そしてコーネルのバスケットボール選手であるマックスとマットが数分遅れて現れ、平謝りした。彼らはスポーツ用のハーフパンツとスニーカーという格好ではあったものの、実験の詳細までは知らされていなかったので、ゴールの下で立ったまま、助手のウィリーの説明を聞いた。選手たちは今から、彼らが生まれる前から続く、激しい議論に加わるのだ。ウィリーは二人に、ディフェンダーがいない状態でシュート成功率が五〇パーセントを維持できそうな場所を、七カ所選択するよう頼んだ。マックスとマットはどちらも、スリーポイントライン周辺を選んだ――ステフィン・カリーの独壇場のエリアだ。

それにしても、一世代の間に歴史がどれほど書き換えられたかを思うと、驚嘆する。経済学者のユージン・ファーマが富豪のデービッド・ブースを形作り（第4章）、エイモス・トヴェルスキーがギロビッチに影響を与えた（第3章）。最新技術を基にホットハンドを研究したキャロリン・スタインとジョン・エゼコウィッツは、『マネー・ボール』の精神を受け継いだ（第6章）。そしてマックスとマットは、カリーがバスケットボールを再定義するのを見ながら育った。マックスたちの人生において、このスポーツに最も変革をもたらした選手がカリーであり、彼らの世代は強く感化された。カリー一人の存在が、プロアマを問わずあらゆるレベルにおいて、バスケットボールの戦略を根本から変えた。彼らは、カリーの後に続いた最初の世代だ。ホットハンドの恩恵を誰よりも受けたカリーを手本としてきた彼らが、ホットハンドに関する実験に参加するのは、とても自然なことに思えた。

マックスとマットは、スリーポイントラインの後ろに移動した。きちんとした科学実験なので、彼らが決めた位置を、助手がテープでマーキングした。そして、一人ずつシュートを一〇〇本打つようにと伝えた。

「打つ前に、そのとき好調を感じているか教えてください」と助手は言った。

二人は黙ってうなずいた。

「最初のうちは、『コートの外からでも五〇パーセント決められる』と強気に出たくなるかもしれない」とギロビッチが言った。「でも、そんなことはしないでほしい。現実的に五〇パーセントの確率で決められそうな位置から頼むよ。駐車場からシュートして、我々にいいところを見せようとしなくていい」

選手がウォーミングアップをする間、ギロビッチは体育館を見て回った。ホットハンドの最新研究の登場によって、彼は微妙な立場に置かれた。ギロビッチは長年にわたり、ホットハンドに関して彼を批判する全ての論文に目を通していた。読むたびに、肩をすくめて相手にしなかった。ところが、最近登場した研究の一つは執念深かった。ギロビッチのような、大学に終身在職権があるほどの教授であれば、わざわざその研究者に協力するまでもなかっただろう。しかし彼は、自分の持っていたデータを渡し、寛大な意見も添えた。彼が何事に対しても寛容な態度で接しようとする理由は、真実にたどり着くには、それなりの謙虚さが必要だと考えているからだ。三〇年以上前に書いた論文について、ギロビッチが今からできることはあまりなかった。当時は、エゼコウィッツとスタインほどのデータは入手できなかった上に、ミラーとサンフルホが指摘したバイアスにも気付いていなかった。誰も気付かなかったのだ。それを批判することは、アイザック・ニュートン以前の人々に対して、なぜ物理法則を解明できなかったのかと批判するようなものだ。

ギロビッチ自身が望んでも望まなくても、ホットハンドの真実はついに明らかになった。そして現在、彼にできることは、思いがけず手に入れた新たな認識に従って、考察することだった。論文を発表した頃は、まさか再びホットハンドの実験をするとは思いもしなかった。だが、その日はやって来た。

変化したこともあれば、全く変わらないこともある。コーネル大学のバスケットコートは、昔も今も素晴らしい実験場だった。毎試合、巨体の男たちが超人的な運動能力を発揮して、革のボールをスチール製のリングに入れて熱狂を引き起こしていたが、同じ場所で行う今回の実験では、そういった興奮を心配する必要はなかった。このホットハンド研究で肝心なのは、高度に管理された環境で得た知見を、何でもありの場所（試合）に適用することだった。

ある環境では、成功の連鎖が起きる。だが、それが起きない環境も当然ある。厄介なことに、環境を適切に変化させれば、連鎖が起きる可能性がある、ということも考えられる。

マックスたちは大学の授業で、成功が続くと思い込む人間の傾向について、教わったかもしれない。

ところが、年齢を重ね、この世界を知るうちに、成功が連続する領域や、しない領域、そして連続するかもしれない領域を見分けられるようになることは、愉快だ。ロジックなど無視してあえて大胆に振舞うべきか、それとも、自分の限界を受け入れ、チャンスが訪れるまで地道にやるべきか。どちらの考えに賭けるかは、人生に関わる選択だ。農家のニック・ヘーゲン（第4章参照）が前者を選べば、農場を失う可能性がある。だがステフィン・カリーなら、成功を収めることができる。

これまで見てきたように、わたしたちはホットハンドの存在を認めるようになった。もしくは、少なくともホットハンドが存在する可能性を、認められるようになった。それによって、わたしたちは日常生活の中でも、人生を変える「スリーポイントライン」を見つけることができる。少年時代に『NBAジャム』をプレーしたカリーが、NBAでプレーするようになるまでの間に、ホットハンドは偽物か本物かという議論は果てしなく続き、今のところは本物だという意見が優勢のようだ。ホットハンドは、運にも大きく左右される。もしカリーが生まれるのが数年早かったら（遅かったら）、もし別のチームにドラフト指名されていたら、もしマディソン・スクエア・ガーデンに向かうバスに乗り遅れていなかったら、そしてもしそのバスが路肩に停車させられていなかったら、彼は最も影響力のあるバスケットボール選手の一人になっていなかったかもしれない。だがカリーは、目の前に現れたチャンスをつかんだのだ。

時には、管理された環境のルールの変化を、利用することもできる。ある時は、管理されていない環境の中で、自分たちのために状況を作り出す必要がある。そして、往々にしてホットハンドに必要なのは、才能や環境、そして、さまざまなことがいいように働く幸運だ。人々は成功が連続することの魅力に心を奪われるので、絶好調になるための下準備を、知らず知らずのうちにしている。それもまた、人間らしさだ。実際に成功が連続する、しないにかかわらず、わたしたちはそれを期待してしまう。

だが、今はこういったことを考える時間ではなかった。マットとマックスはウォーミングアップを終えた。実験開始だ。

マットがペリメーター〔ゴール下付近のペイントエリアの外から、スリーポイントラインの内側までの間のエリア〕周辺からシュートし、マックスがゴール下でリバウンドを取った。失敗したシュートより、成功した方がはるかに多かった。マットは三本連続で決めるのを待たずに、好調だと申告した。一本か二本連続で決めた時点で、ゾーンに入っていると彼は感じた。時々、シュートを外した後に「ホットハンドを持っている」と感じることもあった。彼は「イエス」か「ノー」とつぶやき――ほとんどが「イエス」だった――、助手のウィリーがクリップボードに記録し、データを収集していった。

「三本連続だ」と、ギロビッチは小さく驚きの声を上げた。「四本連続。シュートがうまいな！」

マットは打ち続けた。好調を維持していた。

「イエス」マットが言った。

「五本連続」とギロビッチ。

「イエス」

「六本」

「イエス」

「七本。すごい！」

「イエス」

「八本」

「イエス」

「九本！」とギロビッチがうなった。「一一分の一〇、一二分の一一、一三分の一二、一四分の一三、一五分の一四。ミラーとサンフルホがこれを見たら大喜びするぞ」

ギロビッチは怒っておらず、むしろ楽しんでいた。その口調は、感動しているようにも聞こえた。

「このコートでプレーした選手の中で、最高のシューターだ」と彼は言った。

今度はマックスの番だったが、マットはこれから授業があるため、誰かがリバウンドを取る必要があった。体育館には三人しかいなかった。ウィリーはシュート前の「イエス」か「ノー」を記録するので、ギロビッチとわたしがやるしかなかった。わたしたちはコートを駆け回ってボールを拾い、「次のシュートも決めてもらって、あまり走らなくて済みますように」と願いながら、マックスにパスした。三回分の実験を終えたとき、マックスは涼しい顔をしていたが、わたしはキリマンジャロ山を登った気分だった。下半身に広がる痛みは、科学的探究の代償だった。

わたしたちは体育館を出て、心理学部棟に戻った。ギロビッチの研究室のコーヒーテーブルには、書類の束が置かれていた。のぞき込むと、ジョシュア・ミラーとアダム・サンフルホという、見慣れた名前が目に入った。ギロビッチは彼らの論文を読んでいたのだ。

彼は机に向かうと、別の書類の山に手を伸ばし、用紙をぱらぱらとめくった。この数週間でウィリーが書き留めた、実験に関する全ての記録だった。マットやマックスたちが打った数百本のシュートのデータと、彼らがシュート前に申告した、ホットハンドに対する直感の記録だ。これが、彼にとっての「より良い」データだった。

そのデータから何が分かり、今後どういった方向性を示せるかについて、ギロビッチが考えをまとめるにはまだ時間がかかりそうだ。ホットハンドをどのように考えればいいか、という問いに対する答えを、彼は今も探していた。だが、この日はもう遅くなっていた。そろそろ辞去する時間だった。わたしは別れの挨拶をしながら、感じていたことがあった。彼とわたしがただ一つ確実に言えるのは、長年続いたホットハンドを巡る議論は、これからも続くだろう、ということだ。議論はまだ終わったわけではなく、もしかしたらそんな日は来ないのかもしれない。だが、それがホットハンドの一番いいところではないだろうか。

出典について

本書は、多くの人の力を借りなければ決して完成しなかった。後世に残る優れた仕事をした方々と、わたしのインタビューに応じてくださった方々に、深く感謝を申し上げる。

まず、カイル・アレンとパインシティ・ドラゴンズの皆さんにお礼を述べる。かつてわたしと一緒にプレーした人には、おわびを。

わたしは、ステフィン・カリーが躍進を遂げたシーズンからNBAの記事を書き始めた。記者になるにあたって、これほど絶好の機会はなかった。最も影響力のあるスポーツ選手の一人として、カリーの名前は記憶されるはずだ。わたしはそう思いながら、彼とゴールデンステイト・ウォリアーズに関する記事を『ウォール・ストリート・ジャーナル』に数多く寄せた。本書の第1章は、カリー本人と、その関係者——デル・カリー、チーム幹部、さらには学生時代のコーチ——へのインタビューに基づいている。ウォリアーズの日々の動向を知るには、地元紙の番記者が書いた記事を参照し、カリーの特異な生い立ちについては、全国紙の記事から多くを学んだ。あのマディソン・スクエア・ガーデンの試合があった夜、わたしはどこにいたか、今もはっきりと覚えている。残念ながら会場では目撃できなかったので、さまざまな報道を参考にして「ステフィン・カリー劇場」を再現した。同じく第1章に登場する、マーク・ターメルと『NBAジャム』誕生の箇所は、ターメルへの数度のロングインタビューに基づく。彼は親切にも、保管していた記事の切り抜きや書類を見せてくれた。『ソフトライン』誌の、グレッグ・フォスによる紹介文は、一〇代の頃のターメルを知るのに役立った。また、『キル・スクリーン・デーリー』誌のジェイミン・ウォーレンと、『レトロ・ゲーマー』誌のポール・ドルーリーのインタビュー記事は、ターメルと話す前に、大事な予備知識を与えてくれた。『スポーツ・イラストレーテッド』誌に掲載された、アレックス・アブノスとダン・グリーンによる『NBAジャム』のオーラル・ヒストリーは、読み応えがあり、素晴らしい情報源だった。ターメルがジンガ社のブログに書いた『バブルサファリ』のガイダンスを読むと、プレーしたことのないわたしでも、やった気になれた。

ウィリアム・シェイクスピアについて知りたければ、ジェームズ・シャピロに聞くのが一番だ。第2章は、彼の著書『「リア王」の時代 一六〇六年のシェイクスピア』（河合祥一郎訳、白水社）がなければ書けなかった。シェイクスピアを知らない人でも（あるいは、知らなければ余計に）楽しめることは間違いない。第2章の土台になったもう一冊が、J・リーズ・バロルの『政治、ペスト、シェイクスピアの劇場（*Politics, Plague, and Shakespeare's Theater*）』だ。当時の感染症に関して、驚くほど明瞭に書かれている。リアン・カーティスは、レベッカ・クラークを世に広めることに絶大な貢献をしている。クラークの発言は全て、カーティスが彼女のエッセーやインタビューを集め、編集した『レベッカ・クラーク・リーダー（*A Rebecca Clarke Reader*）』から引用した。『プリンセス・ブライド・ストーリー』については、既に数えきれないほど無数の記事がある。その数は今後も増えるだろう。この映画のオーラル・ヒストリーは『エンターテインメント・ウィークリー』誌に、回顧録は『バラエティー』誌に、関係者の座談会は『ハリウッド・レポーター』誌に掲載された。監督のロブ・ライナーは、数千回まではいかないにせよ、数百回はこの作品について語ってきた。そうした特集やインタビューに加えて、ケイリー・エルウィズの自伝『仰せの通りに（*As You Wish*）』は、劇中の役柄と同じくらい愉快だ。

第3章で、一九八〇年代のスタンフォード大学を描写するにあたって、多くの人の助けを借りた。トーマス・ギロビッチ、ロバート・バローネ、リー・ロス、そしてバーバラ・トヴェルスキーから、貴重なコメントをもらった。自分が執筆している人物について、既にマイケル・ルイスが取り上げていると知っても、悪い気分には全くならない。ダニエル・カーネマンとエイモス・トヴェルスキーが主人公のルイスの傑作、『後悔の経済学　世界を変えた苦い友情』（渡会圭子訳、文春文庫）は必読だ。取材を補強しようとして、ルイスの本を参考にした箇所がいくつかあるが、それは自分のカヤックにヨットを付けたような気分だった。同じく重要なのが、トヴェルスキーの著名な論文を収録した『エッセンシャル・トヴェルスキー（*The Essential Tversky*）』だ。カーネマンが彼にささげた感動的な追悼文は、彼の絶大な功績をたたえている。カーネマンにも感謝したい。ジョシュア・ミラーの講演でわたしが自己紹介したとき、カーネマンはさっとタクシーに乗り込んだりせず、挨拶に応じてくれた。また、ギロビッチへの取材に加えて、二つのロングインタビューを頼りにした。バリー・リソルツのポッドキャスト「マスターズ・イン・ビジネス」と、アラン・リーフマンのブログ「ホットハンド・イン・スポーツ」に登場したときのものだ。トヴェルスキーはだいぶ前に亡くなっているので、ホットハンドの質問をぶつけることはかなわなかったが、多くの記者が彼と会話する機会に恵まれた。とりわけ、ケビン・

マッキーンが『ディスカバー』誌に書いた記事を参考にした。スタンフォード大学のオーラル・ヒストリー・プロジェクトや、ニューヨーク公立図書館、ダニエル・ブーン地域図書館にも感謝申し上げる。シャッフル機能を巡る混乱に対する、アップル社とスティーブ・ジョブズの対応に関しては、スティーブン・レヴィの『iPodは何を変えたのか？』（上浦倫人訳、ソフトバンク クリエイティブ）と、彼が『ワイアード』誌に寄稿した「iPodシャッフルのためのレクイエム（*Requiem for the iPod Shuffle*）」に依拠した。ルカーシュ・ポラチェクは、自身が書いたアルゴリズムについて、わたしよりも分かりやすく文章にし、さらにはわたしに丁寧に説明までしてくれた。数人のスポティファイ社員が匿名を条件に協力してくれたことも、大きな助けになった。

第4章に登場するデービッド・ブースはバスケットボールの規則集を落札したが、それはジョシュ・スウェードのおかげだった。スウェードの著書『バスケットゴールの聖杯：一人のファンが史上初の規則集を落札するまで（*The Holy Grail of Hoops: One Fan's Quest to Buy the Original Rules of Basketball*）』には、ジェームズ・ネイスミスが考案した規則集がいかにしてネイスミス通りに戻ったかが、克明に記されている。オークションでの会話は、スウェードとモーラ・マントが監督したESPNのドキュメンタリー、「わが家に勝るものはない（*There's No Place Like Home*）」から引用した。スウェードのように、人の秘密をこっそり聞き出すのは記者の夢だ。ブースには、わたしと会う必要などなかった。それでも面会が実現したのは、アレックス・ストックハムのおかげだ。ブースは他の億長者ほど露出は多くないが、何度か取り上げられた中で、『ウォール・ストリート・ジャーナル』のジェーソン・ツバイクの記事が最も優れている。長年にわたってブースにインタビューした人々のみならず、それをユーチューブに載せた人々にもお礼を述べる。彼に興味を持った人はぜひ見てほしい。正確な記憶力を持ったデービッド・ルーベンシュタインにも感謝する。そして、テンサイ農場に関して、何から話せばいいだろうか。ニック・ヘーゲンとモリー・イェー夫妻の、親切や協力や友情には、感謝してもしきれない。テンサイについて詳しく知りたければ、テレビ番組「アメリカズ・ハートランド（*America's Heartland*）」の、ミネソタ州での収穫を特集したエピソードを見ることを勧める。ニックは次に挙げる資料を提供してくれた。ヘーゲン家の農場の歴史については、『サクセスフル・ファーミング』誌二〇〇三年三月号のダン・ルッカーの記事を、バーント・ヘーゲンについては『ポーク郡の歴史と伝記の概要（*Compendium of History and Biography of Polk County*）』を参照した。また、モリー・イェーが書いた『峠のモリー：思いがけない農場の暮らしから生まれたレシピと物語（*Molly on the Range: Recipes and Stories from An Unlikely Life on a Farm*）』は、わたしにとって、思いがけない情報源とお気に入りの料理本という、珍しい特徴を持つ本だ。

『サンディエゴ・ユニオン・トリビューン』紙に掲載された、ケイト・モリッシーが執筆した興味深い新聞記事を読んでいなかったら、アラー・アルサファーが第5章に登場することはなかったかもしれない。親切なアルサファーの家族に感謝する。シラキュース大学の取引記録アクセス情報センターには、有益なデータがそろっている。寛大なブルース・アインホルン裁判官は、時間をとって庇護法を説明してくれた。野球選手のジェド・ラウリーについては、「ブルックス・ベースボール」のデータベースと、フェルナンド・アルカラの援助がなければ書けなかった。ジャスティン・グリムのメジャーデビューを取材した、テキサス・レンジャーズ担当の記者たちにもお礼を述べる。また、「オフ・ザ・リップ・ラジオショー」がビル・ミラーに対して行った鋭いインタビューは、彼の生涯を知る上で役立った。第6章は、本書の中で最も密度が濃く、個人的には最も示唆に富んでいると思う。インタビューに応じてくれた全ての人の信頼に対して、言葉では言い表せないほど感謝している。アリ・カプランと、とりわけマービン・マキネンに謝意を。マキネンの知識と思いやりがなければ、本書は今よりはるかに質の劣ったものになっていた。わたしがラウル・ワレンバーグの生涯に目を向けるきっかけになったのは、『タブレット』誌でヒレル・カトラーの優れた記事を読んだことだった。読んでみたいと思わせる見出しはこうだ。「セイバーメトリシャンのアリ・カプランが、野球の分析技術を用いて、ホロコーストからユダヤ人を救ったラウル・ワレンバーグの運命に光を当てる」。ガル・オズ、ミッキー・タミール、そしてブライアン・コップは、初期のＳｐｏｒｔＶＵを理解するのを助けてくれた。ジョン・エゼコウィッツとキャロリン・スタインは、わたしの大事なピザ友達というだけでなく、彼らが学生時代に書いた論文について丁寧に教えてくれた。その論文に注目した人々が書いた文章の一つに、ザック・ロウがブログサイトの「グラントランド」に寄せた記事がある。わたしはそれを読んで、自分の考えが明確になった。ロウは最高のＮＢＡライターだ。

そして最後に、第7章だ。ジョシュア・ミラーとアダム・サンフルホは、辛抱強く、ユーモアを交えてコイン投げのからくりや、その他多くのことを説明してくれた。二人のことを知ってから五年近くになるが、わたしは彼らの論文を、この先もずっと読み続ける予感がしている。アンドリュー・ゲルマンは、学生たちが見る中で、教室の前でインタビューを受けてくれた——面白い体験だった。タイオ・メーデンドルプとルイ・ファン・ティルボルフには、忘れがたい出来事について語ってもらった。ドン・

ジョンソンとは、一緒にヒューストン美術館を見て回る機会を得た。暑い午後の過ごし方として、最高だった。ゴッホの手紙が注釈付きで全て公開されている時代に、この本を書くことができたわたしは幸運だった。図書館や美術館に行き、ほこりをかぶった古い記録をあさらなくても、オンラインですぐに読めるようになったのは、ゴッホ美術館のおかげだ。

しっかり確認したつもりだが、書き漏らした方がいないことを心から願っている。

謝辞

初めての著書である本書を執筆する中で、わたしは実に多くのことを学んだ。その一つは、お世話になった方全員に感謝を述べるのは、ほぼ不可能と言っていいということだ。だが、とにかくやってみよう。

わたしの最高のエージェント、エリック・ルプファーは、一つのアイデアを提案に変え、その提案を一冊の本へと発展させて、さらにはその本を以前より優れたものに仕上げた。わたしが書こうとする前から、たびたびエリックはわたしの意図を理解しており、書き上げるまでそっと見届けてくれた。彼の支えに心から感謝する。同様に、フレッチャー・アンド・カンパニーのクリスティー・フレッチャーとスタッフ全員にもお礼を。

ジェフ・シャンドラーが本書に関わってくれたことは、この上ない幸運だ。ジェフはこの本のあるべき姿を見抜き、わたしがその理想を実現できるか確信が持てないときですら、後押ししてくれた。どのページにも、彼の見事な手腕が発揮されている。彼によって編集されるのは、とても名誉なことだ。

ジェフがわたしの原稿の形を整えた後は、カスタム・ハウスとハーパーコリンズの彼のチームが仕事に取り掛かった。ケイリー・ジョージ、モーリン・コール、ジェシカ・ロズラー、ナンシー・タン、リア・カールソン＝スタニシッチ、プロイ・シリパント、トリーナ・ハン、ライエート・ステーリク、ベン・スタインバーグは、グーグル・ドキュメントで作成された原稿を、あなたが読んでいるこの本へと変貌させた。そして、非常に優れたモリー・ゲンデルがさらにチェックした。ハンク・タッカーは、まだ大学生だったにもかかわらず、何百もの学術論文を丹念に読み、英語に翻訳した。ジョン・ビラノバは、事実確認に非凡な能力を示した。彼はわたしの原稿を批判的に読み、事実に即しているか確かめた。実に素晴らしい仕事ぶりだった。本書で見つかる誤りは、著者であるわたしの責任である。

『ウォール・ストリート・ジャーナル』（ＷＳＪ）紙は、わたしが記者になるすべを学んだ場所であり、経験を積む上で、サム・ウォーカーほどわたしが影響を受けた人物はいない。サムを知るものは誰でも、彼が恐ろしいほど才能ある人物だと知っているが、おかげでわたしの世界は一変した。もしサムがいなかったら、自分がどんなことをしているか想像もつかないが、今よりつまらなくなるのは間違いない。生涯の転機をもたらしてくれた彼と出会えたわたしは、なんて幸せ者だろう。そして現在、ブルース・オーウォールという師を仰ぎながら仕事ができることは、さらなる幸運だ。ブルースは編集者の理想だ。聡明で忍耐強い彼は、わたしが常識外れのアイデアを追求するのを、許可するだけでなく、鼓舞してくれる——そして、いくらか常識的に思えるアイデアへと変えてくれるのだ。彼の惜しみないサポートがなければ、本書は決して存在しなかった。彼のつくったスポーツチームが、いつか大活躍する日を心から願っている。

マイク・ミラー、マット・マリー、そしてパワフルで刺激的なＷＳＪのニュースルーム（編集局）にいる、素晴らしい同僚たちにも感謝申し上げる。とりわけ、本書執筆時に同紙でスポーツ記事を担当していた、レイチェル・バックマン、ブライアン・コスタ、ジム・カイルズミ、ジャレド・ダイアモンド、トンガのスポーツ特派員を自任するジョシュア・ロビンソン、疲れ知らずのアンドリュー・ビートンの各氏に心からお礼を。書き忘れた方はいないだろうか。よし、大丈夫だ。忘れようにも忘れられない人物が、ジェイソン・ゲイだ。ジェイソンは誠実かつ寛大で、どんなときでも正しい。そして、地球上で一番面白い書き手でもある。わたしがWSJでスポーツ記事を書いていると言うと、ほぼ毎回、あなたがジェイソン・ゲイかと聞かれる。そうならどれだけいいことか。彼はわたしにとって最高のメンターであり、ロールモデルだ。

草稿の段階で、わたしの期待をはるかに超えて、深く読み込んでくださった方々がいる。ジョナサン・クレッグは、原稿を読んでほしいとわたしが頼むと、文章に磨きをかけてくれるという、とてもありがたい習慣を持っている。わたしが提出した原稿のうち、彼は不十分だと感じる部分にだけ、その推敲技術を披露してくれた。ジェフ・フォスターが、まさに彼らしい表現が必要な箇所をピンポイントで指摘してくれたとき、自分がなぜこれほど切実に彼の意見を求めていたか、わたしは分かった。サム・ウォーカーによる編集は、恐ろしくもあり、心躍るものでもあった。数多くの「サム・ウォーカー体験」を味わうことができた。ジョン・ハーファムは、素晴らしい友人であり、わたしが知る中で最も賢い人物だ。ジョンがこれから書く本を、読める日が待ち遠しい。アンドリュー・ヤッフェは、チャットのやり取りを含めれば、わたしが書いたものを誰よりも読んでいる。彼が長い間、辛抱強くわたしの相手をしてくれたことで、ますます付き合わせるという特典がついてしまった。

執筆の進捗を聞いてくれた方、そしてあえて聞かなかった方全員にお礼を述べる。本書を完成させるには、多くの友人からの応援と、彼らとの息抜きの時間が欠かせなかった。スコット・カッチオラ、ケヴィン・クラーク、マーク・トレーシー、ジョー・コスカレリ、ネイト・フリーマン、ダン・ロメロ、サム・シュリンカート、ケイティ・ベイカー、J・R・モーリンガー、アラナ・ニューハウス、バリ・ワイス、ポッドキャスト番組「アンオーソドックス」のスタッフ、写真家のサマンサ・ブルーム、アンドリュー・ヤッフェ、クリステン・ヤッフェ、グレッグ・ビートン、オリヴィア・ビートン、マシュー・フッターマン、エイミー・アインホルン、マシュー・ヘニック、アライナ・キロック、そしてここにお名前を挙げ忘れても親しく接してくれるであろう、その他大勢の友人たちに感謝する。

家族へ。誰のことか、本人は分かっているだろう。バットニックとロートハウスの一族に謝意を。クリフ、フランチェスカ、ノアのシルバーマン家と、ハワードとエリスのバットニック家には、これからも必ず、心からの感謝をささげるだろう。レスニコフ家は、わたしが本を怖がっていた頃から、そばで見守ってくれている。サラとデヴィッドのシルバー家は、わたしがスマートフォンをいじり過ぎているときですら、わたしの平常心を保ち、支えてくれている。ウェンディとジェシーのコーエン家は、わたしの一番のファンであり、忠実な読者であり続けている。二人のおかげで、どんなこともできた——残念なバスケットボール選手としてのキャリアも含めて。どうもありがとう。

ステファニー・バットニックがいることで、わたしは毎日ホットハンドを持っているような気分がする。本書の最初期から、最後の最後に至るまで、彼女はこの本と共に過ごした。全編にわたって編集し、わたしを鼓舞し、支えとなり、そして時々気性が荒くなる我が家のネコから、常に守ってくれた。本書の書き出しは君にささげた。最後の文も、君にささげよう。

訳者あとがき

本書は、二〇二〇年三月に出版されたBen Cohen, *The Hot Hand: The Mystery and Science of Streaks*（Custom House）の全訳です。

今作がデビュー作となる著者のベン・コーエンは、一九八八年生まれで現在はニューヨーク在住。大学在学時から学生新聞の記者としてスポーツ記事を書き、卒業後、『ウォール・ストリート・ジャーナル』紙でスポーツ担当のインターンとして働き始め、のちに同紙の記者となります。これまでに、NBAやオリンピックに関する記事を多数執筆し、そのかたわら本書を書き進めました。

原書のタイトルにもなっている「ホットハンド」とは何か。バスケットボールなどのスポーツの試合で、何本か連続でシュートを決めた選手を見て、きっと次も決めると思ったことはないでしょうか。もしその理由を聞かれたら、その選手は今、絶好調だから、と答えたくなるはずです。このように、一つの成功がさらなる成功へとつながる状態を、ホットハンドと言います。著者はそれを、バスケットボールの世界だけでなく、あらゆる分野に存在し、どんな人にも関係する現象だ、と述べます。ホットハンドを手に入れた状態を、別の言い方で表すなら、「ツイている」「波に乗っている」とも言えるでしょう。

本書には、NBAを代表するステフィン・カリーが、まだ若手選手だったころにホットハンドを獲得し、誰にも止められない超人的なプレーをした試合が描かれています。NBAファンであれば、カリーに限らず、並外れた活躍をした選手を何人も思い浮かべられることでしょう。

スポーツファンはもちろん、プロの選手やコーチまでもが信じているホットハンドですが、その存在を否定する論文が一九八五年に発表されます。三人の研究者はNBAチームの記録を分析しますが、ホットハンドを示す証拠は見つかりませんでした。一例を挙げると、シュートを一本決めた後よりも、一本外した後の方がシュート成功率が高かったのです。つまり、ホットハンドは実在せず、あくまで人間の生み出したバイアスであり、それを信じるのは間違っている（ホットハンドの誤謬《ごびゅう》）というわけです。「存在しないなんて、そんなバカな」という激しい反発（著者もそう思った一人でした）がやがて、長年にわたる激しい論争へと発展していきます。

それから三〇年あまりの間に、さまざまな研究が行われてきました。その対象はバスケットボールのみならず、他のスポーツや、科学、芸術、金融、ギャンブルなどにまで広がりました。著者はそうした研究結果を紹介しながら、自身も取材を行い、謎を明らかにしようとします。

ここで本書の内容を振り返ってみましょう。第1章は、NBAの歴史を変えたステフィン・カリーと、彼にも少なからず影響を与えたであろうアーケードゲームが登場します。第2章は、ホットハンドを生み出す環境がテーマです。シェイクスピアや、映画監督のロブ・ライナー、歴史に埋もれた作曲家とホットハンドの関係について、紐解いていきます。第3章は、ホットハンド研究についてです。前述の三人の研究者による論文も登場します。また、実際にはパターンがないものにパターンを見つけるという、人間の心理も描かれます。第4章では、ホットハンドを信じない人々として、ノーベル経済学賞受賞の経済学者や、米国の大富豪、そしてテンサイ（砂糖大根）を作る農家が登場し、それぞれの立場から見解を述べます。第5章は、ホットハンドとも関係のある、「ギャンブラーの誤謬《ごびゅう》」が取り上げられます。ここでは野球の球審や裁判官までもが、誤った論理に基づいて意思決定を下していることが明らかにされます。第6章では、新たなデータによってホットハンドに新たな光が当てられます。また、より質の高いデータを集めることで、姿を消した第二次世界大戦の英雄の手掛かりを得ることもできたのです。最後の第7章では、ホットハンドのそれまでの常識を覆す真実が、思わぬところで発見されます。また、長らく贋作と思われていたゴッホの一枚の絵画もまた、誰もが見落としていたなかに、真作である証拠が潜んでいました。

著者が、原書刊行後に出演したポッドキャストで「専門知識がなくても、誰でも読めるような作品を目指した」と語るように、ホットハンドという概念を知らなくても興味が尽きない一冊です。有名・無名を含め、本書には非常に多彩な人々が登場しますが、細かいエピソードも交えて、人柄まで伝わるように生き生きと描かれています。個人的に印象的だったのが、ホットハンドは存在しないと主張する前述の論文を共同執筆した、トーマス・ギロビッチという心理学者です（第3章とエピローグに登場）。彼は論文発表後、方々から批判を受け、この話題はもうこりごりだと感じても不思議ではないと思うのですが、それにもかかわらず後進の研究者に協力する寛容な姿勢からは、見解は違えど、同じ研究者としての使命感を伺い知れました。ギロビッチの著書には邦訳も数冊あり、『人間　この信じやすきもの』（新曜社）の中ではホットハンドのことも論じています。

最後に、本書を翻訳する機会をくださった、白揚社の元編集者で現在は翻訳家として活躍されている井上大剛さんと、初めての訳書で至らないわたしに親身に寄り添ってくださり、かつ丁寧に編集してくださった同社編集部の萩原修平さんに、心からお礼を申し上げます。

二〇二二年四月
丸山将也

原註

※ 2022 年 1 月に URL のアクセス確認

プロローグ

(1) Ben Cohen, "The Basketball Team That Never Takes a Bad Shot," *Wall Street Journal*, January 30, 2017.

(2) 同上。

第 1 章　ホットハンドとバスケットボール

(1) Greg Voss, "Sneaking Up on Success: An Interview with Mark Turmell," *Softline*, November 1981.

(2) 以降、出典のない引用は著者が行ったインタビューに基づく。「出典について」も参照のこと。

(3) Steve Wozniak, *iWoz: Computer Geek to Cult Icon* (New York: W. W. Norton, 2007).（スティーブ・ウォズニアック『アップルを創った怪物　もうひとりの創業者、ウォズニアック自伝』井口耕二訳、ダイヤモンド社、2008 年）

(4) David Fleming, "Stephen Curry: The Full Circle, " *ESPN the Magazine*, April 23, 2015.

(5) Alex Abnos and Dan Greene, "Boomshakalaka: The Oral History of NBA Jam," *Sports Illustrated*, July 6, 2017.

(6) John Hollinger, PER Diem, ESPN, March 27, 2009.

(7) Pete Carril, *The Smart Take from the Strong: The Basketball Philosophy of Pete Carril* (New York: Simon & Schuster, 1997), 133. （ピート・キャリル、ダン・ホワイト『賢者は強者に優る　ピート・キャリルのコーチング哲学』二杉茂、津田真一郎、木村準、伊藤淳訳、晃洋書房、2011 年）

(8) Emmanuelle Ejercito, "Everybody Loves Bob," *Daily Bruin*, February 27, 1997.

(9) Tim Kawakami, "Bob Myers Interview: How the Warriors GM Was Hired [···]," *Talking Points* (blog), *Mercury News*, March 11, 2016.

(10) Ben Cohen, "The Golden State Warriors Have Revolutionized Basketball," *Wall Street Journal*, April 6, 2016.

(11) Jim Johnson, "Pacers Beat Warriors After 4th-Quarter Scuffle," Associated Press, February 26, 2013.

(12) Mihaly Csikszentmihalyi, *Flow: The Psychology of Optimal Experience* (New York: Harper Perennial, 1991), 48.（M．チクセントミハイ『フロー体験　喜びの現象学』今村浩明訳、

世界思想社、1996年)
(13) Lee Jenkins, "Stephen Curry's Next Stage: MVP Has Warriors Closing in on the NBA Finals," *Sports Illustrated*, May 20, 2015.
(14) Frank Isola, "Stephen Curry Scores 54 Points at Garden […]," *New York Daily News*, February 28, 2013.
(15) Scott Fowler, "Curry Hits Broadway with Rare Performance," *Charlotte Observer*, March 1, 2013.
(16) Kathleen Elkins, "NBA Star Stephen Curry Shares the 3 Moments When He Knew He'd 'Made It,'" CNBC, September 7, 2016.

第2章　ホットハンドを生む環境とは

(1) J. Leeds Barroll, *Politics, Plague, and Shakespeare's Theater: The Stuart Years* (Ithaca, NY: Cornell University Press, 1991), 152.
(2) Herbert F. Peyser, "Gifted Artists Join in Unique Recital," *Musical America*, 1918.
(3) Ellen D. Lerner, "Musicologist Ellen D. Lerner Interviews Rebecca Clarke, 1978 and 1979," in *A Rebecca Clarke Reader*, ed. Liane Curtis (Bloomington: Indiana University Press, 2004), 204.
(4) Robert Sherman, "Robert Sherman Interviews Rebecca Clarke About Herself," in Curtis, *Rebecca Clarke Reader*, 172.
(5) Hiram Kelly Moderwell, "Makers of Music," *Vogue*, April 15, 1918.
(6) Rebecca Clarke, "Rebecca Clarke's 1977 Program Note on the Viola Sonata," in Curtis, *Rebecca Clarke Reader*, 226.
(7) Lerner, "Musicologist," 205.
(8) Sherman, "Interviews Rebecca Clarke," 171.
(9) 同上、176.
(10) Curtis, introduction, *Rebecca Clarke Reader*, 4n5.
(11) Sherman, "Interviews Rebecca Clarke," 176.
(12) Curtis, introduction, *Rebecca Clarke Reader*, 1.
(13) Sherman, "Interviews Rebecca Clarke," 176-177.
(14) 同上、77.
(15) Peter G. Davis, "Rewarding Program Assembled by Toby Appel for Viola Recital," *New York Times*, April 4, 1977.
(16) Sherman, "Interviews Rebecca Clarke," 179.
(17) Roger Ebert, review of *This Is Spinal Tap*, *Chicago Sun-Times*, March 1, 1985.
(18) Ron Base, "Fathers of the Princess Bride," *Toronto Star*, September 26, 1987.
(19) Susan King, "'The Princess Bride' Turns 30: Rob Reiner, Robin Wright, Billy Crystal Dish About Making the Cult Classic," *Variety*, September 25, 2017.
(20) Drew McWeeny, "The M/C Interview: Rob Reiner Talks 'Flipped,' 'Princess Bride,' 'Misery' and More," *HitFix*, August 4, 2010.

(21) Lu Liu et al., "Hot Streaks in Artistic, Cultural, and Scientific Careers," *Nature* 559, no. 7714 (July 2018): 396-399.

(22) Jonathan Bate, *Soul of the Age: A Biography of the Mind of William Shakespeare* (New York: Random House, 2009), 4.

(23) James Shapiro, *The Year of Lear: Shakespeare in 1606* (New York: Simon & Schuster, 2015), 29.（ジェイムズ・シャピロ『「リア王」の時代　一六〇六年のシェイクスピア』河合祥一郎訳、白水社、2018年）

(24) 同上、292.

第3章　ホットハンドを研究する

(1) Lukáš Poláček, "How to Shuffle Songs?" *Spotify Labs*, February 28, 2014, labs.spotify.com/2014/02/28/how-to-shuffle-songs.

(2) Steve Jobs Keynote, World Wide Developers Conference 2005. https://www.youtube.com/watch?v=B6iF6yTiNlw.〔リンク切れ〕

(3) Dave Lee, "How Random Is Random on Your Music Player?" BBC News, February 19, 2015.

(4) C. Stewart Gillmor, *Fred Terman at Stanford: Building a Discipline, a University, and Silicon Valley* (Stanford, CA: Stanford University Press, 2004).

(5) 2002年ノーベル経済学賞受賞に寄せた、ダニエル・カーネマンのBiographical（自伝）の中の "Eulogy for Amos Tversky (June 5, 1996)" を参照。nobelprize.org/prizes/economic-sciences/2002/kahneman/biographical.〔ダニエル・カーネマン『ダニエル・カーネマン心理と経済を語る』友野典男監訳、山内あゆ子訳、楽工社、2011年、に収録〕

(6) Malcolm Gladwell, *David and Goliath: Underdogs, Misfits and the Art of Battling Giants* (Little, Brown, 2013).（マルコム・グラッドウェル『逆転！　強敵や逆境に勝てる秘密』藤井留美訳、講談社、2014年）

(7) Amos Tversky, *The Essential Tversky* (MIT Press, 2018) にダニエル・カーネマンが寄せたAfterword（あとがき）。366ページ。

(8) Amos Tversky and Daniel Kahneman, "Judgment Under Uncertainty: Heuristics and Biases," *Science* 185, no. 4157 (Sept. 27, 1974): 1124.〔本論文の邦訳は、ダニエル・カーネマン『ファスト&スロー　あなたの意思はどのように決まるか？〔下〕』村井章子訳、友野典男解説、ハヤカワ・ノンフィクション文庫、2014年、に収録されている〕

(9) Amos Tversky and Daniel Kahneman, "Belief in the Law of Small Numbers," *Psychological Bulletin* 76, no. 2 (1971): 106.

(10) Thomas Gilovich, *How We Know What Isn't So: The Fallibility of Human Reason in Everyday Life* (Free Press, 1991), 19.（T．ギロビッチ『人間この信じやすきもの　迷信・誤信はどうして生まれるか』守一雄、守秀子訳、新曜社、1993年）

(11) Kevin McKean, "The Orderly Pursuit of Pure Disorder," *Discover*, January 1987.

(12) Kahneman, "Biographical."

(13) Andreas Wilke and H. Clark Barrett, "The Hot Hand Phenomenon as Cognitive Adaptation to Clumped Resources," *Evolution and Human Behavior* 30, no. 3 (May 2009): 161-169.

(14) Tommy C. Blanchard, Andreas Wilke, and Benjamin Y. Hayden "Hot-Hand Bias in Rhesus Monkeys," *Journal of Experimental Psychology: Animal Learning and Cognition* 40, no. 3 (July 2014): 280-286.

(15) James Gleick, "'Hot Hands' Phenomenon: A Myth?" *New York Times*, April 19, 1988.

(16) Thomas Gilovich, Robert Vallone, and Amos Tversky, "The Hot Hand in Basketball: On the Misperception of Random Sequences," *Cognitive Psychology* 17, no. 3 (July 1985): 313.

(17) "High-Handed Professor's Comments Called Hot Air," *USA Today*, August 30, 1985.

(18) Kevin McKean, "When You're Hot, You're Not," *Discover,* June 1985.

(19) Sylvia Nasar, A Beautiful Mind: A Biography of John Forbes Nash Jr. (New York: Simon & Schuster, 1998), 372-373. （シルヴィア・ナサー『ビューティフル・マインド　天才数学者の絶望と奇跡』塩川優訳、新潮文庫、2013 年）

(20) McKean, "Orderly Pursuit."

第４章　ホットハンドを信じない人々

(1) James Naismith, *Basketball: Its Origin and Development* (Lincoln: University of Nebraska Press, 1996), 21. （Ｊ．ネイスミス『バスケットボール　その起源と発展』水谷豊訳、日本YMCA 同盟出版部、1980 年）

(2) 同上、23.

(3) 同上。

(4) 同上、37.

(5) 同上、42.

(6) 同上、53.

(7) 同上、60.

(8) Eugene F. Fama, "The Behavior of Stock-Market Prices," *Journal of Business* 38, no. 1 (Jan. 1965): 34.

(9) David Booth speech and Q&A, VIP Distinguished Speaker Series, McCombs School of Business, University of Texas, Austin, February 26, 2013, youtu.be/cCp1m7rG0Q0

(10) 同上。

(11) 同上。

(12) Molly Yeh, *Molly on the Range: Recipes and Stories from an Unlikely Life on the Farm* (New York: Rodale, 2016), 18.

(13) 同上、133.

(14) R. I. Holcombe and William H. Bingham, eds.,"Bernt Hagen," *Compendium of History and Biography of Polk County, Minnesota* (Minneapolis, MN: W. H. Bingham, 1916), 312-13.

(15) Vanessa Sumo, "The Science," *Chicago GSB Magazine*, Winter 2009: 18.

(16) Shawn Tully, "How the Really Smart Money Invests," *Fortune*, July 6, 1998.
(17) 同上。
(18) Booth speech and Q&A, VIP Distinguished Speaker Series.
(19) Lydialyle Gibson, "Return on Principles," *University of Chicago Magazine*, January-February 2009.
(20) 同上。
(21) Andrew Mauboussin and Samuel Arbesman, "Differentiating Skill and Luck in Financial Markets with Streaks," *SSRN* (2011): dx.doi.org/10.2139/ssrn.1664031.
(22) 2006年のバークシャー・ハサウェイ社株主総会でのウォーレン・バフェットの発言は、ＣＮＢＣの「ウォーレン・バフェット・アーカイブ」で見ることができる。
buffett.cnbc.com/video/2006/05/06/morning-session---2006-berkshirehathaway-annual-meeting.html
(23) バフェットが賭けについて触れた2016年の年次報告書は、こちらで読める。Berkshire Hathaway's 2016 annual report, 22. https://berkshirehathaway.com/2016ar/2016ar.pdf
(24) 同上、24-25.
(25) Warren Buffet, "To the Shareholders of Berkshire Hathaway Inc.:"
https://berkshirehathaway.com/letters/2013ltr.pdf
(26) ジェームズ・K・グラスマンがデービッド・ブースに対して行ったインタビュー。George W. Bush Presidential Center, September 18, 2012. bushcenter.imgix.net/legacy/Tax_Competition_and_4percent_Growth_09-18-12_Chicago_0.pdf
(27) Edward Lewine, "There's a Method to My Desk's Madness," *New York Times,* May 18, 2013.
(28) Robert A. Guth, "Chicago Business School Gets Huge Gift," *Wall Street Journal,* November 7, 2008.
(29) オークション出品作品の記述は、サザビーズ社のカタログから引用した。
(30) James Barron, "He's Auctioned the 1776 Declaration, Twice," *New York Times,* July 4, 2000.
(31) Christopher Michaud, "Magna Carta Fetches $21.3 Million at Sotheby's Auction," Reuters, December 18, 2007.
(32) Julie Segal, "David Rubenstein's Monopoly Money," *Institutional Investor,* May 4, 2017.
(33) *There's No Place Like Home,* dirs. Maura Mandt and Josh Swade, 30 for 30, ESPN Films, 2012.

第5章　ギャンブラーの誤謬とホットハンド

(1) Gabriel Gatehouse, "Baghdad Diary: Saddam's Sculptor Makes Comeback," BBC News, June 16, 2010.
(2) 同上。
(3) シグ・マイデルは以下の書籍で取り上げられている。Sam Walker, *Fantasyland: A Season on Baseball's Lunatic Fringe* (New York: Viking, 2006).
また、彼がスカウトとしてジェド・ラウリーを見に行った話は、こちらを参照。Ben Reiter, *Astroball: The New Way to Win It All* (New York: Crown, 2018).　（ベン・ライター『ア

ストロボール　世界一を成し遂げた新たな戦術』桑田健訳、ＫＡＤＯＫＡＷＡ、2020年）

(4) ビル・ミラーのことはこれまでに何度か記事になっており、彼の生涯について、重複する内容も多い。わたしが参考にしたのは下記の通り。Scott Fields, "The Boy of Summer," *UCLA Magazine*, October 1, 2010. Bruce Weber, *As They See 'Em: A Fan's Travels in the Land of Umpires* (New York: Scribner, 2009).

(5) ミラーは、故郷サンタクルーズのトーク番組「オフ・ザ・リップ・ラジオ」で長時間のインタビューを受けた。その模様はこちらで視聴できる。offthelipradio.com/live-stream.

(6) Jeff Sullivan, "Incredulous Responses to Bill Miller's Strike Zone," FanGraphs, October 30, 2017, blogs.fangraphs.com/incredulous-responses-to-bill-millers-strike-zone.

(7) Michael Lopez and Sadie Lewis, "An Exploration of MLB Umpires' Strike Zones," *Hardball Times*, May 4, 2018, tht.fangraphs.com/an-exploration-of-mlb-umpires-strike-zones.

(8) 一球ごとのPITCHf/xのデータは、ブルックス・ベースボールのウェブサイトで閲覧可能。brooksbaseball.net.

(9) Daniel Chen, Tobias J. Moskowitz, and Kelly Shue, "Decision Making Under the Gambler's Fallacy: Evidence from Asylum Judges, Loan Officers, and Baseball Umpires," *Quarterly Journal of Economics* 131, no. 3 (Aug. 2016): 1181-1242.

(10) Rachel Croson and James Sundali, "The Gambler's Fallacy and the Hot Hand: Empirical Data from Casinos," *Journal of Risk and Uncertainty* 30, no. 3 (2005): 195-209.

(11) 同上、205.

(12) Pierre-Simon Laplace, *Philosophical Essay on Probabilities*, trans. Andrew I. Dale (1814; New York: Springer, 1995).（ラプラス『確率の哲学的試論』内井惣七訳、岩波文庫、1997年）

(13) Peter Ayton and Ilan Fischer, "The Hot Hand Fallacy and the Gambler's Fallacy: Two Faces of Subjective Randomness?" *Memory & Cognition* 32, no. 8 (Dec. 2004): 1369-78.

(14) Peter Ayton, "Fallacy Football," *New Scientist*, September 19,1998.

(15) Ayton and Fischer, "Hot Hand Fallacy," 1370.

(16) Jaya Ramji-Nogales, Andrew I. Schoenholtz, and Philip G. Schrag, "Refugee Roulette: Disparities in Asylum Adjudication," *Stanford Law Review* 60, no. 2 (Nov. 2007): 295-411.

(17) 同上、378.

(18) 同上、302.

(19) Sisi Wei and Nick Fortugno, "The Waiting Game," *ProPublica* and WNYC, April 23, 2018.

(20) 米移民局が2018年7月に公表したデータに基づく。

第6章　データによって明らかになった事実

(1) Albin E. Johnson, "What I Saw in Sweden," *Rotarian*, September 1944.

(2) Ray Furlong, "Wallenberg family mark centenary with plea for truth," BBC News, August 8,

2012, https://www.bbc.com/news/world-europe-19101339.

(3) Ingrid Carlberg, *Raoul Wallenberg: The Biography*, trans. Ebba Segerberg (London: MacLehose Press, 2015), 44.

(4) Raoul Wallenberg, *Letters and Dispatches, 1924-1944*, trans. Kjersti Board (New York: Arcade, 2011), 111.

(5) 同上、69.

(6) Carlberg, *Raoul Wallenberg*, 110.

(7) 同上、203.

(8) John Bierman, *Righteous Gentile: The Story of Raoul Wallenberg, Missing Hero of the Holocaust* (Toronto: Bantam Books, 1983), 36.

(9) Joan Ringelheimが行った、Per Angerへのオーラル・ヒストリー・インタビュー。United States Holocaust Memorial Museum Collection, January 19, 1995, collections.ushmm.org/search/catalog/irn504796.

(10) Bierman, *Righteous Gentile*.

(11) Carlberg, *Raoul Wallenberg*, 280.

(12) 同上、365.

(13) Per Angerへのオーラル・ヒストリー・インタビュー。

(14) Kati Marton, *Wallenberg: Missing Hero* (New York: Arcade, 1982).

(15) 同上。

(16) Carlberg, *Raoul Wallenberg*, 386.

(17) Bierman, *Righteous Gentile*, 100.

(18) Per Angerへのオーラル・ヒストリー・インタビュー。

(19) Carlberg, *Raoul Wallenberg*, 439.

(20) マイ・フォン・ダーデルがエレノア・ルーズベルトに宛てた手紙。1946年11月30日付。Franklin D. Roosevelt Presidential Library and Museum, fdrlibrary.marist.edu/_resources/images/ergen/ergen1367.pdf.

(21) Carlberg, *Raoul Wallenberg*, 634.

(22) Stu Borman, "A Chemistry Spy Story," *Chemical & Engineering News*, February 18, 2013.

(23) Elenore Lester and Frederick E. Werbell, "The Lost Hero of the Holocaust: The Search for Sweden's Raoul Wallenberg," *New York Times Magazine*, March 30, 1980.

(24) Carlberg, *Raoul Wallenberg*, 630.

(25) Marvin W. Makinen and Ari D. Kaplan, Cell Occupancy Analysis of Korpus 2 of the Vladimir Prison, Swedish-Russian Working Group on the Fate of Raoul Wallenberg, December 15, 2000, raoul-wallenberg.eu/wp-content/uploads/2010/02/makinen_kaplan_report_pp01-16.pdf.

(26) Scott Harris, "Caltech Student Has the Stats to Make It to the Major Leagues," *Los Angeles Times*, June 6, 1990.

(27) Michael Lewis, "The King of Human Error," *Vanity Fair*, December 2011.

(28) 同上。

(29) Marvin W. Makinen and Ari D. Kaplan, Cell Occupancy Analysis of Korpus 2 of the Vladimir Prison, Swedish-Russian Working Group on the Fate of Raoul Wallenberg, December 15, 2000, raoul-wallenberg.eu/wp-content/uploads/2010/02/makinen_kaplan_report_pp01-16.pdf.

(30) Josyp Terelya, *Josyp Terelya: Witness to Apparitions and Persecution in the USSR* (Milford, OH: Faith Publications, 1991), 132.

(31) Allan Shen, "Renowned Mathematician and Professor Elias Stein Passes Away at 87," *Daily Princetonian*, February 5, 2019.

(32) Ben Cohen, "Moneyball 2.0: Students in Harvard Club Prep to Be GMs," ThePostGame, February 24, 2011, thepostgame.com/features/201102/moneyball-20-students-harvard-club-prep-be-sports-gms.

(33) Michael Lewis, *Moneyball: The Art of Winning an Unfair Game* (New York: W. W. Norton, 2003), 130.（マイケル・ルイス『マネー・ボール』中山宥訳、ハヤカワ・ノンフィクション文庫、2013 年）

(34) Amos Tversky and Thomas Gilovich, "The Cold Facts About the 'Hot Hand' in Basketball," *Chance* 2, no. 1 (1989): 21.

(35) "The Most Unlikely College Basketball Result of 2010," *Harvard Sports Analysis Collective*, August 6, 2010, harvardsportsanalysis.org/2010/08/the-most-unlikely-college-basketball-result-of-2010.

(36) 2012 年 12 月 20 日に、ジョン・エゼコウィッツがキャロリン・スタインに送ったメール。

(37) Adam Davidson, "Boom, Bust or What?" *New York Times Magazine*, May 2, 2013.

(38) Gilovich et al.: "The Hot Hand in Basketball."

(39) Kirk Goldsberry, "DataBall," *Grantland*, February 6, 2014,grantland.com/features/expected-value-possession-nba-analytics.

(40) Bill James, "Underestimating the Fog," *Baseball Research Journal* 33 (2004): 29.

(41) 同上、33.

(42) 同上。

(43) Andrew Bocskocsky, John Ezekowitz, and Carolyn Stein, "Heat Check: New Evidence on the Hot Hand in Basketball," *SSRN* (2014):dx.doi.org/10.2139/ssrn.2481494.

(44) 同上。

(45) 2014 年 2 月 27 日に、ローレンス・サマーズがキャロリン・スタインに送ったメール。

第 7 章　意外な真実

(1) マスタッドの経歴に関する情報の多くは、下記を参照した。Louis van Tilborgh, Teio Meedendorp, and Oda van Maanen, "'Sunset at Montmajour': A Newly Discovered Painting by Vincent van Gogh," *Burlington Magazine*, 155, no. 1327 (Oct. 2013): 696-705.

(2) Alex Danchev, *Cézanne: A Life* (New York: Pantheon Books, 2012).（アレックス・ダンチェフ『セザンヌ』二見史郎、蜂巣泉、辻井忠男訳、みすず書房、2015 年）

(3) Richard J. Jagacinski, Karl M. Newell, and Paul D. Isaac, "Predicting the Success of a Basketball Shot at Various Stages of Execution," *Journal of Sport & Exercise Psychology* 1, no. 4 (1979): 301-10.

(4) Joshua B. Miller and Adam Sanjurjo, "Is It a Fallacy to Believe in the Hot Hand in the NBA Three-Point Contest?" IGIER Working Paper No. 548, *SSRN* (2015): dx.doi.org/10.2139/ssrn.2611987.

(5) Ronald Pickvance, *Van Gogh in Arles* (New York: Metropolitan Museum of Art, 1984), 11. （ロナルド・ピックヴァンス『アルルのファン・ゴッホ』二見史郎訳、みすず書房、1986年）

(6) フィンセント・ファン・ゴッホがテオ・ファン・ゴッホに宛てた手紙。1888年3月9日。

(7) ゴッホがテオに宛てた手紙。1888年7月5日。

(8) ゴッホがテオに宛てた手紙。1888年8月13日。

(9) Joshua B. Miller and Adam Sanjurjo, "Surprised by the Hot Hand Fallacy? A Truth in the Law of Small Numbers," *Econometrica* 86, no. 6 (Nov. 2018): 2019-47.

(10) Gleick, "'Hot Hands' Phenomenon."

(11) Jordan Ellenberg, "'Hot Hands' in Basketball Are Real" *Slate*, October 26, 2015.

(12) Mary Dahdouh, "He Wed Science with Art, Solving Mystery of 'Sunset at Montmajour,'" *Houston Chronicle*, September 23, 2013.

(13) Louis van Tilborgh et al., "Weave Matching and Dating of Van Gogh's Painting: An Interdisciplinary Approach," *Burlington Magazine*, February 2012.

(14) タイオ・メーデンドルプは、ゴッホの真作と断定した過程をＴＥＤトークで語った。セント・アンドルーズ大学での講演の様子はユーチューブで見られる。"Discovering Vincent van Gogh's *Sunset at Montmajour*". youtube/SyzdA_dQjD0.

(15) "How Do You Spot a Real Van Gogh?" *Economist*, September 24, 2013.

(16) Van Tilborgh, Meedendorp, and Van Maanen, "'Sunset at Montmajour.'"

(17) 2013年9月9日に、Frederique Haanen がドン・ジョンソンに送ったメール。

(18) Andrew Gelman, "Hey—Guess What? There Really Is a Hot Hand!" *Statistical Modeling, Causal Inference, and Social Science*, July 9, 2015, statmodeling.stat.columbia.edu/2015/07/09/hey-guess-what-there-really-is-a-hot-hand.

(19) Yosef Rinott and Maya Bar-Hillel, "Comments on a 'Hot Hand' Paper by Miller and Sanjurjo (2015)." *SSRN* (2015): dx.doi.org/10.2139/ssrn.2642450.

ベン・コーエン（Ben Cohen）
スポーツジャーナリスト。『ウォール・ストリート・ジャーナル』紙の記者として、バスケットボールやオリンピックをはじめとするスポーツに関する記事を多数執筆。ニューヨーク在住。

丸山将也（まるやま・まさや）
翻訳家。国際基督教大学教養学部卒業。

ISBN 978-4-8269-0238-0

科学《かがく》は「ツキ」を証明《しょうめい》できるか

「ホットハンド」をめぐる大論争

二〇二二年六月三十日　第一版第一刷発行

著　者　ベン・コーエン

訳　者　丸山将也《まるやままさや》

発行者　中村幸慈

発行所　株式会社　白揚社　©2022 in Japan by Hakuyosha

〒101-0062　東京都千代田区神田駿河台1-7

電話03-5281-9772　振替00130-1-25400

装　幀　藤塚尚子（e to kumi）

印刷・製本　中央精版印刷株式会社